T0209242

Angewandte Psychologie Kompakt

Reihenherausgeber
Peter Michael Bak, FB Wirtschaft & Medien, Hochschule Fresenius, Köln, Nordrhein-Westfalen, Deutschland
Georg Felser, FB Wirtschaftswissenschaften, Hochschule Harz, Wernigerode, Sachsen-Anhalt, Deutschland
Christian Fichter, Institut für Wirtschaftspsychologie, Kalaidos Fachhochschule, Zürich, Schweiz

Die Lehrbuchreihe „Angewandte Psychologie Kompakt" ist in einzigartiger Weise anwendungsorientiert. Sie ist vor allem konzipiert für Studierende und Lehrende der Psychologie und angrenzender Disziplinen, die Grundlegendes in kompakter, übersichtlicher und praxisnaher Form verstehen wollen.
Jeder Band bietet eine ideale Vorbereitung für Vorlesungen, Seminare und Prüfungen:

1. Die Bücher bieten einen ebenso fundierten wie angenehm lesbaren Überblick über die wichtigsten psychologischen Theorien und Konzepte.
2. Durch sorgfältige Didaktik, Klausurfragen, digitale Zusatzmaterialien und Zusammenfassungen wird die Prüfungsvorbereitung wesentlich erleichtert.
3. Einzigartig sind die zahlreichen Anwendungsbeispiele, die das Verständnis für grundlegende psychologische Zusammenhänge und deren Erscheinungsformen in der Praxis fördern und leichter im Gedächtnis verankern.

Besseres Verständnis in der Lehre und für die Anwendung:
Die Lehrbuchreihe bietet eine perfekte Einführung für das Studium mit starkem Anwendungsbezug. Durch die lebendige und praxisnahe Vermittlung des Lernstoffs wird nicht nur Fachwissen erworben, sondern auch die Lust geweckt, das Gelernte in verschiedenen Kontexten anzuwenden.

Herausgegeben von
Prof. Dr. Peter Michael Bak – Hochschule Fresenius
Prof. Dr. Georg Felser – Hochschule-Harz
Prof. Dr. Christian Fichter – Kalaidos Fachhochschule

Weitere Bände in der Reihe ► https://link.springer.com/bookseries/16408

Rolf Kirchmair

Qualitative Forschungsmethoden

Anwendungsorientiert: vom Insider aus der Marktforschung lernen

Rolf Kirchmair
Frankfurt am Main, Hessen, Deutschland

Zusätzliches Material zu diesem Buch finden Sie auf ► http://www.lehrbuch-psychologie.springer.com

ISSN 2662-4451 ISSN 2662-446X (electronic)
Angewandte Psychologie Kompakt
ISBN 978-3-662-62760-0 ISBN 978-3-662-62761-7 (eBook)
https://doi.org/10.1007/978-3-662-62761-7

Die Deutsche Nationalbibliothek verzeichnet diese Publikation in der Deutschen Nationalbibliografie; detaillierte bibliografische Daten sind im Internet über ► http://dnb.d-nb.de abrufbar.

Planung/Lektorat: Marion Krämer
Springer ist ein Imprint der eingetragenen Gesellschaft Springer-Verlag GmbH, DE und ist ein Teil von Springer Nature.
Die Anschrift der Gesellschaft ist: Heidelberger Platz 3, 14197 Berlin, Germany

Vorwort

Bücher über Marktforschung und empirische Methoden gibt es viele. Was ich bisher vermisst habe, ist ein Buch über qualitative Forschungsmethoden, das leicht verständlich und anwendungsbezogen die Vorteile dieser Disziplin herausstellt. Denn in unserer heutigen digitalisierten Welt, in der Onlineverfahren und apparative Verhaltensmessungen eine immer größere Rolle spielen, wird die psychologisch-qualitative Beschäftigung mit dem Menschen und seinen Vorstellungen und Beweggründen viel zu oft vernachlässigt.

Durch meine Ausbildung als Diplom-Psychologe, meine langjährige Alltagspraxis in der psychologischen Marktforschung und meine Dozententätigkeit habe ich Erfahrungen gesammelt, die ich mit diesem Buch weitergeben möchte. Weitergeben an alle, die Informationen von und über Menschen einholen und dabei Methoden einsetzen wollen, die über das normale Gespräch hinausgehen.

Warum ich dieses
Buch geschrieben
habe

Die große Vielfalt qualitativer Forschungsmethoden möchte ich dabei nicht nur transparent machen, sondern anhand konkreter Beispiele und Anleitungen erläutern. Zur einfacheren Lesbarkeit ist dabei häufig vom „Untersuchungsleiter" oder „Proband" die Rede. Damit sind natürlich nicht nur männliche Geschlechtsgenossen angesprochen, sondern auch weibliche und diverse. Mit den angeführten Beispielen möchte ich einerseits den Einsatz und die Anwendung qualitativer und psychologischer Methoden erleichtern, andererseits aber auch an Anwender appellieren, selbst initiativ zu werden und sich kreativ weitere Einsatz- und Formulierungsmöglichkeiten auszudenken.

Rolf Kirchmair
Frankfurt am Main
Februar 2021

Ihr Bonus als Käufer dieses Buches

Als Käufer dieses Buches können Sie kostenlos unsere Flashcard-App „SN Flashcards" mit Fragen zur Wissensüberprüfung und zum Lernen von Buchinhalten nutzen. Für die Nutzung folgen Sie bitte den folgenden Anweisungen:

1. Gehen Sie auf **https://flashcards.springernature.com/login**
2. Erstellen Sie ein Benutzerkonto, indem Sie Ihre Mailadresse angeben, ein Passwort vergeben und den Coupon-Code einfügen.

Ihr persönlicher „SN Flashcards"-App Code 8C770-2C3DF-D1F1D-CE1FE-DF448

Sollte der Code fehlen oder nicht funktionieren, senden Sie uns bitte eine E-Mail mit dem Betreff **„SN Flashcards"** und dem Buchtitel an **customerservice@ springernature.com.**

Website-Seite

Lernmaterialien zum Lehrbuch *Qualitative Forschungsmethoden* im Internet – ► www.lehrbuch-psychologie.springer.com

- Das Lerncenter: Zum Lernen, Üben, Vertiefen und Selbsttesten
- Kapitelzusammenfassungen: Das steckt drin im Lehrbuch
- Leseprobe
- Foliensätze und Abbildungen für Dozentinnen und Dozenten zum Download

Weitere Websites unter ► **www.lehrbuch-psychologie.springer.com**

Angewandte Psychologie Kompakt
LEHRBUCH
Peter Michael Bak
Wahrnehmung, Gedächtnis, Sprache, Denken
Allgemeine Psychologie I – das Wichtigste, prägnant und anwendungsorientiert
MOREMEDIA
Springer

- Das Lerncenter: Zum Lernen, Üben, Vertiefen und Selbsttesten
- Kapitelzusammenfassungen: Das steckt drin im Lehrbuch
- Leseprobe
- Foliensätze und Abbildungen für Dozentinnen und Dozenten zum Download

Peter Michael Bak
Lernen, Motivation und Emotion
Allgemeine Psychologie II – das Wichtigste, prägnant und anwendungsorientiert
Springer

- Karteikarten: Prüfen Sie Ihr Wissen
- Glossar mit zahlreichen Fachbegriffen
- Verständnisfragen und Antworten
- Zusammenfassungen aller Buchkapitel
- Foliensätze sowie Tabellen und Abbildungen für Dozentinnen und Dozenten zum Download

Bachelor
Hussy · Schreier · Echterhoff
Forschungsmethoden
2. Auflage
in Psychologie und Sozialwissenschaften
Springer

- Kapitelzusammenfassungen
- Karteikarten: Fachbegriffe pauken
- Kommentierte Linksammlung
- Verständnisfragen und Antworten
- Vorlesungsfolien, Abbildungen und Tabellen für Dozentinnen und Dozenten zum Download

Inhaltsverzeichnis

Was ist qualitative Forschung?

(Unterscheidungskriterien zwischen qualitativer und quantitativer Forschung)

R. Kirchmair, *Qualitative Forschungsmethoden*,
Angewandte Psychologie Kompakt, https://doi.org/10.1007/978-3-662-62761-7_1

Lernziele

- Den Unterschied zwischen qualitativer und quantitativer Forschung erklären können.
- Wissen, wann man qualitative Forschung und wann man quantitative Forschung einsetzt.
- Die enge und die weite Definition qualitativer Forschung kennen.
- Die eigentlichen grundlegenden Merkmale qualitativer Forschung benennen können.

Einführung

Jeder hat ein ungefähres Verständnis davon, was qualitative Forschung und was quantitative Forschung ist. Aber die genauen Unterschiede, auf die es ankommt, kennen nur die Wenigsten. Qualitative Forschung leitet sich nicht von „Qualität" ab. Und qualitative Forschung ist auch nicht eindeutig definiert, denn es gibt eine enge und eine weite Definition. Offene Methoden und kleine Personenstichproben sind auch keine Definitionsmerkmale qualitativer Forschung, sondern nur die Auswirkungen der tatsächlichen Kriterien und Anforderungen an qualitative Forschung. Lernen Sie im ersten Kapitel kennen, worauf es wirklich ankommt bei qualitativer Forschung.

Hier erfahren Sie, wie sich die beiden grundlegenden Forschungsarten – qualitative Forschung und quantitative Forschung – voneinander unterscheiden. Die Unterschiede liegen nicht in den Merkmalen oder Charakteristika, sondern im jeweiligen Forschungsziel: Qualitative Forschung fragt nach der Art der Beschaffenheit des Untersuchungsgegenstandes, quantitative Forschung fragt dagegen nach der zahlenmäßigen Ausprägung des Untersuchungsgegenstandes.

Wenn man von empirischer Sozialforschung spricht, denkt man meist an die Untersuchungsmethoden und unterscheidet dabei qualitative von quantitativen Methoden. Wobei diese Bezeichnungen irreführend sein können. Quantität bedeutet „Menge" oder „Anzahl"; das heißt: Bei dieser Art von Forschung kommt es auf zählbare Mengen an. Und mit Qualität ist nicht die Güte oder Hochwertigkeit gemeint (denn sonst könnte man annehmen, dass quantitative Forschung als Gegenteil eine minderwertige Qualität hätte). Nein: Der Begriff Qualität bedeutet ursprünglich „Beschaffenheit"; das heißt: Bei dieser Art von Forschung kommt es auf die Beschaffenheit des Untersuchungsgegenstandes an.

Die Unterschiede beider Vorgehensweisen sind im allgemeinen Sprachgebrauch nicht immer klar definiert. In der Regel verbindet man qualitative Forschung mit offenen Fragen, kleinen Stichproben und subjektiver Auswertung. Quantitative Forschung liegt vermeintlich dann vor, wenn strukturierte Befragungsformen, große (oft repräsentative) Stichproben und objektive Auszählungen oder statistische Auswertungsverfahren eingesetzt werden. Das ist alles nicht falsch, trifft aber nicht den Kern der Sache.

Der eigentliche Unterschied liegt im Forschungsziel – in dem, was man herausfinden möchte. Wenn man „Quantitäten" in Erfahrung bringen will, das heißt, möglichst viele Ergebnisse sammeln und auszählen will, nach dem **„Wieviel"** fragt und Relationen objektiv ermitteln oder durch Zahlenwerte darstellen will, muss man quantitativ forschen. Will man dagegen „Qualitäten" in Erfahrung bringen, das heißt, die Beschaffenheit einer Sache herausfinden, Neues entdecken, nach dem **„Warum"** fragen bzw. Gründe für Einstellungen oder Verhaltensweisen ermitteln, Einzelfälle ausführlich untersuchen und interpretativ analysieren, muss man qualitativ forschen (■ Abb. 1.1).

Enge und weite Definition qualitativer Forschung

Die Frage, was denn nun qualitative Forschung ist, kann man entweder durch die eingesetzte Methodik oder durch das gewünschte Erkenntnisziel definieren. Eine *enge Definition* qualitativer Forschung bezieht sich darauf, dass qualitative Methoden eingesetzt werden. Eine *erweiterte Definition* qualitativer Forschung geht davon aus, dass sich das Erkenntnisziel auf qualitative Sachverhalte (Motive, Emotionen oder Erlebnisinhalte) bezieht. Die nachfolgenden Ausführungen zur qualitativen Forschung orientieren sich an dieser erweiterten Definition.

Menschliches Verhalten ist in vielfacher Hinsicht beobachtbar und messbar. Interessant wird es aber erst dann, wenn man seine Ursachen und Hintergründe kennt. Die Frage nach dem „Warum" wird im Alltagsleben immer dann gestellt, wenn man neugierig ist, etwas über die Gründe für

■ **Abb. 1.1** Qualitatives und quantitatives Forschen. (© Claudia Styrsky)

1

ein bestimmtes Verhalten herausfinden will und damit auch zukünftiges Verhalten prognostizieren kann. Und genau das ist der Antrieb für qualitative Forschung.

Hier erfahren Sie, welche vier Grundprinzipien bei qualitativer Forschung beachtet werden müssen. Wenn man qualitativ forschen will, muss man erstens offen und unvoreingenommen an das Untersuchungsthema herangehen, man muss zweitens der Individualität der Person gerecht werden, von der man Informationen erhält, man muss drittens typische und bedeutsame Erkenntnisse herausfinden und man muss viertens die eigene Forschungsarbeit kritisch begleiten und bewerten.

4 Prinzipien qualitativen Vorgehens

Bei der qualitativen Vorgehensweise gibt es vier grundlegende Prinzipien, die beachtet werden müssen. Das Wichtigste ist die **Offenheit**: Sie bezieht sich auf sämtliche Phasen eines qualitativen Forschungsprozesses. Der Forscher muss offen und aufgeschlossen sein für alles, was ihm im Rahmen qualitativer Forschung begegnet. Er muss sich flexibel auf neue Situationen und Informationen einstellen können. Er darf nicht voreingenommen sein und muss eigene Erwartungen oder Vorurteile zurückstellen, damit die Ergebnisse nicht durch ihn beeinflusst werden. Offenheit bezieht sich auch auf die Methode, mit deren Hilfe er Ergebnisse ermittelt. Befragungs- oder Beobachtungsmethoden müssen so offen sein, dass alle möglichen Ergebnisse ohne Einschränkung zustande kommen können. Bei Befragungen darf der Proband nicht durch Vorgaben in seinem Antwortverhalten oder in seiner Artikulationsmöglichkeit eingeschränkt, gesteuert oder irgendwie sonst beeinflusst werden. Offenheit bezieht sich schließlich auch auf die Auswertung der Ergebnisse, die so erfolgen muss, dass sie nichts ausschließt und alles zulässt, was für die Forschungsfrage bzw. für das Erkenntnisziel von Bedeutung sein kann.

Das nächste Grundprinzip qualitativer Forschung ist die **Individualität,** die in vielfacher Hinsicht zu beachten ist. In der wissenschaftlichen Fachliteratur wird dies mitunter auch unter den Begriffen „Kommunikativität", „Kontextualisierung" und „Prozessorientierung" abgehandelt (Naderer, 2011a). Individualität bedeutet hier, dass der Forscher den Probanden (die Befragungsperson) als Individuum behandeln und verstehen muss. Er muss sich in der Erhebungsphase auf den Probanden und seine kommunikativen Fähigkeiten einstellen und ein entsprechendes Einfühlungsvermögen an den Tag legen. Er muss in der Lage sein, die Perspektive des Probanden einzunehmen und somit verstehen zu können, wie dessen Aussagen zustande kommen. Der individuelle

Entstehungshintergrund und die aktuelle Situation können die Aussagen des Probanden beeinflussen. Nur wenn der Forscher dies berücksichtigt, kann er die Bedeutung der Aussage richtig einschätzen und erklären. Und er muss im Rahmen der Auswertung und Analyse entscheiden, in welchem Maße intraindividuelle Ergebnisse, atypische Einzelfallaussagen dem Erkenntnisgewinn dienen bzw. für die Forschungsfrage von Bedeutung sein können.

Das dritte Grundprinzip ist die **Bedeutsamkeit** von Ergebnissen – manchmal auch „Typisierung" genannt (Kepper, 1996). Dieses Prinzip bezieht sich auf die Auswertungs- und Analysephase. Qualitative Forschung will typische bzw. charakteristische Ergebnisse herausarbeiten. Sie will alle für die Forschungsfrage wesentlichen und bedeutsamen Erkenntnisse herausfinden – nicht in einer exakten oder zahlenmäßig messbaren Art und Weise, aber mit dem Anspruch, alles wirklich Wichtige erfasst und nichts Relevantes übersehen zu haben. Aufgrund solcher bedeutsamen Erkenntnisse ist der qualitative Forscher dann auch in der Lage, Hypothesen zu generieren, die empirisch prüfbar sind. Das Prinzip der Bedeutsamkeit trägt wesentlich dazu bei, das anspruchsvollste Ziel qualitativer Forschung zu erreichen: die Vorhersage von Phänomenen (auch „theoriebildende Rekonstruktion" genannt). Denn wenn man durch qualitative Forschung alle wesentlichen Erkenntnisse über ein Phänomen herausgearbeitet hat, belastbare Hypothesen über dessen mögliche Ursachen, Einflussfaktoren und Zusammenhänge gebildet hat, kann man Erklärungsmodelle entwickeln und das erneute Auftreten dieses Phänomens richtig vorhersagen.

Das vierte Grundprinzip ist schließlich die **Reflexibilität.** Neben der bereits erwähnten Offenheit und Flexibilität braucht es im qualitativen Forschungsprozess auch die (rückblickende) Reflexibilität sowohl während der Datenerhebung als auch bei der Ergebnisanalyse. In der Erhebungsphase müssen Interviewer oder Moderatoren ihr Verhalten jederzeit kritisch beobachten und sich der Konsequenzen ihres Handelns für die Ergebnisse bewusst sein. Nur eine solch kritische Selbstbeobachtung kann dazu führen, Fehler bei der Datenerhebung rechtzeitig zu erkennen und unerwünschte Einflussfaktoren erst gar nicht aufkommen zu lassen. Und in der Auswertungs- und Analysephase muss der studienverantwortliche Forscher versuchen, eine objektive und distanzierte Sichtweise einzunehmen, eigene Deutungen zurückzustellen und die Ergebnisse in ihrer Bedeutung kritisch zu reflektieren.

In der wissenschaftlichen Literatur werden zwar noch mehr konstituierende Merkmale qualitativer Forschung angeführt (Naderer, 2011a), alle weiteren lassen sich aber unter diesen vier Grundprinzipien subsumieren. Offenheit,

Individualität, Bedeutsamkeit und Reflexibilität beziehen sich auf die Art der Vorgehensweise bei der Erforschung von Sachverhalten. Natürlich hat das Konsequenzen für die Wahl der konkreten Methode, die dann einen „qualitativen" Charakter hat. Eine Unterscheidung in qualitative und quantitative Methoden ist dabei nicht immer einfach, wenn das Erkenntnisziel im Vordergrund der Definition steht. Es gibt durchaus auch „hybride" Methoden (zum Beispiel bei den apparativen Verfahren), die je nach Erkenntnisziel qualitativ oder quantitativ eingesetzt werden können. Wenn es um das möglichst tiefe Eintauchen in ein Thema, um das Verstehen eines Verhaltens oder um die Entwicklung von Hypothesen über die Ursachen für ein Verhalten geht, dann muss die Methode, mit der dies geschieht, qualitativ genannt werden. Wenn dieselbe Methode dazu benutzt werden kann, Quantitäten zu messen, strukturierte Daten über „wie viel" oder „wie oft" zu erheben, oder vorher aufgestellte Hypothesen zu überprüfen, dann wird diese Methode quantitativ eingesetzt.

? Prüfungsfragen

1. Wie unterscheiden sich qualitative und quantitative Forschung voneinander?
2. Erläutern Sie die enge und die erweiterte Definition der qualitativen Forschung.
3. Welches sind die vier grundlegenden Prinzipien der qualitativen Vorgehensweise?

Zusammenfassung

- Die Formulierung „quantitative Verfahren" leitet sich von „Quantität" ab, das heißt so viel wie Menge oder Anzahl.
- Quantitative Verfahren fragen nach dem „Wieviel".
- Die Formulierung „qualitative Verfahren" leitet sich von „Qualität" ab, das heißt so viel wie Beschaffenheit.
- Qualitative Verfahren fragen nach dem „Warum".
- Bei der engen Definition qualitativer Forschung steht der Einsatz qualitativer (offener, unstrukturierter) Methoden im Vordergrund.
- Bei der erweiterten Definition qualitativer Forschung steht das Erkenntnisziel qualitativer Sachverhalte im Vordergrund.
- Die vier grundlegenden Prinzipien qualitativer Vorgehensweise sind Offenheit, Individualität, Bedeutsamkeit und Reflexibilität.

Schlüsselbegriffe

Empirische Sozialforschung, qualitative Methoden, Qualität, quantitative Methoden, Quantität, Offenheit, Individualität, Bedeutsamkeit, Reflexibilität.

Welche qualitativen Forschungsmethoden gibt es?

(Einteilungsgesichtspunkte unterschiedlicher Methoden)

Inhaltsverzeichnis

R. Kirchmair, *Qualitative Forschungsmethoden*,
Angewandte Psychologie Kompakt, https://doi.org/10.1007/978-3-662-62761-7_2

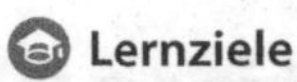

Lernziele

- Wie unterscheiden sich direkte von indirekten Methoden?
- Wann führt der indirekte Weg schneller zum Ziel?
- Wann treffen wir Entscheidungen mit dem Denksystem 1 und wann mit System 2?
- Welche Vor- und Nachteile haben die verschiedenen Befragungsformen?
- Welche Beobachtungsformen gibt es?
- Warum ist das Experiment keine Datenermittlungsmethode?
- Wie kann man Gefühle apparativ messen?

Einführung

Es gibt eine Vielzahl qualitativer Forschungsmethoden, die nach unterschiedlichen Einteilungsgesichtspunkten geordnet werden können. Das folgende Kapitel gibt einen Überblick über alle Methoden und Kriterien, die bei qualitativer Forschung eine Rolle spielen können. Unterschieden werden zum Beispiel direkte Methoden (bei denen direkt nach dem Erkenntnisziel gefragt wird) und indirekte Methoden (bei denen der Befragte nicht weiß, worauf der Interviewer hinauswill). In diesem Zusammenhang wird auch auf die wichtige Unterscheidung zwischen explizitem und implizitem Wissen eingegangen. Außerdem wird ein Überblick über die grundsätzlichen Datenerhebungsmethoden Befragung, Beobachtung, Experiment und apparative Verfahren gegeben, bevor die Hauptmethoden qualitativer Forschung – das Interview und die Gruppendiskussion mit diversen Varianten – vorgestellt werden.

In der qualitativen Forschung gibt es viele Möglichkeiten, Daten zu erheben. Die wichtigsten Unterscheidungsmerkmale und generellen Charakteristika der einzelnen Methodengruppen werden nachfolgend beschrieben.

2.1 Direkte und indirekte Methoden *(Mit oder ohne Umweg zum Ziel)*

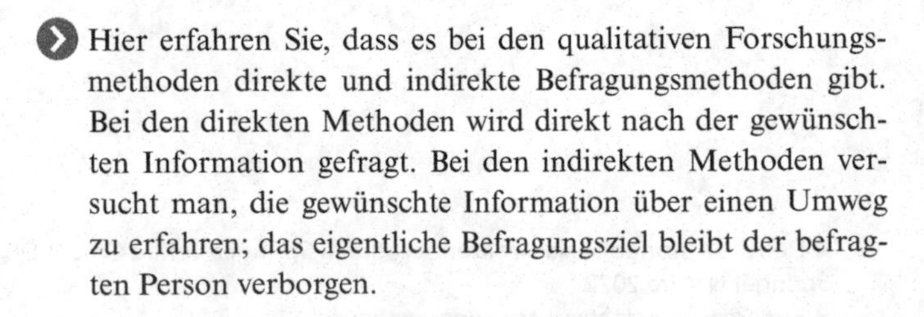

Hier erfahren Sie, dass es bei den qualitativen Forschungsmethoden direkte und indirekte Befragungsmethoden gibt. Bei den direkten Methoden wird direkt nach der gewünschten Information gefragt. Bei den indirekten Methoden versucht man, die gewünschte Information über einen Umweg zu erfahren; das eigentliche Befragungsziel bleibt der befragten Person verborgen.

Man unterscheidet direkte und indirekte Methoden. Eine direkte Methode der Datenerhebung liegt vor, wenn man mit einer direkten Frage ohne Umschweife die gewünschte Information erhalten will. Das ist natürlich der einfachste Weg: Man fragt den Gesprächspartner etwas, der Angesprochene versteht auch den Sinn der Frage und weiß, worauf man hinauswill, und er gibt dem Fragenden die gewünschte Antwort. Die Art der Frage kann in ihrer Intensität variieren – von der einfachen (offenen) Frage bis hin zur explorativen Frage, bei der man sich nicht unbedingt mit der ersten Antwort zufriedengibt, sondern insistiert, nachfragt oder durch unterschiedliche Formulierungen denselben Sachverhalt aus verschiedenen Perspektiven in Erfahrung bringen will.

Diese direkte Vorgehensweise bei einer Befragung hat Nachteile: Der Antwortgebende könnte die Frage missverstanden haben und gibt deshalb eine „falsche" Antwort, ohne dass der Fragende dies bemerkt. Oder die befragte Person ist „überfragt", kann also gar keine Antwort geben, weil sie selbst die Antwort nicht kennt. Oder die Befragungsperson will keine Antwort auf die Frage geben, weil ihr die Antwort peinlich wäre oder weil der Fragende die Antwort nicht wissen darf oder soll. Was passiert in solchen Fällen? Die Befragungsperson schweigt oder lügt (Letzteres fällt den meisten Menschen leichter).

Wann sollte man indirekte Befragungsmethoden einsetzen?

In solchen Situationen empfiehlt sich eine indirekte Vorgehensweise. Bei indirekten Befragungsmethoden verbirgt der Fragende seine eigentliche Absicht und spricht die gewünschte Information nicht direkt an, sondern versucht sie indirekt über einen Umweg in Erfahrung zu bringen. Die befragte Person reagiert dann auf die gestellte Aufgabe bzw. beantwortet die gestellte Frage, ohne zu wissen, worauf der Fragende hinauswill, ohne das eigentliche Erkenntnisziel zu kennen. Die Antwort lässt dann Rückschlüsse auf die gewünschte, aber nicht direkt thematisierte Information zu (◘ Abb. 2.1).

Warum geht man so umständlich vor? Weil man dann Informationen erhalten kann, die man auf direktem Wege nicht bekommt. Indirekte Methoden wendet man vor allem unter folgenden Voraussetzungen an:

Gründe für indirektes Fragen

- Wenn rationale Überlegungen unerwünscht sind. Das kann zum Beispiel der Fall sein, wenn die Frage auf innere Gefühlszustände abzielt und die Antwort nicht rationalisiert oder erklärt werden soll. Oder wenn emotionale Erlebnisinhalte offenbart werden sollen, welche die Befragungsperson nur schwer in Worte fassen kann.
- Wenn nach Motiven und Beweggründen für ein Verhalten gefragt wird, man sich der Gründe dafür aber gar nicht bewusst ist, weil die Ursachen für das Verhalten so tief in

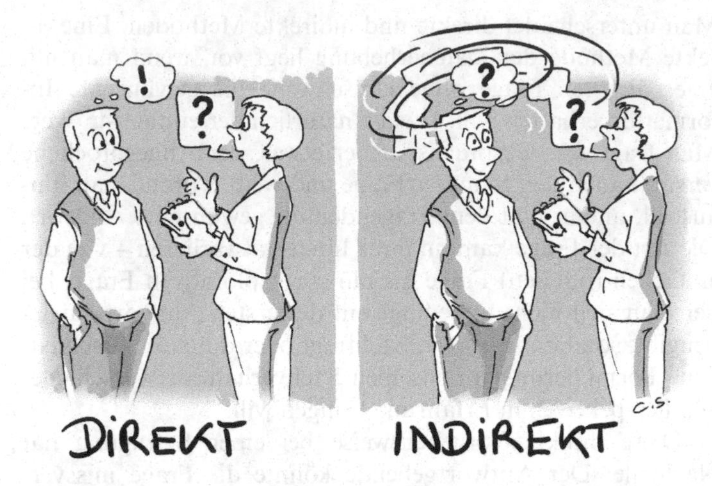

Abb. 2.1 Unterschied zwischen der direkten Frage und der indirekten Frage. (© Claudia Styrsky)

einem selbst liegen, dass man sie nicht vergegenwärtigen kann (oder vielleicht auch verdrängt hat).

- Wenn die Gefahr besteht, dass die Befragungsperson lügen würde. Diese Gefahr ist immer dann hoch, wenn sich die Befragungsperson entgegen der Erwartungshaltung des Fragenden äußern würde (z. B. bei sozial erwünschten Themen), wenn sie aus Scham, oder weil es ihr peinlich ist, etwas nicht zugeben will (z. B. bei Tabuthemen) oder wenn sie sich mit ihrer Antwort selbst belasten oder in Gefahr bringen würde.

2.2 Explizite und implizite Einstellungen (*Warum entscheiden wir oft intuitiv?*)

Hier erfahren Sie, dass der Mensch zwei unterschiedliche Denksysteme hat, um Wahrnehmungen und Sinneseindrücke zu verarbeiten. Das eine System arbeitet ganz automatisch, wenn es eintreffende Wahrnehmungen mit bereits gespeicherten Informationen verbinden kann. Es führt dann zu impliziten Einstellungen, deren man sich nicht bewusst ist. Das andere System wird nur bei bisher unbekannten Informationen aktiviert und setzt einen bewussten Denkprozess in Gang.

Die menschliche Informationsverarbeitung hat grundsätzlich zwei verschiedene Funktionsweisen (Stanovich & West, 2000). Sie erfolgt entweder automatisch oder bewusst. In der populärwissenschaftlichen Literatur wird hier auch vom Denksystem 1 gesprochen, das unbewusst, spontan und intuitiv erfolgt, sowie vom Denksystem 2, das logisch, berechnend und angestrengt agiert (Kahneman, 2012).

Das Denksystem 1 ist immer aktiv und arbeitet schneller. Es ist das effizientere System, denn es verbraucht wenig Energie, um Sinneseindrücke zu verarbeiten. Es ist dennoch schneller, weil es neue Wahrnehmungen mit bereits im Gehirn gespeicherten Erinnerungen abgleicht und dadurch in der Lage ist, schnelle und intuitive Entscheidungen zu treffen. Das Denksystem 2 wird dagegen nur dann aktiviert, wenn für die aktuellen Wahrnehmungen keine gespeicherten Erinnerungen existieren, und arbeitet langsamer. Es versucht dann, rationale Erklärungen zu finden und die Situation zu bewerten – deshalb verbraucht es auch mehr Energie.

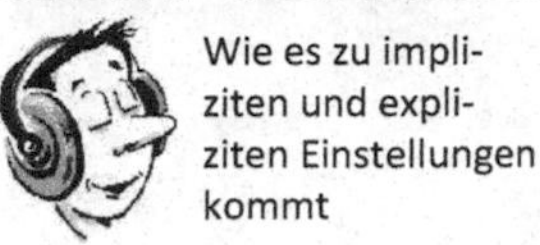

Wie es zu impliziten und expliziten Einstellungen kommt

Was bedeutet das für den Alltag? Die meisten Entscheidungen treffen wir schnell und intuitiv, ohne lang zu überlegen. Da das menschliche Denken auf Sparsamkeit ausgelegt ist, versucht es immer, mit dem intuitiven und effizienten System 1 zu arbeiten, das wenig Energie verbraucht. Implizite Einstellungen, die uns selbst gar nicht bewusst sind (zum Beispiel Vorurteile), beeinflussen also oft spontan unsere Entscheidungen und damit unser Verhalten. Erst wenn das nicht funktioniert, wird beim Denken das aufwendigere System 2 eingeschaltet. Dann werden Entscheidungen logisch und rational durchdacht, bilden anhand subjektiv bedeutsamer Entscheidungskriterien die Grundlage für unser Verhalten. Explizite Einstellungen sind uns also bewusst, über sie können wir Auskunft geben (◘ Abb. 2.2).

Intuitive Entscheidungen

Und was hat das mit qualitativen Forschungsmethoden zu tun? Ganz einfach: Direkte Methoden, bei denen das Erkenntnisziel aus der Frage ersichtlich wird, zielen auf

◘ **Abb. 2.2** Überlegte und intuitive Entscheidungen. (© Claudia Styrsky)

explizite Einstellungen ab, die der Bewusstseinsebene zugänglich sind und über die die befragte Person in Ruhe nachdenken und Auskunft geben kann. Das lässt natürlich auch die Möglichkeit zu, dass die Befragungsperson sich genau überlegt, was sie antworten will (oder nicht). Bei indirekten Methoden mit ihrer diffusen und nicht durchschaubaren Zielrichtung hat die befragte Person entweder nicht die Zeit oder nicht die Möglichkeit, sich die „richtige" Antwort zu überlegen. Hier treten in der Antwort dann eher implizite, unbewusste Einstellungen zutage, die nicht rationalisiert und damit nicht bewusst beeinflusst werden können.

Die bekannteste Methode zur Erfassung impliziter Einstellungen ist der Implizite Assoziationstest (IAT), bei dem am Computer auf die Darbietung von Begriffen möglichst schnell reagiert werden muss (Greenwald et al., 1998). Die Reaktionszeiten werden in Millisekunden gemessen; unterschiedlich lange Reaktionszeiten bei den vorgegebenen Begriffen und Begriffskombinationen lassen dann Rückschlüsse auf zugrunde liegende implizite Einstellungen zu. Das ist eine indirekte Methode, weil der Proband nicht die eigentliche Zielsetzung der Aufgaben kennt. Allerdings gibt es auch Kritik am IAT, weil die Ergebnisse durch verschiedene nicht kontrollierbare Variablen verfälscht werden können (Wittenbrink & Schwarz, 2007).

Wie funktioniert ein Impliziter Assoziationstest (IAT)?

Aber auch andere indirekte Methoden sind geeignet, implizite und damit unbewusste Einstellungen zu erfassen. Assoziationsverfahren, bei denen spontane Reaktionen unter Zeitdruck so schnell gegeben werden müssen, dass keine Verarbeitung des Stimulus durch das langsamere rationale System 2 erfolgen kann, gehören dazu. Oder auch solche Verfahren, bei denen das eigentliche Erkenntnisziel so verschleiert wird, dass die Antwort nicht rational und logisch abgeleitet werden kann, greifen auf implizite Einstellungen zurück (Naderer & Frank, 2015).

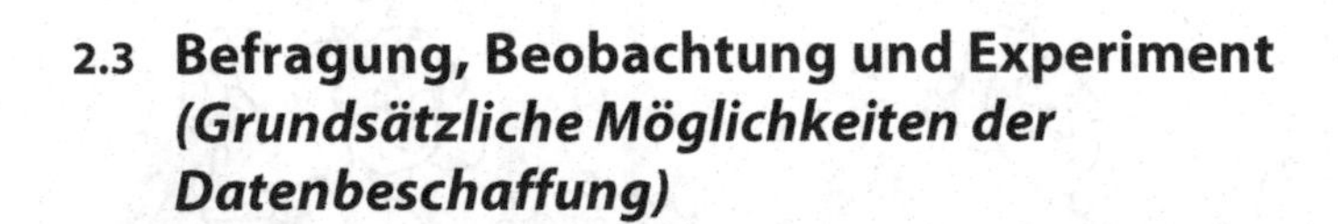

2.3 Befragung, Beobachtung und Experiment *(Grundsätzliche Möglichkeiten der Datenbeschaffung)*

Wenn man gezielt Informationen über einen Untersuchungsgegenstand beschaffen will, hat man grundsätzlich drei Möglichkeiten zur Auswahl: Entweder fragt man jemanden, der einem Auskunft über die gewünschten Informationen geben kann. Oder man beobachtet eine Person, eine Situation oder ein Ereignis und erhält so die Informationen, die man gerne hätte. Oder man beschafft sich die Informationen durch ein

Experiment, bei dem man die Ausgangssituation oder die Bedingungen, unter denen die Information zutage tritt, systematisch variieren kann.

■ Befragung

Hier erfahren Sie, in welcher Form man Befragungen durchführen kann. Diese Hauptmethode der Datenbeschaffung in der empirischen Sozialforschung kann persönlich, telefonisch, schriftlich oder online durchgeführt werden. Sie bekommen einen Überblick über die Vor- und Nachteile sowie über geeignete Einsatzmöglichkeiten für diese unterschiedlichen Befragungsformen.

Die Befragung ist die Hauptmethode der Datenbeschaffung in der empirischen Sozialforschung. Befragungen können entweder persönlich (also von Angesicht zu Angesicht), telefonisch (über Festnetz oder kabellos per Handy), schriftlich (postalisch oder über einen vor Ort ausliegenden Fragebogen) oder online erfolgen.

Die **persönliche Befragung** – also die Kommunikation bzw. Interaktion zwischen einem Interviewer oder Moderator und einer oder mehreren Befragungspersonen – hat verschiedene Vorteile: Man sitzt oder steht sich direkt gegenüber; der Interviewer kann eine persönliche Beziehung zum Gesprächspartner aufbauen und damit eine vertrauensvolle und gesprächsfördernde Atmosphäre schaffen. Er hört nicht nur das, was die Befragungsperson sagt, sondern sieht auch deren nonverbale Reaktionen wie Gestik und Mimik, kann dies entsprechend interpretieren und sein eigenes Verhalten danach ausrichten. Die Gesprächssituation ist authentisch, kommt also einer Alltagssituation recht nahe und simuliert damit die Realität. Auf der anderen Seite kann die persönliche Befragung auch Nachteile haben, wenn durch sie Ergebnisse beeinflusst werden. Der Interviewer kann durch die Art und Weise, wie er Fragen stellt oder sich in der Interviewsituation verhält, die Aussagen der Befragungsperson in eine ganz bestimmte Richtung lenken. Wichtig ist es also, dass sich der Interviewer immer neutral verhält, nicht suggestiv wird und seine eigene Meinung nicht zu erkennen gibt. Und die Befragungsperson kann in der direkten Konfrontation mit dem Interviewer dazu neigen, bei Tabuthemen, über die sie nicht gern spricht oder die ihr peinlich sind, Aussagen zu verfälschen. Ebenso kann es bei sozial erwünschten Themen – also bei Themen, bei der sie dem Interviewer eine bestimmte Erwartungshaltung unterstellt – vorkommen, dass sie ihre Aussagen modifiziert (also quasi ihr „Fähnlein nach dem Wind hängt").

Persönliche Befragung

2

Die **Telefonbefragung** hat ebenfalls Vor- und Nachteile. Man kann am Telefon ein relativ natürliches Gespräch führen; Telefongespräche sind ja heutzutage alltäglich. Auch qualitative Explorationsgespräche oder Experteninterviews sind telefonisch möglich. Was fehlt, ist einerseits der visuelle Kontakt: Man sieht die Person und deren Mimik am anderen Ende der Leitung nicht, kann sich also weniger gut auf Reaktionen des Gesprächspartners einstellen. Und man hat andererseits nur eine sehr eingeschränkte Kontrollmöglichkeit: Man weiß (bei unbekannter Stimme) nicht, mit wem man spricht. Und man merkt nicht, wie aufmerksam das Gegenüber dem Gespräch folgt, ob er in der Gesprächssituation vielleicht durch etwas abgelenkt wird. Da der visuelle Kommunikationskanal fehlt, kann man dem Gegenüber auch nichts zeigen, man kann keine optischen Hilfsmittel einsetzen und zum Beispiel keine Bildvorlagen o. ä. beurteilen lassen. Und dem Telefonteilnehmer fällt es leichter als bei einem persönlichen Interview, das Gespräch einfach zu beenden. Diese Anonymität bzw. der fehlende Sichtkontakt kann wiederum auch ein Vorteil sein: Die Befragungsperson hat vielleicht weniger Hemmungen, über Tabuthemen oder andere schwierige Sachverhalte zu sprechen. Man sollte also bei der Wahl der Befragungsmethode immer Vor- und Nachteile gegeneinander abwägen.

Telefonbefragung

Die **schriftliche Befragung** ist eine einfache und problemlos durchführbare Methode. Die Fragen werden auf einem Blatt oder in einem Fragebogen schriftlich fixiert und die Antworten vom Probanden ebenfalls in schriftlicher Form eingetragen. Als Datenermittlungsmethode hat sie aber drei wichtige Nachteile: Erstens ist sie sehr unverbindlich und damit nicht aufforderungsstark. Das schlägt sich in einer niedrigen Rücklaufquote nieder: Durch die freiwillige Teilnahme werden schriftliche Fragen in der Regel nur von wenigen beantwortet; die Stichprobenstruktur der Teilnehmer ist aufgrund der Selbstselektion völlig willkürlich. Zweitens fehlt die Kontrollmöglichkeit beim Ausfüllen: Man weiß nicht, wer die schriftlichen Fragen in welcher Ausfüllsituation beantwortet und welche ergebnisverzerrenden Einflüsse dadurch zustande kommen. Nicht nur situative Einflüsse und Störungen können hier wirksam werden, sondern auch die falsche Reihenfolge der Fragenbeantwortung bzw. die Kenntnis aller Fragen, bevor man mit der Beantwortung anfängt. Und drittens fehlt die Korrekturmöglichkeit. Es gibt keinen Interviewer, der eingreifen kann, wenn eine Frage nicht oder falsch verstanden wird. Bei einer schriftlichen Befragung ist es daher besonders wichtig, dass der Fragebogen formal und inhaltlich in Ordnung ist. Die Fragebogengestaltung muss nutzerfreundlich sein und die einzelnen Frageformulierungen müssen eindeutig, plausibel und verständlich sein. Beides sollte vorher getestet und überprüft werden.

Schriftliche Befragung

Schriftliche Befragungen werden meistens in standardisierter Form (zum Beispiel mit Antwortvorgaben zum Ankreuzen) durchgeführt. Entsprechende Fragebögen dürfen aber nicht zu lang sein, sonst sinkt die Teilnahmebereitschaft erheblich. Als qualitative Methode mit offenen Fragen eignen sich schriftliche Befragungen nicht, weil man in schriftlicher Form nur einfache Fragen stellen kann und offene Fragen handschriftlich meist nur sehr spärlich mit wenigen Worten beantwortet werden. In der professionellen Marktforschung werden schriftliche Befragungen nur selten eingesetzt. Als Maßnahme zur Ermittlung der Kundenzufriedenheit werden vollstrukturierte schriftliche Kurzfragebögen (meist in Form von Handzetteln) aber von kleineren Unternehmen wie zum Beispiel Hotels oder Restaurants in Eigenregie relativ oft eingesetzt.

Onlinebefragung

Onlinebefragungen werden seit Beginn dieses Jahrhunderts zunehmend eingesetzt. Meist werden dabei Personen per E-Mail aufgefordert, an einer Befragung teilzunehmen, indem sie einen Link zu einem Fragebogen im Netz erhalten, den sie dann beantworten und online absenden sollen. Der Fragebogen ist in der Regel strukturiert und die Methode vergleichbar mit einer schriftlichen Befragung. Das heißt: Die Nachteile der schriftlichen Befragung (Unverbindlichkeit und fehlende Kontroll- und Korrekturmöglichkeit) treffen also auch hier zu. Erst in den letzten Jahren gibt es entsprechende technische Möglichkeiten, qualitative Forschungsmethoden auch online durchführen zu können: Video-Tools ermöglichen qualitative Online-Einzelinterviews und -Gruppendiskussionen mit Sichtkontakt; Netnographie (ethnographische Methoden im Netz) und Social Media Research sind neue Methoden.

▪ Beobachtung

Hier erfahren Sie, welche Formen der Beobachtung es gibt. Diese Methode ist im Gegensatz zur Befragung eine eher passive Form der Datenbeschaffung, bei der unterschieden werden muss, wer oder was beobachtet wird, in welcher Situation und unter welchen Bedingungen die Beobachtung stattfindet, und welchen Einfluss dies auf die Ergebnisse hat.

Die Beobachtung als zweite grundlegende Form der Datenbeschaffung ist eine eher passive Art und Weise, Informationen zu ermitteln. Beobachten heißt, dass man Personen, Situationen oder Ereignisse aufmerksam wahrnimmt und registriert. Die Wahrnehmung kann sich dabei auf alle unsere

Sinne beziehen. Meist wird man zwar etwas visuell mit den Augen verfolgen, aber das aufmerksame Zuhören, eventuell sogar das Riechen, Schmecken oder Fühlen kann ebenfalls Bestandteil der Beobachtung sein und das Ergebnis abrunden (Greve & Wentura, 1997). Typisches Merkmal einer Beobachtung ist, dass der Beobachter nicht aktiv in das beobachtete Geschehen eingreift, sondern dieses unbeeinflusst vom Beobachter ablaufen lässt.

Nun ist aber Beobachtung nicht gleich Beobachtung; man unterscheidet verschiedene Möglichkeiten der Beobachtung danach, wer oder was, wo und wie beobachtet wird. Als grundlegendes Unterscheidungskriterium ist da zunächst das Beobachtungsobjekt – also wer oder was beobachtet wird: Entweder beobachtet man sich selbst oder man beobachtet eine andere Person oder Situation. Die Selbstbeobachtung ist als Introspektion (der „Blick ins Innere") eine alte Methode der Psychologie, bei der man in sich hineinhorcht, sich selbst bewusst beobachtet und versucht, das eigene Erleben (Gedanken und Gefühle) und das eigene Verhalten zu beschreiben und zu analysieren (Kleining, 1999). Dabei besteht allerdings die Gefahr, dass die Beobachtungsergebnisse subjektiv sind. Deshalb wird die Introspektion heute nicht mehr systematisch eingesetzt. In den letzten Jahren wurde die Methode in abgewandelter Form als „lautes Denken" (thinking aloud) wieder aktiviert und in der Usability-Forschung (zum Beispiel bei der Untersuchung der Navigation auf Webseiten) eingesetzt (Reegen, 2019). Die Fremdbeobachtung dagegen ist die klassische Form der wissenschaftlichen Beobachtung und das, was man landläufig unter einer Beobachtung versteht: Der Beobachter beobachtet andere Personen, Situationen, Ereignisse oder auch Gegenstände.

Sich selbst beobachten

Bei der Fremdbeobachtung unterscheidet man je nach Beobachtungsort die Feldbeobachtung von der Laborbeobachtung. Feldbeobachtung bedeutet, dass man das Beobachtungsobjekt in seiner natürlichen Umgebung wahrnimmt. Die natürliche Beobachtungssituation hat den Vorteil, dass das beobachtete Objekt oder Geschehen unter realistischen Bedingungen unbeeinflusst stattfindet und die Komplexität der Wirklichkeit erhalten bleibt. Bei der Laborbeobachtung ist dies anders: Hier werden die Beobachtungsbedingungen künstlich geschaffen (auch wenn die Realität simuliert wird). Das hat natürlich den Vorteil, dass man die Rahmenbedingungen kontrollieren kann und die Beobachtbarkeit meist besser ist. In der Praxis kommt dies zum Beispiel bei Gruppendiskussionen in Teststudios vor, die von einem Nachbarraum aus durch einen Einwegspiegel (eine Glasscheibe, die nur von einer Seite aus durchsichtig ist und von der anderen Seite wie ein Spiegel aussieht) beobachtet werden können.

In der empirischen Sozialforschung wird die Beobachtungssituation in drei verschiedene Kategorien unterteilt: in die biotische, die quasi-biotische und die nicht-biotische Beobachtungssituation (Berekoven et al., 2009, S. 149 f.). Die biotische Situation entspricht der Feldbeobachtung, die in der wahren Realität unter natürlichen Bedingungen stattfindet. Bei der quasi-biotischen Situation versucht man, der Realität möglichst nahe zu kommen und die Wirklichkeit zu simulieren. Denn je realitätsgetreuer die beobachtete Situation ist, um so aussagekräftiger sind die Beobachtungsergebnisse. Und die nicht-biotische Situation entspricht der Laborbeobachtung, bei der eine künstliche Situation hergestellt wird und die Beobachtungsbedingungen nicht nur kontrolliert, sondern auch experimentell variiert werden können. Der Forscher greift durch solche experimentellen Anordnungen aktiv in das Geschehen ein und beeinflusst dadurch natürlich die Beobachtungsergebnisse.

Andere beobachten

Ein anderes Kriterium für die Beobachtung von Personen ist die Frage, ob man als Beobachter selbst wahrgenommen wird. Man unterscheidet die offene von der verdeckten Beobachtung. Bei der offenen Beobachtung weiß die beobachtete Person, dass sie beobachtet wird. Dies gefährdet aber die Natürlichkeit der Beobachtungssituation und kann zu Verhaltensänderungen führen. Deshalb wird manchmal versucht, den eigentlichen Untersuchungszweck durch ein vorgeschobenes anderes Erkenntnisziel zu verschleiern. Bei der verdeckten Beobachtung fühlt sich die beobachtete Person unbeobachtet und verhält sich deshalb ganz natürlich. Allerdings sind verdeckte Beobachtungen laut Datenschutzgesetz nicht erlaubt. Die beobachtete Person muss hinterher über die Beobachtung aufgeklärt werden und nachträglich ihre Zustimmung zur Auswertung der Beobachtungsdaten geben. Verweigert sie die Zustimmung, dürfen die Daten nicht verwendet werden.

Die Rolle des Beobachters steht auch im Mittelpunkt weiterer Unterscheidungsgesichtspunkte. Bei der teilnehmenden oder auch aktiven Beobachtung begibt sich der Beobachter selbst in das Beobachtungsfeld, wird also von der beobachteten Person unmittelbar wahrgenommen. In der Praxis geht hier zum Beispiel der Beobachter gemeinsam mit dem Probanden in einen Einkaufsladen und beobachtet dessen Verhalten beim Wareneinkauf. Durch die direkte Teilnahme an der Einkaufsituation kann er einerseits mehr über das Denken und Handeln sowie über Entscheidungskriterien der beobachteten Person herausfinden, andererseits besteht aber die Gefahr, dass der Beobachter durch seine unmittelbare Teilnahme das Verhalten des Probanden beeinflusst. Bei der nicht-teilnehmenden oder auch passiven Beobachtung ist dies nicht der Fall: Das beobachtete Verhalten ist hier wahrheitsgetreu und unverfälscht, weil der Proband nicht weiß, dass er beobachtet wird.

- **Ethnografische Forschung**

Hier erfahren Sie, wie man durch eine Kombination aus Befragung und Beobachtung in der qualitativen Forschung interessierende Handlungen, Tätigkeiten oder Verhaltensweisen akribisch genau erfassen und auswerten sowie die Motive und Beweggründe, die dazu geführt haben, ermitteln kann.

Wenn es um die Erforschung der Handhabung von Produkten, um Konsumgewohnheiten oder um das Verhalten von Produktverwendern oder Mediennutzern geht, eröffnet sich dies durch eine Verhaltensbeobachtung natürlich viel genauer, ausführlicher und lebensnäher als durch eine Befragung. Dies hat in der qualitativen Forschung zur Ethnografie geführt – einer Kombination aus teilnehmender Beobachtung und Befragung. Vor allem komplexe Verhaltensweisen oder gewohnheitsmäßig ablaufende Routinehandlungen können im Rahmen von ethnografischen Interviews detaillierter erfasst und anschließend besprochen werden (Kirchmair, 2020, S. 223).

Ethnografische Interviews werden am „Ort des Geschehens" (im Haushalt, am Arbeitsplatz oder an anderer Stelle) durchgeführt. Das beobachtete Verhalten oder auch die Realsituation wird dort durch Fotos dokumentiert oder durch Videos aufgezeichnet und später detailliert ausgewertet. Im anschließenden Befragungsteil kann dann der Interviewer Einzelheiten gezielt aufgreifen und hinterfragen, sich offene Fragen beantworten und Handlungen oder Verhaltensweisen erklären lassen.

- **Experiment**

Hier erfahren Sie, dass das Experiment keine eigenständige Form der Datenbeschaffung ist, sondern meistens auf den grundlegenden Methoden der Befragung oder Beobachtung beruht. Unterschiedliche Formen des Experiments werden erläutert und Praxisbeispiele aus der Marktforschung werden beschrieben.

Das Experiment wird oft als dritte grundlegende Form der Datenbeschaffung bezeichnet. In Wirklichkeit ist es aber keine eigenständige Forschungsmethode, sondern eine Versuchsanordnung (ein Forschungsdesign), bei der die Voraussetzungen zur Datenbeschaffung systematisch variiert werden. Der Forscher ermittelt hierbei Informationen, indem er die Untersuchung methodisch anlegt und Einflussgrößen gezielt kontrolliert, verändert oder ausschaltet. Er stellt damit bestimmte Bedingungen her und beobachtet deren Auswirkungen. In der empirischen Sozialforschung werden Experimente oft dazu benutzt, Hypothesen zu überprüfen und kausale Wirkungszusammenhänge zu ermitteln. Die eigentliche Datenbeschaffung erfolgt bei einem Experiment durch die unterschiedlichsten Methoden, unter anderem auch durch Befragung oder Beobachtung. Experimentelle Ergebnisse werden oft in Form von zahlenmäßig erfassbaren Messdaten ausgewiesen, können aber auch qualitativer Natur sein.

Man unterscheidet zwei Formen des Experiments: das Feldexperiment und das Laborexperiment. Analog der Unterscheidung bei den Beobachtungsformen findet das Feldexperiment in der natürlichen Umgebung statt; es werden über die experimentelle Manipulation hinaus keine künstlichen Bedingungen geschaffen, die das Ergebnis verfälschen könnten. Personen, deren Meinung oder Verhalten ermittelt werden soll, wissen nicht, dass sie Teil eines Experiments sind. Die teilnehmenden Personen werden häufig (ohne deren Wissen) in eine Experimentalgruppe und in eine Kontrollgruppe eingeteilt. Die Ergebnisunterschiede zwischen der Experimental- und der Kontrollgruppe lassen dann Rückschlüsse auf den Einfluss der Versuchsanordnung in der Experimentalgruppe zu.

Blick in die Praxis: Testmarkt in Haßloch

Deutschlands größtes Marktforschungsinstitut GfK betrieb bis Ende 2021 in Haßloch in der Pfalz einen Testmarkt mit 3000 Haushalten, in dem neue Produkte ausprobiert wurden und die Wirksamkeit der Werbung für diese Produkte untersucht wurde. Die teilnehmenden Haushalte wurden mit Werbung versorgt und kauften in besonders präparierten Supermärkten ein. Wenn nun die Hälfte dieser Haushalte Werbung sah, in der ein bestimmtes Produkt beworben wurde, und die andere Hälfte sah Werbung, in der dieses Produkt nicht vorkam, konnte die Wirkung dieser Werbung auf den Abverkauf in den Supermärkten bestimmt werden. Dies war ein experimenteller Untersuchungsansatz mit einer Experimentalgruppe (Haushalte mit Werbung für das Produkt) und einer Kontrollgruppe (Haushalte ohne Werbung für das Produkt) (Szymanski, 2010).

Blick in die Praxis: Namensbezeichnung von Automodellen
Bei vielen Automobilmarken ist es wichtig, neu entwickelten Fahrzeugmodellen einen Namen zu geben. Im Rahmen der Namensgebung werden mitunter mehrere Namensalternativen getestet, indem das neue Fahrzeug im Rahmen einer Befragung vorgestellt und beurteilt wird. Die Befragungspersonen werden in mehrere (gleich strukturierte) Gruppen eingeteilt. Der Input in allen Gruppen ist identisch – mit Ausnahme des Modellnamens, der in jeder Gruppe ein anderer ist. Bei der Befragung wird nicht der Name thematisiert, sondern nur das neue Fahrzeug hinsichtlich seiner Eigenschaften, seiner Eignung für bestimmte Zielgruppen usw. beurteilt. Die Ergebnisunterschiede zwischen den Gruppen können dann auf den Einfluss des jeweiligen Namens zurückgeführt werden.

Beim Laborexperiment dagegen wissen die teilnehmenden Personen, dass sie Teil eines Experimentes sind; ihr Verhalten könnte dadurch beeinflusst sein. Vorteil eines Laborexperimentes ist aber die Möglichkeit, eventuelle Störvariablen kontrollieren und Einflussgrößen gezielt verändern zu können. Prinzipiell können Experimente in der empirischen Sozialforschung dazu beitragen, soziales Verhalten besser zu verstehen und herauszufinden, wie sich Einstellungen und Verhalten von Menschen unter bestimmten Bedingungen verändern und erklären lassen.

2.4 Apparative Verfahren *(Quantitative oder qualitative Methoden?)*

Hier erfahren Sie, welche apparativen Verfahren im Rahmen oder in Kombination mit qualitativer Forschung eingesetzt werden. Erklärt werden zum einen apparative Testverfahren, zum anderen psycho- und neurophysiologische Messverfahren, mithilfe derer Körperfunktionen gemessen werden, die Rückschlüsse auf emotionale Zustände oder Prozesse ermöglichen.

Eine Sonderform der Beobachtung sind apparative Verfahren, durch die Einstellungen, Verhalten oder auch Emotionen gemessen werden können (▫ Abb. 2.3). Die Frage ist hier, ob solche Verfahren qualitativer oder quantitativer Natur sind. Für eine quantitative Forschungsmethodik spricht, dass solche Verfahren häufig zahlenmäßig darstellbare Mes-

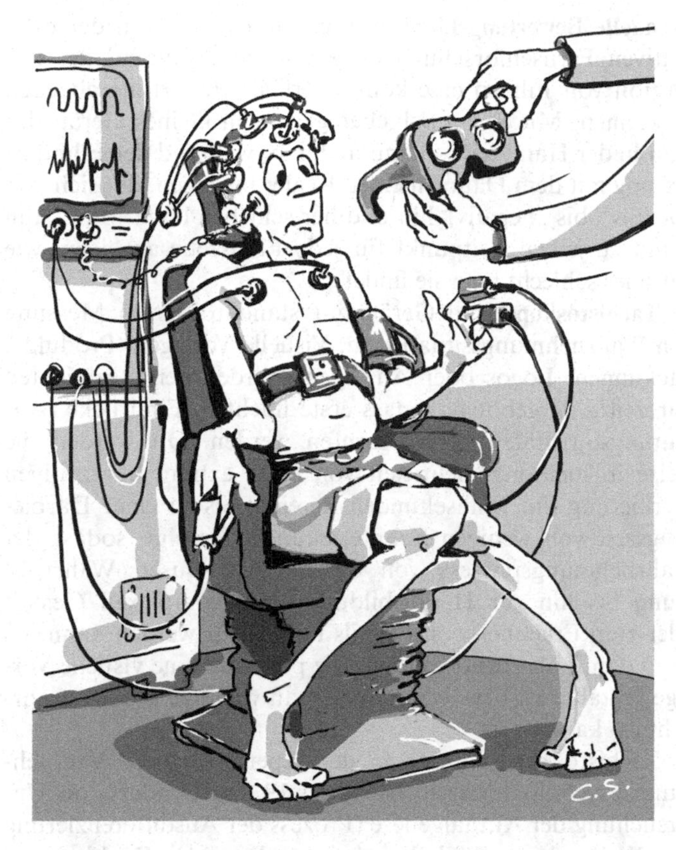

■ Abb. 2.3 Apparative Messverfahren. (© Claudia Styrsky)

sergebnisse liefern. Da die Ergebnisse aber oft Rückschlüsse auf qualitative Sachverhalte wie Emotionen, Anmutungsqualitäten oder Bewertungen zulassen und überdies meist nur in kleinen Personenstichproben gewonnen werden, sind sie vor dem Hintergrund der eingangs erläuterten erweiterten Definition eher den qualitativen Forschungsmethoden zuzuordnen.

Bei den apparativen Verfahren, die bei oder in Kombination mit qualitativer Forschung eingesetzt werden, unterscheidet man

- Manuelle Bewertungshilfen (z. B. Schieberegler)
- Wahrnehmungspsychologische Verfahren (z. B. Tachistoskop)
- Reaktionszeitbasierte Methoden (z. B. Impliziter Assoziationstest)
- Blickaufzeichnungsverfahren (z. B. Eye Tracking)
- Psychophysiologische Messungen (z. B. Hautwiderstandsmessung)
- Neurophysiologische Messungen (z. B. Magnetresonanztomographie)

Manuelle Bewertungshilfen werden zum Beispiel in der qualitativen Fernsehforschung eingesetzt, um während der Rezeption von Filmen eine kontinuierliche Bewertung abgeben zu können. Mit einem Schieberegler – ein kleines Gerät, das man in der Hand hält – kann man hier während der Filmdarbietung mit dem Daumen einen Regler bedienen, der sich von „positiv" bis „negativ" hin und her schieben lässt. Man kann damit zu jedem Zeitpunkt für jede Filmszene anzeigen, wie gut oder schlecht man sie findet.

Tachistoskope sind Geräte zur standardisierten Messung von Wahrnehmungssituationen. Visuelle Vorlagen (Produkte, Packungen, Logos oder Anzeigen) werden den Rezipienten kurzzeitig dargeboten, sodass erste flüchtige Eindrücke (Anmutungsqualitäten) hervorgerufen werden. Oft werden die Reize in mehreren Schritten von einer extrem kurzzeitigen Darbietung (im Millisekunden-Bereich) bis zu einer Darbietungszeit von wenigen Zehntelsekunden gezeigt, sodass der Wahrnehmungsprozess von der ersten diffusen Wahrnehmung bis hin zur Herausbildung einer komplexen Gestalt oder zum Erkennen von Details untersucht werden kann. Es kann damit überprüft werden, wie prägnant eine visuelle Vorlage gestaltet ist bzw. wie schnell man wichtige Details wahrnehmen kann.

Tachistoskope wurden in der experimentellen Wahrnehmungspsychologie bereits Mitte des 19. Jahrhunderts zur Untersuchung der Aktualgenese (Prozess der Ausdifferenzierung von Wahrnehmungsinhalten bei zunehmender Darbietungsdauer) entwickelt. Heute gibt es zwei Arten von Tachistoskopen: Projektions- und Einblicktachistoskope (Watzlawick et al., 2017, S. 91). Beim Projektionstachistoskop wird das Bild des zu untersuchenden Gegenstandes kurzzeitig (mithilfe einer Hochgeschwindigkeitsblende oder einer Hochspannungs-Zündautomatik) auf eine Leinwand projiziert. Beim Einblicktachistoskop wird der zu untersuchende Gegenstand in einem abgedunkelten Raum durch kurzzeitige Beleuchtung präsentiert. Eine Variante des Einblicktachistoskops ist die „Schnellgreifbühne", ein heute nicht mehr gebräuchlicher dunkler Kasten, in dem zwei oder mehr Produktalternativen stehen, die plötzlich beleuchtet werden und zwischen denen der Proband so schnell wie möglich eine Entscheidung durch „Zugreifen" treffen muss.

Der **Implizite Assoziationstest** (IAT) ist ein reaktionszeitbasiertes Verfahren, mithilfe dessen implizite Einstellungen gemessen werden können. Auf einem Computerbildschirm werden einem Probanden in mehreren Durchgängen immer zwei unterschiedliche Reize (Wörter und/oder Bildvorlagen) gezeigt, die er dann so schnell wie möglich einem Oberbegriff zuordnen muss. Die Reaktionsgeschwindigkeiten werden dabei in Millisekunden gemessen. Beim Vergleich verschiedener Zuordnungsaufgaben geht man davon aus, dass bei denjenigen Zuordnungen, die am schnellsten erledigt werden können, Reiz und Oberbegriff eng miteinander assoziiert sind (► siehe Beispiel IAT).

Dieser Test ist ein indirektes Verfahren, weil er das Erkenntnisziel (die gemessenen Einstellungen) nicht direkt ermittelt, sondern aus dem Verhalten des Probanden (aus der Veränderung von Reaktionszeiten) erschließt. Da das Verfahren aber relativ kompliziert und aufwendig ist, sollte es vor allem dann angewendet werden, wenn die Vermutung besteht, dass explizite und implizite Einstellungen auseinanderklaffen (zum Beispiel, wenn die direkt erfragte und bewusst geäußerte Einstellung sozial nicht erwünscht und deshalb verfälschungsgefährdet ist).

Eye Tracking ist ein Blickaufzeichnungsverfahren, bei dem eine Augenkamera den Blickverlauf eines Probanden aufzeichnet. Anwendungsmöglichkeiten gibt es zum Beispiel in der Werbe- und Medienforschung bei der Analyse des Lese- oder Fernsehverhaltens. Die gebräuchlichsten Systeme sind heute mobile Systeme, bei denen eine in einer Brille eingebaute Augenkamera die Blickbewegungen misst und eine Blickfeldkamera zeitgleich aufzeichnet, was der Proband gerade betrachtet. Es gibt aber auch stationäre Systeme, bei denen der Proband auf einen Fernsehschirm schaut und die Blickbewegungen durch eine im Bildschirm eingebaute Kamera erfasst werden.

Neuerdings wird sogar versucht, Blickbewegungen auf einem Bildschirm mithilfe der Computermaus zu erfassen (Attention Tracking) und zu analysieren (Egner, 2019). Der Proband muss dabei durch Mausklicks jederzeit angeben, wo er gerade wie lange hinschaut. Diese Variante ist aber sehr unzuverlässig, weil der Proband erstens seine Blickbewegungen bewusst kontrollieren kann und zweitens seine Mausklicks den Blickverlauf beeinflussen können.

- **Psychophysiologische Messungen**

Eine weitere Form apparativer Verfahren, die in den letzten Jahren an Bedeutung zugenommen haben, sind psychophysiologische Messungen. Sie beruhen darauf, dass psychische Prozesse des Menschen von automatischen körperlichen Reaktionen begleitet werden, die sich nicht beeinflussen lassen. Diese körperlichen Reaktionen können gemessen werden und lassen Rückschlüsse auf das Erleben des Menschen zu (Kirchmair, 2020). Auch hier stellt sich die Frage, ob diese Verfahren quantitativer oder qualitativer Natur sind. Von der Methodik her sind dies Messverfahren und daher quantitativ.

Wenn sie allerdings dazu verwendet werden, qualitative Sachverhalte wie das emotionale Erleben des Menschen zu erforschen, dann sind sie im erweiterten Sinne qualitativ.

Messung von Körperfunktionen

Psychophysiologische Messungen werden im Rahmen medizinischer Diagnostik schon lange eingesetzt. Als objektive Korrelate qualitativer Forschung mit dem Ziel, emotionale Befindlichkeiten zu messen, werden sie aber erst seit wenigen Jahren verwendet. Vor allem folgende Verfahren finden hier Anwendung:

- Elektrodermale Aktivität (EDA)
- Pulsvolumenamplitude (PVA)
- Elektroenzephalogramm (EEG)
- Elektrokardiogramm (EKG)
- Elektromyogramm (EMG)

Vor allem die apparative Emotionsforschung im Rahmen psychophysiologischer Verfahren ist hier von Interesse, zumal die technologischen Möglichkeiten der Interpretation von Messdaten laufend optimiert werden. Körperliche Reaktionen, die Rückschlüsse auf das emotionale Erleben des Menschen ermöglichen, sind vor allem

- die Aktivitäten des sympathischen Nervensystems, die durch die elektrische Hautleitfähigkeit – *Elektrodermale Aktivität (EDA)* – gemessen werden können. Bei diesem Verfahren (auch psychogalvanische Messung genannt) können durch Schweißabsonderungen der Hände Rückschlüsse auf Erregungszustände bzw. Intensität und Aktivierungsstärke eines Reizes sowie Anspannung und Stress gezogen werden.
- die Durchblutung der Körperperipherie, die durch die *Pulsvolumenamplitude (PVA)* ermittelt werden kann. Ein erhöhter Blutdurchfluss in die Finger aufgrund einer Weitung der Blutgefäße lässt hier auf eine Orientierungsfunktion, auf das Interesse an und die Zuwendung zu einem Reiz schließen.
- die elektrischen Hirnströme, die durch das *Elektroenzephalogramm (EEG)* gemessen werden können. Signale der Gehirnströme können Auskunft geben über das allgemeine Aktivierungsniveau (Wachheit vs. Müdigkeit) sowie über Konzentrationszustände (Nachdenken, Problemlösen).
- die Aktivität des Herz-Kreislauf-Systems, das mithilfe des *Elektrokardiogramm (EKG)* in Erfahrung gebracht werden kann. Die Herzschlagrate kann Hinweise auf emotionale Reaktionen geben: Eine Verlangsamung des Herzschlags deutet auf positiv erlebte Reize (erhöhte Aufnahmebereitschaft), eine Beschleunigung des Herzschlags auf negative Reize (verminderte Aufnahmebereitschaft).

- die Veränderungen der Gesichtsmuskeln, die durch das *Elektromyogramm (EMG)* zur Erfassung der elektrischen Muskelaktivität gemessen und interpretiert werden können. Sowohl positive Emotionen wie Freude und Begeisterung als auch negative Gefühle wie Zweifel, Angst, Trauer, Ekel und Verachtung lösen ganz spezifische mimische Reaktionen hervor, die nur schwer kontrolliert oder beeinflusst werden können (Stürmer, 2014).

Eine Kombination verschiedener Messdaten solcher Körperfunktionen kann dann näherungsweise Informationen über die tatsächlichen Emotionen des Menschen liefern. Die Interpretation von Gefühlen aufgrund mimischer Veränderungen der Gesichtsmuskulatur kann aber nicht nur durch Messung der elektrischen Muskelaktivitäten erfolgen, sondern auch durch eine reine Beobachtung des Gesichtsausdrucks (wie dies im menschlichen Miteinander täglich passiert).

Der amerikanische Psychologe Paul Ekman hat 1978 erstmals emotionale Gesichtsausdrücke physiologisch klassifiziert (Facial Action Codung System FACS) und die sieben Basis-Emotionen Freude, Wut, Ekel, Furcht, Verachtung, Trauer und Überraschung gefunden, die angeboren sind und von allen Menschen kulturübergreifend gleichermaßen empfunden und ausgedrückt werden. (Ekman & Friesen, 1978). Diese Basis-Emotionen können neuerdings durch Gesichtserkennungs-Software (Emotion Tracking) gemessen werden. Durch eine Facial-Recognition-Software, bei der verschiedene Punkte im Gesicht definiert sind und die Mimik durch deren Relation zueinander bestimmt wird, kann die jeweilige Gefühlslage erkannt werden.

Sieben Basis-Emotionen

In Zukunft ist zu erwarten, dass die Ermittlung von Emotionen durch die Mimik auch mobil möglich sein wird (Kirchmair & Maxl, 2014). Gesichtserkennungs-Software ist bereits in den neuesten Handygenerationen integriert und Apps zur Emotionserkennung per Handy sind in der Entwicklung.

Die Möglichkeiten der apparativen Messung von Emotionen sind zurzeit Gegenstand intensiver Forschungen und technologischer Weiterentwicklungen. Entsprechende Tools werden zunehmend auch im Bereich qualitativer Marktforschung eingesetzt. So wurde zum Beispiel ein Smartband (Bodymonitor) als Möglichkeit zur mobilen Emotionsmessung entwickelt, das am Handgelenk getragen wird, Hautleitfähigkeit und Hauttemperatur des Trägers misst und Rückschlüsse auf grundlegende Emotionen wie Neugier, Anspannung und Abkehr zulässt (Papastefanou, 2013). Auch die weit verbreiteten Fitness-Armbänder (Activity Tracker) werden laufend weiterentwickelt und bieten neue Funktionen. Der Wearable-Hersteller Sentio Solutions Inc. hat bereits einen Prototyp vorgestellt, der über einen Emotion Tracker verfügt und mit vier Sensoren biometrische Körpersignale wie Blutdruck, Hauttemperatur und galvanische Hautreaktionen (Änderungen des elektrischen Hautwiderstandes) misst und seinen Träger vor zu viel Stress warnt (Ott, 2018).

Mit fortschreitender Technologie werden viele bislang nur stationär mögliche psychophysiologische Messungen in Zukunft mobil einsetzbar sein. Das Bioinformatikunternehmen Emotiv bietet bereits mehrere EEG-Brainwear-Geräte zur mobilen EEG-Messung an (▶ www.emotiv.com). Weitere Forschungsbereiche sind die Integration von Messsensoren in Bekleidungsstoffe (Smart Clothes) oder auf der Haut (Smart-Skin-Technik), die dann biometrische Körpersignale per Funk an Aufzeichnungscomputer senden (Stürmer, 2014).

▪ Neurophysiologische Messungen

Ein weiterer aktueller Forschungsbereich ist die Hirnforschung und insbesondere die Untersuchung von Zusammenhängen zwischen mentalen Prozessen und der Aktivität bestimmter Gehirnareale, wie sie zum Beispiel als Reaktionen auf visuelle oder akustische Reize (Wörter, Bilder oder ganze Werbemittel) auftreten. Man kann hierbei zwei verschiedene Gruppen von Messverfahren unterscheiden (Raab et al., 2009), zum einen Verfahren wie die Elektroenzephalographie (EEG) und die Magnetenzephalographie (MEG), die elektrische Gehirnaktivitäten messen und zum anderen die Positronenemissionstomographie (PET), die funktionelle transcranielle Doppler-Sonographie (FTCD) und die funktionelle Magnetresonanztomographie (fMRT), die Veränderungen der Stoffwechselvorgänge im Gehirn messen.

Hirnforschung

Die funktionelle Magnetresonanztomographie (fMRT) ist die derzeit aktuellste und wichtigste neurophysiologische Messmethode, weil sie als bildgebendes Verfahren Hinweise darauf gibt, welche Hirnareale bei der Bearbeitung einer Aufgabe aktiviert werden. Dadurch können unbewusste mentale Prozesse wie zum Beispiel die Beteiligung von Emotionen untersucht werden.

Einschränkend ist aber zu sagen, dass neurophysiologische Befunde immer nur Korrelate mentaler Vorgänge sein können. Das heißt, dass die Aktivierung bestimmter Hirnareale keine Aussagen über das subjektive Erleben einer Person zulassen. Die bisherigen Ergebnisse der Hirnforschung sind noch sehr allgemein und gehen nur wenig über den Nachweis der Bedeutung von emotional besetzten Reizen hinaus.

Neurophysiologische Messverfahren können qualitative Sachverhalte wie emotionale Befindlichkeiten des Menschen bisher noch nicht abbilden und können somit den qualitativen Forschungsmethoden nicht zugeordnet werden.

2.5 Einzelbefragungen versus Gruppendiskussionen *(Wann ist was sinnvoll?)*

Hier erfahren Sie, wann man Einzelinterviews und wann man Gruppendiskussionen einsetzen sollte. Der größte Vorteil des Einzelinterviews ist die Möglichkeit, Antworten von der befragten Person unabhängig und unbeeinflusst von anderen Personen bekommen zu können. Bei Gruppendiskussionen ist das Gegenteil der Fall: Hier nutzt man ganz bewusst die Einflüsse anderer Personen (die Interaktionen der Teilnehmer untereinander) dazu, bessere Ergebnisse zu bekommen.

Bei der Befragung als wichtigste qualitative Forschungsmethode können Informationen entweder von einer einzelnen Person eingeholt werden oder von einer Personengruppe. Im ersten Fall spricht man von Einzelinterviews, im zweiten Fall von Gruppendiskussionen. Beide Befragungsformen kommen in der Praxis häufig vor; die Frage aber ist: Welche der beiden Methoden ist wann sinnvoll?

Wenn in der Marktforschung der Einsatz qualitativer Befragungsmethoden geplant ist, stehen Auftraggeber und Auftragnehmer oft vor der Frage, ob Einzelinterviews oder Gruppendiskussionen durchgeführt werden sollen. Die Entscheidung darüber wird häufig von Randbedingungen wie Durchführungszeit und -kosten oder auch persönlichen Vorlieben abhängig gemacht. Doch das ist nicht sinnvoll. Entscheidungskriterium sollten immer die Charakteristika der Methoden und ihre Eignung für die Erreichung des gewünschten Erkenntnisziels sein.

Beim Einzelinterview sind die Rollen der beiden Gesprächspartner klar verteilt. Der Fragende (Interviewer) möchte vom Befragten (Proband) Informationen erhalten. Und wenn sich der Interviewer neutral verhält und den Probanden nicht beeinflusst, kann er von ihm dessen Kenntnisse, Meinungen, Einstellungen, Urteile oder Verhaltensweisen erfahren. Das Entscheidende dabei ist, dass der Proband seine eigenen Gedanken, Vorstellungen oder Empfindungen zum Ausdruck bringt – unbeeinflusst von anderen Personen. Das heißt: Einzelinterviews sind immer dann als Befragungsmethode geeignet, wenn man eine Zielperson „ausfragen“ will, wenn es wichtig ist, individuelle Gedanken, Gefühle oder Erlebnisse in Erfahrung zu bringen.

Bei der Gruppendiskussion ist dies anders. Hier diskutiert eine Gruppe von Personen miteinander. Die Gruppenmitglieder erzählen von sich, tauschen Meinungen und Argumente aus und beeinflussen sich gegenseitig. Ein Moderator steuert das Ganze und achtet darauf, dass die Gruppe beim vorgegebenen Thema bleibt. Das Charakteristische einer Gruppendiskussion ist die dynamische Interaktion der Gruppenmitglieder untereinander. Das hat natürlich Vor- und Nachteile.

Der entscheidende Vorteil einer Gruppendiskussion – und deshalb sollte diese Methode eingesetzt werden – ist die gegenseitige Beeinflussung der Teilnehmer. Denn gerade der inhaltliche Austausch kann dazu führen, dass sich die Gruppenmitglieder gegenseitig „befruchten", dass ihnen durch die Beiträge der anderen Personen Dinge einfallen, an die sie sonst nicht gedacht hätten, und dass dadurch Themen viel besser, breiter und tiefer „ausgeleuchtet" werden können als das in Einzelinterviews möglich wäre.

Aber es gibt auch Nachteile: In der Gruppe kann kein Wissen abgefragt werden; denn wenn eine Person etwas äußert, hören dies auch alle anderen. In der Gruppe können auch keine inneren Gedankenprozesse (zum Beispiel Kriterien und Überlegungen zu einer Kaufentscheidung) verlässlich ermittelt werden; denn die Kommunikation solch individueller Gedankengänge kann leicht durch die Anwesenheit oder durch bereits erfolgte Aussagen anderer Teilnehmer beeinflusst werden. In der Gruppe können auch sensible Themen schlechter behandelt werden; denn Aussagen zu Tabuthemen oder Themen, die sozialer Erwünschtheit unterliegen, werden bei Anwesenheit weiterer Personen eher verfälscht als in Einzelinterviews.

Entscheidend bei einer Gruppendiskussion ist, dass Themen behandelt werden, zu denen alle Teilnehmer etwas sagen können (und wollen). Und vor allem: Das Thema muss für eine Behandlung in der Gruppe geeignet sein. Die Vorteile der Interaktionen innerhalb der Gruppe führen auch zu einem weiteren Kriterium: Gruppendiskussionen sind vor allem dann sinnvoll, wenn über das zu untersuchende Thema noch wenig bekannt ist. Wenn man zum Beispiel Näheres über die Verwendung eines bestimmten Produktes wissen will, kann eine Gruppendiskussion mit entsprechenden Produktverwendern Aufschluss über Verwendungsgewohnheiten und Produkterfahrungen geben. Sind die Verwendungsdaten bereits bekannt und will man Näheres über Verwendungshintergründe und Motive in Erfahrung bringen, eignen sich hierfür Einzelinterviews besser.

In der Praxis der qualitativen Forschung werden häufig Gruppendiskussionen durchgeführt, weil sie relativ schnell und vergleichsweise preisgünstig realisiert werden können und für Auftraggeber einen weiteren Vorteil bieten: Sie können (durch Videoübertragung oder durch einen Einwegspiegel) live beobachtet werden. Viel zu selten wird vorher überlegt, ob sie als Befragungsmethode für das zu untersuchende Thema geeignet sind.

2.6 Gruppenverfahren *(Wie kann man soziale Interaktionen nutzen?)*

Es gibt eine ganze Reihe unterschiedlicher Gruppenverfahren in der qualitativen Forschung, von denen die Gruppendiskussion die am weitesten verbreitete Form in der Forschungspraxis ist. All diesen Gruppenverfahren ist gemeinsam, dass sie die Gruppensituation nutzen, um durch das Miteinander der Teilnehmer mehr oder bessere Ergebnisse zu erzielen (◘ Abb. 2.4).

2.6.1 Gruppendiskussionen

Hier erfahren Sie das Wichtigste über Gruppendiskussionen: wie viele Teilnehmer sie haben sollten und was bei ihrer Auswahl zu beachten ist, wie lange sie üblicherweise dauern, auf was der Moderator einer Gruppendiskussion alles achten muss, wie sie ausgewertet werden und welche unterschiedlichen Gruppendiskussionsvarianten es gibt.

◘ **Abb. 2.4** Gruppendiskussion. (© Claudia Styrsky)

Die Gruppendiskussion (engl. focus group) ist ein von einem geschulten Moderator anhand eines Leitfadens geführtes Gespräch mit mehr als drei Teilnehmern mit dem Ziel des gemeinsamen Austauschs über ein vorgegebenes Thema. Bei diesem Verfahren steht die Interaktion der Teilnehmer, das gemeinsame Erarbeiten von Inhalten und die Diskussion unterschiedlicher Sichtweisen im Mittelpunkt, durch die ein breites Spektrum von Meinungen, Einstellungen und Verhaltensweisen aufgedeckt werden kann.

Das Prinzip einer Gruppendiskussion besteht darin, dass durch die Dynamik des Gespräches mehrerer Personen Hemmungen, Ängste oder Widerstände reduziert werden und gleichzeitig die Gesprächsbereitschaft der Teilnehmer erhöht wird, sodass tieferliegende Motive und Einstellungen sichtbar werden können.

Interaktion als Vorteil

Eingesetzt werden Gruppendiskussionen bei vielfältigen Fragestellungen und Themen. Dies reicht von der Grundlagenforschung bis hin zur detaillierten Überprüfung verbaler oder visueller Vorlagen. Meist wird ein Thema behandelt, von dem man noch wenig weiß und über das man von den Teilnehmern Informationen erhofft. Spezifische Ziele können aber auch das Einholen eines möglichst breiten Erlebnis- und Motivationsspektrums sein, das Verstehen von Meinungsbildungs- oder Kommunikationsprozessen, die Ermittlung von extremen oder gegensätzlichen Standpunkten sowie die Bildung und Förderung innovativer Ideen.

Phasen der Gruppendiskussion

Gruppendiskussionen haben – bei aller Unterschiedlichkeit der Themen und Gruppenzusammensetzung – eine gemeinsame Grundstruktur, nach der sie ablaufen. Nach Pollock sind dies sechs unterschiedliche Phasen, die ein Moderator kennen muss, um auf die jeweiligen Charakteristika dieser Phasen eingehen zu können (Pollock, 1955).

Fremdheit Am Anfang sind die Teilnehmer meist noch unsicher und äußern sich vorsichtig und unverbindlich. Der Moderator sollte deshalb zu Beginn Eröffnungsfragen stellen, die den Teilnehmern die fremde Situation in der Gruppe erleichtern.

6 Phasen einer Gruppendiskussion

Orientierung In dieser Phase werden erste Gemeinsamkeiten der Teilnehmer untereinander gesucht. Der Moderator sollte hier Hinführungsfragen auf das eigentliche Thema der Gruppe stellen, an denen sich die Teilnehmer orientieren können.

Anpassung Die Teilnehmer haben das Bedürfnis, mit den Argumenten der anderen Gruppenmitglieder übereinzustimmen. Sie empfinden die Gruppe als objektive Instanz. Der Moderator sollte jetzt Überleitungsfragen stellen.

Vertrautheit Die Teilnehmer sind jetzt mit der Gruppensituation vertraut und versuchen verstärkt, zu gemeinsamen Aussagen zu gelangen und einen Konsens herzustellen. Angebracht sind jetzt Schlüsselfragen durch den Moderator.

Konformität Jetzt bilden sich vermehrt Gruppenmeinungen heraus, Abweichungen werden eher negiert. Die Teilnehmer identifizieren sich mit "ihrer" Gruppe. Es bieten sich zusammenfassende, rückversichernde Schlussfragen an.

Ermüdung Die Diskussionen klingen ab. Die Gruppenmitglieder sind mit der hergestellten Konformität und Gemeinsamkeit zufrieden. Die Diskussionsintensität lässt nach, erste Ermüdungserscheinungen treten auf. Jetzt sind Retrospektivfragen angebracht.

Eine Kenntnis dieser Phasen versetzt den Moderator in die Lage, die Vorteile der Gruppendiskussion auszuspielen: Ihre Alltagsnähe durch das Zusammenwirken von Personen in einer sozialen Gruppe, sowie gegenseitige Durchdringung eines Themas durch die gedankliche und gefühlsmäßige Auseinandersetzung mit anderen.

▪ Struktur von Gruppendiskussionen

Eine Gruppendiskussion als qualitative Forschungsmethode umfasst meist zwischen 6 und 10 Diskussionsteilnehmer. Bei weniger Teilnehmern sind die gruppendynamischen Prozesse (Interaktionen, Meinungsaustausch, Standpunkt-Diskussionen) eingeschränkt und weniger effektiv. Bei mehr Teilnehmern kann nur schwer eine gemeinsame Diskussion zustande kommen. Die Gefahr eines Ungleichgewichts von Vielrednern und Schweigsamen wächst mit zunehmender Gruppengröße und statt eines Meinungsaustauschs kommt es verstärkt zur Abgabe von Einzelmeinungen.

Die Dauer von Gruppendiskussionen beträgt in der Praxis im Allgemeinen zwischen 90 und 150 min. Bei längeren Diskussionen empfiehlt es sich, eine Pause zu machen (wobei das aber dann Auswirkungen auf die bereits erwähnten Phasen der Diskussion hat).

Die Anzahl durchzuführender Gruppendiskussionen richtet sich in der Marktforschungspraxis – neben dem zur Verfügung stehenden Budget – nach den Fragestellungen bzw. Erkenntniszielen sowie nach den Vermutungen über ergebnisbeeinflussende Faktoren (wie zum Beispiel Unterzielgruppen, regionale Unterschiede u. a. m.). In der Regel werden immer mindestens zwei bis drei Gruppendiskussionen durchgeführt, denn bei einer einzigen Gruppe ist das Ergebnis zu sehr von der Gruppenzusammensetzung abhängig und damit zufällig und nicht aussagekräftig.

Die Auswahl der Teilnehmer einer Gruppendiskussion ist deshalb immens wichtig; auf eine ausgewogene Verteilung aller relevanten Merkmale der zu untersuchenden Zielgruppe muss unbedingt geachtet werden.

Die Gruppenzusammensetzung kann homogen oder heterogen (hinsichtlich soziografischer oder inhaltlich-thematischer Gesichtspunkte) sein. Bei homogener Zusammensetzung lässt sich eine Polarisierung unter den Teilnehmern eher vermeiden und ein „In-Group-Gefühl" leichter herstellen. Bei heterogener Zusammensetzung erhält man eher eine Vielfalt von Meinungen. Es ist zu erwarten, dass die Diskussion dann lebhafter wird, aber auch kontroverser verlaufen kann, wenn gegensätzliche Meinungen aufeinanderprallen.

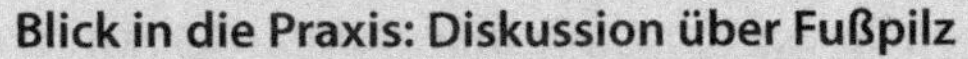

Blick in die Praxis: Diskussion über Fußpilz

Man sagt immer, dass man Tabuthemen nicht in einer Gruppendiskussion behandeln kann. Wenn man einige Voraussetzungen berücksichtigt, geht das doch. Ich habe einmal im Auftrag des Herstellers eines Mittels gegen Fußpilz Gruppendiskussionen zu diesem Thema durchgeführt. In einem Vortest wurden alle möglichen Gesundheitsprobleme (unter anderem Fußpilz) schriftlich durch Ankreuzen abgefragt. Diejenigen, die Fußpilz angekreuzt hatten, wurden zu zwei Gruppendiskussionen (Männer und Frauen getrennt) eingeladen. Nach anfänglichem Gespräch über allgemeine Gesundheitsprobleme habe ich die angekreuzten Vortests durchgeblättert und festgestellt, dass alle Teilnehmer unter Fußpilz leiden. Die Diskussion über dieses Thema nahm schnell Fahrt auf, nachdem ich klargemacht hatte, dass man als Betroffener keine Schuld an diesem Problem hat. Nach kurzer Zeit hat sich unter den Betroffenen ein „In-Group-Gefühl" breitgemacht und alle Teilnehmer waren froh, unter „ihresgleichen" endlich einmal ungehemmt über dieses leidige Thema sprechen zu können.

Außerdem sollte darauf geachtet werden, dass sich die Diskussionsteilnehmer nicht untereinander kennen. Wenn man sich kennt, verhält man sich in der Gruppe anders und könnte somit die Ergebnisse verfälschen.

Ganz wichtig ist auch eine „Warming-Up-Phase“ zu Beginn der Gruppendiskussion. Da die Gruppensituation für die Teilnehmer in der Regel ungewohnt sein dürfte, ist es oft nicht einfach, anfängliche Hemmungen der Teilnehmer zu reduzieren und eine Diskussion in Gang zu bringen. Da ist es Aufgabe des Moderators, solche Anfangsschwierigkeiten zu überwinden und dafür zu sorgen, dass jeder Teilnehmer möglichst schnell einmal zu Wort kommt. Das erfolgt üblicherweise im Rahmen einer Vorstellungsrunde, in der jeder Teilnehmer etwas zur eigenen Person erzählt. Hilfreich können hierbei auch Objekte oder visuelle Vorlagen sein, auf welche die Teilnehmer reagieren müssen und etwas erzählen sollen.

▶ Beispiel

Am Anfang einer Gruppendiskussion ist es wichtig, dass alle Teilnehmer zu Wort kommen und ihre Scheu, vor anderen fremden Personen zu sprechen, ablegen. Der Moderator hat dabei mehrere Möglichkeiten: Im Rahmen der Vorstellungsrunde, in welcher die Teilnehmer ihren Vornamen, Beruf oder andere persönliche Angaben machen (Achtung Datenschutz!), kann auch eine Auswahl aus bereit gehaltenen Gegenständen dazu führen, dass jeder Teilnehmer etwas Persönliches über sich selbst erzählt. Andere Möglichkeiten sind die Nennung der eigenen Lieblingsfarbe (und wie sich die auf das eigene Alltagsleben auswirkt), die Vision eines Lottogewinnes (und was man mit dem Geld anfangen würde), Kurzbericht über den letzten Urlaub, das eigene Haustier oder anderes. Wichtig ist, dass die Teilnehmer etwas Persönliches über sich preisgeben – das führt am ehesten zu einer Vertrautheit mit den anderen Gruppenmitgliedern. ◀

▪ Moderation von Gruppendiskussionen

Gruppendiskussionen sollten unbedingt von einem erfahrenen Moderator geleitet werden, der Gruppenprozesse kennt, über praktische Erfahrungen mit Gruppen verfügt und flexibel mit gruppendynamischen Effekten, unerwarteten Reaktionen und Abläufen in der Gruppe umgehen kann. Da es bei einer Diskussion mit einer Gruppe von Personen schwieriger ist, das Gespräch zu disziplinieren und ein Thema zielgerichtet zu behandeln als bei einer Einzelexploration, erfolgt die Moderation anhand eines Diskussionsleitfadens.

Dieser Leitfaden gibt die zu behandelnden Themen und ihre Reihenfolge vor, enthält Anweisungen zur Diskussionsführung und ggf. auch Hinweise, bei welchen Personen aus der Gruppe ein bestimmtes Unterthema angesprochen werden soll. Fragen sind aber nicht zwingend vorformuliert, sondern können vom Moderator frei formuliert werden. Generell muss sich der Moderator am Gesprächsverlauf in der Gruppe orientieren: Er muss flexibel auf neue (im Leitfaden nicht vorgesehene) Themen eingehen, wenn er merkt, dass diese für die Zielgruppe von Bedeutung sind. Er sollte (sofern keine methodischen Gründe dagegensprechen) die Reihenfolge der Themen ändern, wenn ein im Leitfaden erst später vorgesehenes Thema im Rahmen der Diskussion schon früher spontan angesprochen wird. Und er sollte Fragen der Teilnehmer nicht abblocken, sondern beantworten, sofern dies zielführend ist.

Der Moderator einer Gruppendiskussion muss außerdem offen und aufgeschlossen, freundlich und zuvorkommend sein, ein sicheres Auftreten haben, über kommunikative Fähigkeiten verfügen und ein Gefühl für gutes Timing und Sinn für Dramaturgie besitzen. Denn eine angenehme und produktive Gesprächsatmosphäre kann nur dann entstehen, wenn sich der Gruppenleiter interessiert und zugewandt, akzeptierend und wertschätzend, neutral und unparteiisch sowie fair und vermittelnd verhält.

Eigenschaften des guten Moderators

Aufgabe des Moderators ist es, die Diskussionsgruppe so zu führen, dass das Erkenntnisziel optimal erreicht wird. Voraussetzung dafür ist, dass eine lebendige Diskussion bei ausgewogener Beteiligung möglichst aller Teilnehmer zustande kommt. Das ist nicht immer einfach, denn in jeder Gruppe gibt es Personen, die (unabhängig vom Inhalt) zu viel oder zu wenig reden. Ein Moderator muss auch mit solchen Störungen des Diskussionsflusses umgehen können.

Meinungsführer Dominante Vielredner sollten in ihrem Redefluss gebremst werden, entweder durch dezente Hinweise, sanfte Eingriffe oder durch die Weitergabe ihrer Äußerungen als Diskussionsgrundlage für andere Teilnehmer. Wenn die Dominanz der Vielredner zu groß wird, müssen sie vom Moderator in einer charmanten Art und Weise zum (vorübergehenden) Schweigen gebracht werden, ohne dass der Gruppenzusammenhalt gefährdet wird.

Schweiger Schweigsame Teilnehmer sollten in die Diskussion „hineingeholt" werden, indirekt zum Mitmachen animiert werden, durch direkten Blickkontakt oder gezielte Aufforderung in den Diskussionsprozess einbezogen werden. Äußerungen dieser Teilnehmer sollten dann durch aufmunternde Rückkopplung mimischer oder verbaler Art aufgewertet werden.

Abschweifungen vom Thema Es kommt vor, dass die Gruppe durch eine Äußerung einzelner auf ein Thema „einsteigt", das mit dem Erkenntnisziel nichts zu tun hat. In einem solchen Fall sollte der Moderator angemessen intervenieren, ggf. bremsen und die Teilnehmer inhaltlich nachvollziehbar zum Thema zurückführen.

Auftauchen neuer Themen Tauchen im Rahmen der Diskussion plötzlich und unerwartet neue inhaltliche Aspekte auf (die im Leitfaden nicht vorgesehen sind), sollte der Moderator darauf eingehen, die Themen vertiefen und prüfen, wie relevant sie für die Teilnehmer sind und ob sie dem Erkenntnisziel dienlich sind.

■ Auswertung von Gruppendiskussionen

Gruppendiskussionen werden in der Regel per Video aufgezeichnet und anschließend verschriftet, sodass das Transkript (ein wörtliches Protokoll) als Basis für die Auswertung dienen kann. Es kommt auch vor, dass das Gespräch während der Diskussion von einem Protokollanten live mitgeschrieben wird. Diese Variante ist aber nicht empfehlenswert, weil sie mit einem erheblichen Qualitätsverlust einhergeht und überdies durch den Protokollanten auch subjektiv gefärbt sein kann.

Das wörtliche Protokoll wird dann vom Untersuchungsleiter (idealerweise vom Moderator selbst) inhaltsanalytisch ausgewertet (siehe ► Kap. 7). Dabei muss er den Gesprächsverlauf nach inhaltlich relevanten Aussagen durchforsten, überlegen, ob sie im Sinne der Fragestellung und des Erkenntniszieles von Bedeutung sein könnten, und alle inhaltlich gleichen oder ähnlichen Aussagen zusammenfassen und kategorisieren – egal an welcher Stelle sie im Gesprächsverlauf vorkommen. Besonders bei der Auswertung mehrerer Gruppendiskussionen zum gleichen Thema ist dies wichtig, weil bestimmte Antworten auf Fragen im Leitfaden mehrfach im Gesprächsverlauf und bei jeder Gruppendiskussion an unterschiedlicher Stelle auftreten können.

Die Ergebnisse von Gruppendiskussionen werden dann analysiert, auf die ursprünglichen Fragestellungen bezogen, in der Regel visualisiert und im Rahmen einer mündlichen Ergebnispräsentation vorgestellt.

■ Varianten von Gruppendiskussionen

Neben dieser „klassischen" Form der Gruppendiskussion gibt es noch eine Reihe weiterer Formen, die je nach Erkenntnisziel eingesetzt werden können.

■■ Kleingruppengespräche

Hier führt ein Interviewer anhand eines Leitfadens ein (meist exploratives) Gespräch mit zwei oder drei Probanden gleichzeitig. Die Probanden kennen sich untereinander und stehen in einem bestimmten Zusammenhang zum Thema. Wichtig ist es hier festzuhalten, wann die befragten Personen die gleiche Meinung oder unterschiedliche Meinungen haben. Das Gespräch wird entweder auf Band aufgenommen oder vom Interviewer mitprotokolliert.

Anwendungsbereich: Themen, zu denen das Meinungsbild mehrerer zusammengehöriger Personen (zum Beispiel Ehepaar oder Jugendclique) eingeholt werden soll.

Blick in die Praxis: Kundenzufriedenheit im Steakhaus

Eine Steakhauskette wollte wissen, wie zufrieden ihre Gäste mit den Räumlichkeiten, dem Ambiente, dem Essen, dem Service etc. sind und warum. Da die meisten Gäste das Steakhaus paarweise aufsuchen, wurden im Rahmen einer qualitativen Studie Kleingruppengespräche mit Paaren durchgeführt, die in letzter Zeit Restaurants dieser Kette aufgesucht hatten. Im qualitativen Interview mit den (Ehe-)paaren wurden immer beide Probanden gemeinsam zu allen Themen befragt. Wenn einer der beiden geantwortet hat, wurde auch die Meinung des anderen eingeholt. Oft haben beide Partner auch miteinander diskutiert; Ergebnis war dann entweder eine einheitliche oder eine unterschiedliche Meinung beider Partner. Die Gespräche wurden aufgezeichnet und während der Auswertung wurde auch berücksichtigt, wie einheitlich oder unterschiedlich die Meinungen zu den einzelnen Themen waren.

▪▪ Projektivgruppen

Gruppendiskussionen, bei denen neben der herkömmlichen Diskussion auch projektive Verfahren (entweder als gemeinsame Gruppenaufgabe oder als schriftlich zu bearbeitende Einzelaufgabe) eingesetzt werden, um tiefere Einsichten in sensible Themen oder Motivstrukturen zu erhalten.

Anwendungsbereich: Tabuthemen oder sonstige in der Gruppe schwierig zu behandelnde Themen, bei denen direkte Methoden nicht den gewünschten Erkenntnisgewinn bringen.

▪▪ Kreativgruppen

Gruppendiskussionen, bei denen die herkömmlichen Interaktionen um Kreativitätstechniken ergänzt werden, die entweder verbal in der Gruppe oder in Form zwischengeschobener Einzelverfahren durchgeführt werden, um das kreative Potenzial der Teilnehmer auszuschöpfen.

Anwendungsbereich: Themen, bei denen es auf das Sammeln möglichst vieler Ideen und innovativer Aspekte ankommt (zum Beispiel Entwicklung von Konzeptideen zu Produkten oder Dienstleistungen).

Spezialgruppen mit Experten
Gruppendiskussionen, bei denen ein Experte teilnimmt, welcher der Gruppe Informationen zum Untersuchungsthema als Input zur Diskussion gibt. Untersucht werden hier sowohl die Reaktionen der Teilnehmer auf den Experten als auch der Einfluss der Informationen auf die Diskussion.

Anwendungsbereich: Schwierige oder anspruchsvolle Fachthemen, bei denen es wichtig ist, dass die Teilnehmer einen einheitlichen Wissensstand haben.

Spezialgruppen mit Provokateur
Gruppendiskussionen, in die eine (als Teilnehmer getarnte) Person eingeschleust wird, die an geeigneter Stelle den Provokateur spielt. Dieser soll thematische Blockaden durchbrechen und die Gruppenteilnehmer dazu verleiten, Dinge zu äußern, die sie allein auf Veranlassung des Diskussionsleiters nicht äußern würden.

Anwendungsbereich: Themen, die der sozialen Erwünschtheit unterliegen und bei denen die Teilnehmer bestimmte Dinge nicht zugeben wollen.

Blick in die Praxis: Aggression im Straßenverkehr

Im Auftrag der Bundesanstalt für Straßenwesen (BASt) wurde eine qualitative Studie zum Thema „Aggression im Straßenverkehr" durchgeführt. Neben anderen Forschungsansätzen wurden auch Gruppendiskussionen mit Autofahrern abgehalten, die im Vorfeld eine Woche lang ein Tagebuch über ihre Erlebnisse als Autofahrer im Straßenverkehr führen sollten. Eine Auswertung dieser Tagebücher zeigte schon, dass alle Autofahrer sich selbst als „Engel" erlebten und an gefährlichen Situationen immer die anderen Verkehrsteilnehmer schuld waren. In die Gruppendiskussionen wurde deshalb ein als Teilnehmer getarnter Institutsmitarbeiter eingeschleust, der dann während der Erzählungen der Diskussionsteilnehmer plötzlich von seinem eigenen Fehlverhalten im Straßenverkehr berichtete. Dies öffnete die Schleusen und die anderen Teilnehmer begannen enthemmt, auch von ihren eigenen Fehlern als Autofahrer zu erzählen.

Co-moderierte Gruppen
Gruppendiskussionen, bei denen der Diskussionsleiter Assistenz und Unterstützung von einem Co-Moderator bekommt.

Der Co-Moderator ist entweder vom durchführenden Institut oder vom Auftrag gebenden Unternehmen und gibt gezielten Input in die Diskussion.

Anwendungsbereich: Fachthemen, bei denen der Co-Moderator durch seine Fachkompetenz die Diskussion inhaltlich unterstützen oder gezielte Fragen stellen kann, weil der Moderator zu wenig Fachwissen hat.

▪▪ Offene Gruppendiskussionen

Form der Gruppendiskussion, bei der sich die Gruppe nach Möglichkeit selbst strukturieren soll. Es gibt hier keinen vorstrukturierten Leitfaden, sondern lediglich gesprächsanregende Stimuli. Die Teilnehmer (meist nur 4 bis 6) kennen sich in der Regel untereinander, der Moderator hält sich weitgehend zurück und versucht, eine „Selbstläufigkeit" der Gruppe herzustellen. Erkenntnisziel ist hier die Beobachtung, wie sich Strukturen in der Gruppe ausbilden. Damit will man kollektive Orientierungsmuster rekonstruieren und Handlungspraktiken erklären können.

▪▪ Kombinierte Gruppendiskussionen

Bei dieser Form werden vor und nach der eigentlichen Gruppendiskussion Einzelinterviews mit den Teilnehmern geführt, um zu überprüfen, inwieweit sich die Meinung der Teilnehmer durch den Gruppeneinfluss geändert hat. Diese Methode wird angewendet, wenn sowohl die spontane Einzelmeinung als auch die Meinungsänderung im sozialen Spannungsfeld von Interesse ist.

2.6.2 Workshops

❯ Hier erfahren Sie das Wichtigste über Workshops: welche Aufgaben und Ziele sie haben, wie sie sich von Gruppendiskussionen unterscheiden und welche organisatorischen und inhaltlichen Aufgaben der Leiter oder Moderator eines Workshops hat.

Workshops sind länger andauernde, aber zeitlich begrenzte Arbeitssitzungen, bei denen eine Gruppe von Personen intensiv an einem Thema arbeitet. Dabei wird zu Beginn entweder ein Arbeitsziel definiert, das die Gruppe gemeinsam erarbeiten bzw. erreichen soll. Oder es wird ein Problem vorgestellt, das gemeinsam gelöst werden soll. Am Ende soll ein für alle Teilnehmer nachvollziehbares, gemeinsam entwickeltes Ergebnis stehen. Die Gruppenzusammensetzung hängt vom vorher definierten Arbeitsziel ab, ist aber meistens heterogen und setzt sich zum Beispiel aus Experten unterschiedlicher Branchen oder aus Mitarbeitern unterschiedlicher Abteilungen eines Unternehmens zusammen.

Das Thema bzw. Arbeitsziel kann je nach Art des Workshops ganz unterschiedlich sein. Es gibt Workshops, in denen ein (meist innerbetriebliches) Problem oder ein Konflikt gelöst werden soll. Dabei suchen Personen, die von diesem Problem betroffen sind, im Workshop gemeinsam nach Lösungen. In anderen Workshops werden Konzepte (Produktkonzepte, Servicekonzepte, Kommunikationsmaßnahmen oder Werbeideen) erarbeitet: Teilnehmer sind hier meist Personen mit unterschiedlichem fachlichem Hintergrund, die zunächst Ideen sammeln und anschließend bewerten mit dem Ziel, gemeinsam eine kleine Anzahl erfolgversprechender Konzepte auszuwählen. Auch gibt es Workshops, in denen Entscheidungen getroffen werden: Mehrere Alternativen (zum Beispiel für eine Produktvariante oder eine Werbekampagne) werden diskutiert, Vor- und Nachteile gegeneinander abgewägt, bis schließlich eine gemeinsam akzeptierte Entscheidung für eine der Alternativen getroffen wird.

Bei einem Workshop gibt es auch immer einen Moderator oder Workshop-Leiter, der den Workshop vorbereitet, für dessen zeitlichen und strukturellen Ablauf verantwortlich ist und am Ende die erzielten Ergebnisse zusammenfasst. Die Moderation eines Workshops umfasst dabei folgende Aufgaben:

- Organisatorische und inhaltliche Vorbereitung des Workshops
- Einführung in die Thematik und Aufgabenstellung des Workshops
- Leitung der Gespräche und Diskussionen der Teilnehmer miteinander
- Klärung bei Unklarheiten und Beantwortung von Rückfragen
- Moderation von Gesprächsrunden
- Vergabe gemeinsam zu bearbeitender Aufgaben in der Gruppe
- Sammlung der Ergebnisse von Gruppenarbeiten
- Zusammenfassung der Inhalte und Ergebnisse des Workshops
- Dokumentation und Präsentation des Gesamt-Workshops

Maßnahmen im Rahmen eines Workshops können Diskussionen, Bearbeitung gestellter Aufgaben, Argumentensammlungen, Moderationstechniken wie Pinnwandverfahren oder Punktevergaben, Kreativitätstechniken zur Ideengenerierung oder anderes sein. Anwendungsbereiche von Workshops sind immer Themen, bei denen es um die Sammlung und Bewertung unterschiedlicher Ideen oder Maßnahmen geht.

2.6.3 Interaktionssitzungen

Hier erfahren Sie, was Interaktionssitzungen sind, wer sie ursprünglich entwickelt hat, welche Methoden sich hinter ihnen verbergen und welche unterschiedlichen Varianten es gibt. Zudem wird das vielfältige Methodenspektrum verbaler, schriftlicher und nonverbaler Interaktionstechniken anhand konkreter Beispiele erläutert.

Gruppenveranstaltungen, bei denen die Interaktionen zwischen den Gruppenmitgliedern durch projektive und nonverbale Erhebungsverfahren in bewusst ungezwungener Atmosphäre eine tief greifende Analyse der Thematik ermöglichen (Abb. 2.5). Es gibt mehrere Varianten solcher Interaktionssitzungen.

EPSY

EPSY (abgeleitet von „Etude psychologique") ist eine Methode der psychologischen Marktforschung, die in den 70er Jahren des vorigen Jahrhunderts von der französischen Forschungsgesellschaft Synapse entwickelt, vom Centre de la Communication Avancé (CCA) weiter verbreitet und vom Frankfurter Marktforschungsinstitut Contest für Deutschland adaptiert wurde (Marcotty, 1981). Bei dieser Methode geht es darum, verdeckte Motive, Wünsche, Hemmungen

Abb. 2.5 Interaktionssitzung. (© Claudia Styrsky)

oder Befürchtungen durch möglichst viele projektive und nonverbale Informationen aufzudecken, ohne dass sie verbalisiert und rationalisiert werden müssten oder durch unbewusste Vorurteile beeinflusst würden.

▪▪ Struktur und Ablauf von EPSY

Die Gruppenveranstaltung dauert entweder ein oder zwei Tage und wird in einem großen Raum mit schönem Ambiente in gemütlicher Atmosphäre (meist in einem Saal eines abgelegenen Hotels oder Restaurants) durchgeführt. Die Gruppe umfasst in der Regel 8 bis 12 Teilnehmer, die einerseits eine Affinität zum Thema haben müssen und andererseits von ihrer Persönlichkeit her (kontaktfreudig, nicht neurotisch, keine Sonderlinge) für die in der Gruppe geplanten Maßnahmen geeignet sind. Die Eignung der Teilnehmer wird vorab im Rahmen eines unverbindlichen Kaffeeklatschs eingeschätzt, bevor sie zur eigentlichen Gruppenveranstaltung zum „miteinander Spielen" eingeladen werden.

Die Gruppe wird von zwei „Animateuren" geleitet, welche die Aufgabe haben, die Teilnehmer zur Mitarbeit zu animieren und dafür zu sorgen, dass die Veranstaltung brauchbare Ergebnisse liefert. Zu Beginn gibt es ein zwangloses Kennenlernen, bei dem sich die Teilnehmer duzen, sich gegenseitig (und auch den Animateuren) Phantasienamen geben und erste Auflockerungsübungen gymnastischer Art vollziehen. Dann vergeben die Animateure Aufgaben an die Gruppe bzw. Maßnahmen, die ausgeführt werden sollen. Für die Art der eingesetzten Verfahren wird in Abhängigkeit vom Thema der Veranstaltung vorher ein Konzept entwickelt, das die Animateure je nach Situation in der Gruppe aber auch variieren können. Hier eine Auswahl möglicher Verfahren:

▪▪ Methoden bei EPSY

30 Methoden

- **Verbale Interaktionstechniken**
  1. Advokat des Teufels: Zwei Subgruppen spielen Ankläger und Verteidiger.
  2. Manager-Spiel: Rollenspiel, in dem zwei oder drei Subgruppen verschiedene Rollen wie Produktmanagement, Werbeagentur, Verkaufsleitung übernehmen und die anderen mit ihren Argumenten zu überzeugen versuchen.
  3. Dramaturgie: Rollenspiel, in dem drei oder vier Teilnehmer bestimmte Rollen übernehmen (zum Beispiel Produkt, Verpackung, Verkaufsregal) und miteinander interagieren; die übrigen Gruppenmitglieder können aktiv in das Rollenspiel eingreifen.

4. Der heiße Stuhl: Ein freiwilliger Teilnehmer vertritt Argumente für eine Produktneuentwicklung, Werbung etc. und alle anderen Teilnehmer müssen versuchen, ihn mit Gegenargumenten zu überzeugen.
5. Pro und Contra: Drei Subgruppen werden gebildet. Zwei Gruppen ziehen sich zurück und bestimmen jeweils einen Sprecher für die Pro- und die Contra-Meinung; die dritte Gruppe ist die Jury und bestimmt, welche Meinung gewinnt und warum.
6. Reih-um-Technik: Die Teilnehmer müssen der Reihe nach etwas erzählen und werden so zur Reaktion gezwungen.
7. Bandwurm: Gedanken, Argumente etc. werden ergänzt. Einer fängt an, der nächste muss ein neues Argument hinzufügen usw.
8. Jeder gegen jeden: Einer muss Argumente finden und bestimmt den nächsten Teilnehmer, der Gegenargumente finden muss, usw.
9. Dialog: Zwei Teilnehmer müssen miteinander debattieren und Argumente austauschen, die restlichen Teilnehmer hören zu.
10. Gruppenkonsens: Die Gruppe muss sich auf einen Sieger, auf eine Bewertungsnote etc. einigen. Vor der Einigung muss das gemeinsame Urteil ausdiskutiert werden; extrem anders Urteilende müssen dabei überzeugt werden.
11. Gutachten: Zwei Subgruppen erstellen jeweils ein Expertengutachten zum Untersuchungsgegenstand. Beide Gutachten werden dann der Gesamtgruppe vorgestellt; Gemeinsamkeiten und Unterschiede werden diskutiert.
12. Expedition: Drei oder vier Subgruppen machen jeweils eine Expedition zum Ursprung des Untersuchungsgegenstandes (zum Beispiel der Produktionsstätte bzw. Fabrik eines Produktes). Die Subgruppen präsentieren ihre Expedition und müssen sich danach fragen lassen, was sie bei der Expedition noch übersehen oder vergessen haben könnten.
13. Verfremdung: Reihum muss sich jeder zur Analogie des Vorhergehenden eine neue Analogie einfallen lassen.
14. Artikel: Die Teilnehmer sollen einen Artikel über den Untersuchungsgegenstand schreiben und sich dabei auf das Medium, die Leserschaft, die Überschrift, den Inhalt und die Fotos einigen.
15. Märchen: Die Gruppe muss sich ein Märchen rund um den Untersuchungsgegenstand ausdenken, das mit „es war einmal“ beginnt. Ob das Märchen mit gutem

oder schlechtem Ausgang endet, muss in der Gruppe ausdiskutiert werden.

16. Phantasiereise: Die Gruppe muss sich in eine ungewohnte Situation versetzen. Sie muss zum Beispiel bei einer Reise auf einen fremden Planeten den dortigen Bewohnern erklären, was es mit dem Untersuchungsgegenstand auf sich hat.
17. Reise in die Zukunft: Die Gruppe muss sich eine Geschichte ausdenken oder ein Drehbuch schreiben, wie das betreffende Produkt in 30 Jahren aussieht, welche Produktvorteile es hat, warum es verwendet wird usw.
18. Provokateur: Ein Institutsmitarbeiter wird als Teilnehmer getarnt in die Gruppe eingeschleust und provoziert an einer vorher verabredeten Stelle die Gruppenmitglieder durch seine Ansichten oder Meinung und bricht dadurch das Eis und löst die Zunge der anderen.
19. Verstärker: Ein Institutsmitarbeiter wird als Teilnehmer getarnt in die Gruppe eingeschleust und verstärkt nur zögernd oder verschämt vorgetragene Äußerungen einzelner Gruppenmitglieder (zum Beispiel bei Tabuthemen); seine Zustimmung simuliert die Akzeptanz des sozialen Feldes.
20. Kompetenzeinfluss: Ein Institutsmitarbeiter wird als Teilnehmer getarnt in die Gruppe eingeschleust und spielt an bestimmten Stellen den Part des kompetenten Fachmannes.

- **Schriftliche Interaktionstechniken**

21. Ergänzungen: Paper&Pencil-Test, bei dem der erste Teilnehmer zwei Argumente aufschreibt, der zweite zwei weitere Argumente dazuschreibt etc. Zum Schluss darf kein Argument doppelt auf dem Blatt stehen.
22. Austausch: Paper&Pencil-Test, bei dem jeder Teilnehmer drei Argumente auf ein Blatt schreibt, dieses Blatt seinem Nachbarn weitergibt, der ein Argument wieder streicht, dafür aber zwei neue Argumente dazuschreibt. Das wird in dieser Art weitergeführt, bis jeder Teilnehmer jedes Blatt bearbeitet hat.
23. Grand Prix: Auf einem Flipchart stehen eine Reihe vorgegebener Untersuchungsgegenstände oder Argumente. Jeder Teilnehmer hat 10 Klebepunkte, die auf die Untersuchungsgegenstände oder Argumente verteilt werden müssen.
24. Strichliste: Ein Blatt mit einer Vielzahl vorher in der Gruppe ermittelter Argumente wird reihum gegeben. Jeder Teilnehmer soll hinter dem für ihn wichtigsten Argument 3 Striche machen, hinter dem für ihn zweit-

wichtigsten 2 Striche und hinter dem für ihn drittwichtigsten 1 Strich.

25. Punktevergabe: Auf ein Flipchart werden durch Zurufe aus der Gruppe Argumente notiert. Dann soll jeder Teilnehmer hinter die zwei für ihn wichtigsten Argumente je einen grünen Klebepunkt und hinter die beiden für ihn unwichtigsten je einen roten Klebepunkt aufkleben.

- **Nonverbale Interaktionstechniken**

26. Rollenspiel ohne Worte: Zwei oder drei Teilnehmer übernehmen bestimmte Rollen (zum Beispiel Verkäufer eines bestimmten Produktes, Kunde, Filialleiter etc.) und müssen einen Sketch spielen, bei dem sie nicht miteinander reden, sondern ihr Anliegen nur durch Pantomime ausdrücken dürfen. Die übrigen Gruppenmitglieder müssen den Inhalt des Sketches erraten und werden ggf. von den Darstellern korrigiert.
27. Collage: Aus einer vorgegebenen Anzahl von Bildern und Texten (zum Beispiel aus einer Zeitschrift) werden in gemeinsamer Arbeit zum Untersuchungsgegenstand passende Bild- oder Textelemente ausgeschnitten und auf ein Board geklebt.
28. Gemeinschaftsgemälde: Auf ein weißes Blatt Papier wird in gemeinschaftlicher Arbeit ein Gemälde gemalt, das den Untersuchungsgegenstand, seine Verwendungssituation oder ein zu ihm passendes Ambiente darstellen soll.
29. Freies Klecksen: Auf einem weißen Blatt Papier werden in gemeinsamer Arbeit Farbkompositionen erstellt, die mit dem Untersuchungsgegenstand verbundene Gefühle ausdrücken sollen. Diese Gefühle werden anschließend in der Gruppe begründet.
30. Skulpturen: Nach vorgegebenen Themen werden in Gemeinschaftsarbeit Skulpturen und Figuren aus Ton oder Knetmasse hergestellt und von gewählten Gruppensprechern anschließend interpretiert.

Die Verfahren sind nur Beispiele und werden in der Gruppenveranstaltung natürlich an das jeweilige Thema angepasst. Der Kreativität der Animateure sind dabei keine Grenzen gesetzt. Die Techniken können mit nur leichten Abwandlungen auch in andere qualitative Methoden integriert werden.

Blick in die Praxis: Interaktionssitzung für die Bundeswehr

Die Bundeswehr gab in den 1970cr Jahren eine EPSY-Interaktionssitzung in Auftrag. Die dabei eingesetzten Techniken verdeutlichen, dass die Teilnehmer der Sitzung ihre Vorstellungen und Eindrücke von der Bundeswehr aus ganz unterschiedlichen Perspektiven offenbaren sollten, aber auch ihre geheimen Wünsche und inneren Ängste zum Ausdruck bringen sollten. ◻ Abb. 2.6 enthält das „Programm“ dieser Interaktionssitzung.

Eine Analyse der Ergebnisse dieser unterschiedlichen Techniken verdeutlichte einerseits das Image der Bundeswehr, ihren „psychologischen Markenkern“, erteilte andererseits aber auch Auskunft über Stereotype und Vorurteile gegenüber der Bundeswehr und zeigte eine Vielzahl an Anregungen für Kommunikationsmaßnahmen auf.

▪▪ Auswertung der Methoden

Als Grundlage für die Auswertung wird die gesamte Veranstaltung per Video aufgezeichnet. Da bei den Ergebnissen der eingesetzten Methoden der Interpretationsspielraum sehr groß sein kann, wird das Untersuchungsmaterial in einem ersten Durchgang unabhängig von zwei bis drei Versuchsleitern ausgewertet. In einem zweiten Durchgang tauschen sich die Versuchsleiter untereinander aus und erarbeiten gemeinsam die Interpretation. Die Ergebnisse werden sowohl mündlich präsentiert als auch in Form eines schriftlichen Untersuchungsberichts vorgelegt.

▪ DEEP

Eine Weiterentwicklung der EPSY-Methode ist DEEP (Abkürzung für „Direkte Exploration Emotionaler Prozesse“), die von Contest-Nachfolgeinstituten propagiert (Frink, 1992), aber etwas weniger aufwendig durchgeführt wird.

Die Gruppenveranstaltungen werden auch als Projektiv-Gruppen bezeichnet, verwenden ebenfalls überwiegend projektive Techniken und nonverbale Verfahren, durch die Verbalisierungsprobleme vermieden werden und Rationalisierungen nicht möglich sind. Die Gruppen haben auch 8 bis 12 Teilnehmer, dauern aber nur 4 bis 6 Std und werden meist nur noch von einem Animateur geleitet. Die eingesetzten Gruppenverfahren entsprechen den bei EPSY beispielhaft aufgezählten Methoden.

DEEP-Gruppen werden ebenfalls vollständig per Video aufgezeichnet und von einem aus mehreren Personen

ABLAUF DER EPSY-VERANSTALTUNG

1. VORSTELLUNG-REPORTERSPIEL-NAMENSGEBUNG
2. ASSOZIATIONEN ZUR BUNDESWEHR
   DAS GUTE, DAS SCHLECHTE AN DER BUNDESWEHR
   BILDER, ANALOGIEN
3. ROLLENSPIEL: ALS ICH ZUM ERSTEN MAL VON DER BUNDESWEHR HÖRTE
   DER SCHRITT DURCHS KASERNENTOR
   ALS ICH ÜBER DIE BUNDESWEHR INFORMIERT WURDE
   VON EINEM DER AUSZOG DIE BUNDESWEHR KENNENZU-LERNEN
4. COLLAGEN: DAS GUTE/DAS SCHLECHTE AN DER BUNDESWEHR
5. EXPEDITION VOM MARS: WAS IST DAS: BUNDESWEHR?
6. BRIEFE AN ETWAS/JEMANDEN BEI DER BUNDESWEHR MIT RÜCKANTWORT
7. SKETCH: DER ERSTE UND LETZTE, DER GLÜCKLICHSTE UND UNGLÜCK-LICHSTE, DER BESTE UND SCHLECHTESTE SOLDAT BEI DER BUNDESWEHR
8. BUCHSTABIEREN: B.U.N.D.E.S.W.E.H.R. (ASSOZIATIONEN)
9. PHANTASTISCHER STAMMBAUM DER BUNDESWEHR
10. REPORTAGE: SUPERMAN, DIE MUPPETS, GURUS BEI DER BUNDESWEHR
11. IN DER DISCO ALS SOLDAT, ALS ZIVILIST
12. SIEBENSACHEN PACKEN FÜR DIE REISE
    - ZUR BUNDESWEHR
    - VON DER BUNDESWEHR
13. KOLLEKTIVZEICHNUNG: 6 BUNDESWEHR-SZENEN
14. MÄRCHEN (MIT VERSCHIEDENEN PHANTASTISCHEN THEMEN)
15. GESUCHT: DER IDEALE SOLDAT/SOLDAT DES JAHRES
16. 5 OFFENE FRAGEN AN DIE BUNDESWEHR
17. SO SOLLTE DIE IDEALE BUNDESWEHR SEIN
18. PHANTASIEREISE ZUR BUNDESWEHR (IN DER HAUT VON .....)
19. COLLAGEN: DIE ZEIT VOR, WÄHREND, NACH DER BUNDESWEHR
20. EIN WERBESPOT FÜR DIE BUNDESWEHR

Abb. 2.6 Programm einer EPSY-Sitzung für die Bundeswehr

bestehenden Analyse-Team ausgewertet. Sie werden bei allen Marktforschungsproblemen eingesetzt, für deren Lösung die Kenntnis emotionaler Prozesse beim Verbraucher und die Analyse unbewusster oder halbbewusster Motivationen wesentlich ist.

■ APIA

Ein weiterer qualitativer gruppendynamischer Forschungsansatz sind die APIA-Workshops (Abkürzung für „Analyse Projektiver InterAktion"), die von der 1995 gegründeten Hamburger Strategie-Agentur &EQUITY entwickelt wurden. In den Workshops werden tiefenpsychologische Methoden eingesetzt – insbesondere projektive, expressive und kreative Techniken. Ziel dieser Workshops ist die Ermittlung von Consumer Insights, die für eine erfolgreiche Markenführung wichtig sind.

Ausgehend von der Überlegung, dass der Erfolg von Marken eher von ihrer emotionalen Bedeutung und symbolischen Funktion abhängt als von ihrem rational artikulierbaren Markenimage, sucht APIA nach verborgenen Gefühlsqualitäten und unterschwelligen Markensignalen. Die Techniken hierzu sind sowohl in der Gruppe anwendbare spezifizierte qualitative Forschungsmethoden als auch gänzlich neue Techniken. Hier eine kleine Auswahl.

31. Mimikry: Vorgabe eines Plüschtieres als Alter Ego, mit dem und durch das der Teilnehmer ungehemmt reden und sich offenbaren kann. Das Plüschtier dient hierbei als spielerische Projektionsfläche für seine eigentlichen Gefühle und Gedanken.
32. Mindmap: Gemeinsame Erarbeitung und Skizzierung einer „Gedankenkarte", die ein semantisches Netzwerk der Marke offenbart und damit einen Einblick in das Denken über die Markenleistung und in die Vorstellungen über die Markenanmutung ermöglicht.
33. Malings: Marken werden durch Zeichnungen der Teilnehmer visualisiert, die Einblicke in das rationale und emotionale Denkgefühl einer Marke gegenüber geben.
34. Photosort: Vorgegebene Bilder werden verschiedenen Marken zugeordnet. Die Teilnehmer sollen ihre Zuordnungen begründen, indem sie kurze Bildunterschriften verfassen.
35. Tribunal: Rollenspiel einer Gerichtsverhandlung, bei dem eine Marke angeklagt und verteidigt wird. Da eine Marke mehrere Bedeutungen für unterschiedliche Zielgruppen haben kann, wird ein breites Spektrum voin Markensignalen herausgearbeitet.

Ein APIA-Workshop dauert in der Regel 4 bis 5 Std und wird mit einer homogenen Gruppe von 10 Repräsentanten der jeweiligen Kommunikationszielgruppe durchgeführt. Moderiert wird der Workshop von jeweils zwei entsprechend ausgebildeten und trainierten Moderatoren. Die Auswertung des Untersuchungsmaterials erfolgt durch ein interdisziplinär arbeitendes Team.

2.6.4 Barcamps

Hier erfahren Sie, was Barcamps sind, die erst seit kurzem als neue Form offener Gruppenverfahren in der qualitativen Forschung eingesetzt werden. Sie erfahren, wie solche Veranstaltungen ablaufen und warum sie trotz fehlender Moderation und selbstbestimmter Thematik zu interessanten Ergebnissen führen können.

Ein relativ neues Gruppenverfahren sind Barcamps (mitunter auch Open-Space-Konferenzen genannt), bei denen die inhaltliche Struktur von den Teilnehmern selbst erstellt wird (Feldmann & Hellmann, 2016). Bei dieser Veranstaltungsform gibt es keine Begrenzung der Teilnehmerzahl, keinen Moderator und keinen Leitfaden; es wird lediglich ein allgemeines Rahmenthema vorgegeben. Die Teilnehmer werden dann selbst initiativ und bestimmen weitgehend den Ablauf und die Ergebnisse der Veranstaltung, die in der Regel halb- oder ganztägig, in Ausnahmefällen auch an zwei Tagen hintereinander stattfindet. Die formale Struktur der Veranstaltung besteht meist aus folgenden Schritten:

A. Kleines Frühstück: Erstes Kennenlernen der Teilnehmer untereinander (das „Du“ ist obligatorisch), begleitet von einer kurzen Einführung in das Veranstaltungsformat.
B. Vorstellungsrunde: Jeder Teilnehmer stellt sich kurz mit Namen, Herkunft und Funktion, drei Schlagworten (hashtags) zur eigenen Person und seinen Erwartungen an das bevorstehende Barcamp vor.
C. Session Pitch: Vorschlagsrunde, bei der jeder Teilnehmer 30 s Zeit hat, seine Fragen, Themen und Diskussionswünsche dem gesamten Plenum vorzustellen, welches dann basisdemokratisch per Abstimmung über Annahme oder Nicht-Annahme entscheidet. Alle angenommenen Themen werden von den entsprechenden Teilnehmern auf einem großen Sessionboard mit selbst beschriebenen Zetteln befestigt.
D. Sessions: In Abhängigkeit von den angenommenen Themen bilden die Teilnehmer einzelne Sessions

(Diskussionsrunden), denen sie sich je nach Interessenlage selbst zuordnen. Die Teilnehmer entscheiden auch selbst, wo (in welchem Raum) und wie lange sie über das Thema diskutieren; sie können im Verlauf der Veranstaltung auch zwischen verschiedenen Sessions wechseln.

Diese Besonderheiten haben zur Folge, dass sich die Teilnehmer stark mit der Veranstaltung identifizieren, weil sie ihren Interessen entspricht und sie diese selbst gestalten können. In den einzelnen Sessions bilden sich automatisch aktivere und weniger aktive Teilnehmer heraus; die einzige Vorgabe ist, dass in jeder Session ein Protokoll als Grundlage für spätere inhaltliche Analysen angefertigt wird.

Prüfungsfragen

1. Was ist der Unterschied zwischen direkten und indirekten Befragungsmethoden?
2. Wann sollten indirekte Befragungsmethoden eingesetzt werden?
3. Erläutern Sie die zwei Denksysteme bei der menschlichen Informationsverarbeitung.
4. Warum kann das Denksystem 1 Sinneseindrücke schnell verarbeiten?
5. Welche Befragungsmethoden sind geeignet, implizite, unbewusste Einstellungen zu erfassen?
6. Welche Befragungsmethoden gibt es neben der persönlichen Befragung?
7. Welche Nachteile haben schriftliche Befragungen?
8. Können in der qualitativen Forschung auch Onlinebefragungen eingesetzt werden?
9. Welche verschiedenen Beobachtungsmethoden gibt es?
10. Wie unterscheidet sich die biotische von der nicht-biotischen Beobachtungssituation?
11. Warum ist das Experiment keine eigenständige Forschungsmethode?
12. Wann oder wo werden manuelle Bewertungshilfen eingesetzt?
13. Was misst der Implizite Assoziationstest (IAT)?
14. Wie funktionieren Blickaufzeichnungsverfahren?
15. Nennen Sie Beispiele für psychophysiologische Messungen.
16. Nennen Sie die sieben Basis-Emotionen, die man mittels Gesichtsausdruck erkennen kann.
17. Wann werden bevorzugt Gruppendiskussionen als Befragungsmethode eingesetzt?
18. Worauf sollte der Moderator einer Gruppendiskussion besonders achten?

19. Was dient bei Gruppendiskussionen als Grundlage für die Auswertung?
20. Nennen Sie Beispiele für Gruppenverfahren neben der Gruppendiskussion.

Zusammenfassung

- Bei direkten Befragungsmethoden kennt die Befragungsperson das Erkenntnisziel.
- Bei indirekten Befragungsmethoden kennt die Befragungsperson das Erkenntnisziel nicht, kann sich also auch nicht darauf einstellen.
- Indirekte Befragungsmethoden werden vor allem dann eingesetzt, wenn rationale Antworten unerwünscht sind, wenn nach Verhaltensmotiven gefragt wird oder wenn die Gefahr des Lügens besteht.
- Die menschliche Informationsverarbeitung nutzt zwei unterschiedliche Prozesse, das schnelle und intuitive System 1 und das langsame und rationale System 2.
- Die persönliche Befragung ist die Hauptmethode der Datenbeschaffung in der qualitativen Forschung.
- Die telefonische Befragung hat den Vorteil einer möglichen Anonymität der Gesprächspartner, hat aber den Nachteil nur eingeschränkter Kontrollmöglichkeiten.
- Die schriftliche Befragung wird in der qualitativen Forschung nur selten eingesetzt, weil offene Fragen in der Regel keine ausführlichen Antworten zur Folge haben.
- Onlinebefragungen werden in den letzten Jahren zunehmend auch in der qualitativen Forschung eingesetzt.
- Bei Beobachtungen unterscheidet man Selbst- und Fremdbeobachtung.
- Das Experiment ist keine eigenständige Forschungsmethode, sondern eine Versuchsanordnung.
- Apparative Verfahren sind eine Sonderform der Beobachtung.
- In der qualitativen Forschung eingesetzte apparative Verfahren sind manuelle Bewertungshilfen, wahrnehmungspsychologische Verfahren, reaktionszeitbasierte Methoden, Blickaufzeichnungsverfahren, psychophysiologische Messungen und neurophysiologische Messungen.
- Emotionen kann man sowohl durch die Messung elektrischer Gesichtsmuskelaktivitäten als auch durch Beobachtung des Gesichtsausdrucks interpretieren.
- Der entscheidende Vorteil persönlicher Gruppendiskussionen ist die dynamische Interaktion der Teilnehmer untereinander.
- Weitere Gruppenverfahren neben der Gruppendiskussion sind Workshops, Interaktionssitzungen und Barcamps.

Schlüsselbegriffe

Direkte Befragungsmethoden, indirekte Befragungsmethoden, Denksystem 1, Denksystem 2, Impliziter Assoziationstest (IAT), Befragung, Beobachtung, Experiment, apparative Verfahren, manuelle Bewertungshilfen, Tachistoskop, Anmutungsqualitäten, Reaktionszeitbasierte Verfahren, Eye Tracking, Blickaufzeichnungsverfahren, psychophysiologische Messungen, neurophysiologische Messungen, Hirnforschung, Einzelinterviews, Gruppendiskussionen, Gruppeninterviews, Kleingruppengespräche, Projektivgruppen, Kreativgruppen, Spezialgruppen mit Experte, Spezialgruppen mit Provokateur, Co-moderierte Gruppen, offene Gruppendiskussionen, kombinierte Gruppendiskussionen, Workshops, Interaktionssitzungen, Barcamps.

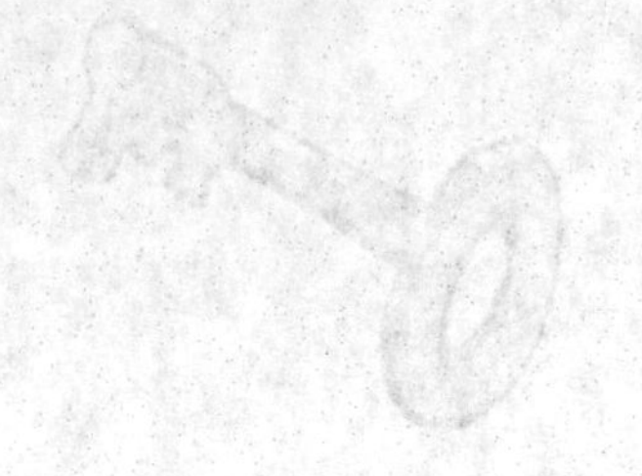

Explorative Befragungstechniken

(Wie geschickt muss man sein?)

Inhaltsverzeichnis

R. Kirchmair, *Qualitative Forschungsmethoden*,
Angewandte Psychologie Kompakt, https://doi.org/10.1007/978-3-662-62761-7_3

Lernziele

- Wie kann man ein Gespräch optimal gestalten?
- Was ist das Kennzeichen einer Exploration?
- Was ist das Wesen eines narrativen Interviews?
- Wie unterscheidet sich das problemzentrierte vom fokussierten Interview?
- Ist die Laddering-Technik eine Interviewform?

Einführung

Explorative Befragungstechniken sind Verfahren, bei denen der Interviewer durch geschicktes Nachfragen versucht, diejenigen Informationen von der befragten Person zu erhalten, die ihn besonders interessieren. Dazu muss man zunächst wissen, wie man die Gesprächssituation beim zwischenmenschlichen Gespräch so gestaltet, dass sie sich gesprächsfördernd auswirkt. Ausführlich wird auf die Besonderheiten des Tiefeninterviews und die dabei einzusetzenden Gesprächstechniken eingegangen. Dann werden die Charakteristika weiterer qualitativer Interviewformen wie narrative, problemzentrierte und fokussierte Interviews beschrieben. Zum Schluss wird auf die explorative Befragungstechnik des Ladderings und ihren theoretischen Hintergrund eingegangen.

Explorationstechniken (von lat. explorare = auskundschaften) beziehen sich immer auf eine Gesprächssituation zwischen zwei Personen, in welcher der Fragende (Interviewer, oder hier besser: Explorateur) sich nicht mit der ersten Antwort zufrieden gibt, sondern durch geschicktes Nachfragen versucht, möglichst viele und ergiebige Informationen vom Befragten (Proband) zu erhalten.

Dazu sollte man wissen, wie ein Gespräch zwischen zwei Personen optimal gestaltet werden kann und welche Maßnahmen gesprächsfördernd oder gesprächshemmend wirken (Rogers, 1992). Positiv wirken sich folgende Maßnahmen aus:

- *Zuhören:* Den Gesprächspartner zu Wort kommen lassen, ihm Gehör und Aufmerksamkeit schenken, sich auf seine Aussagen konzentrieren, ihm zeigen, dass das Gesprochene ganz bewusst wahrgenommen wird, seine Ansichten und Meinungen zunächst unkommentiert aufnehmen und akzeptieren.
- *Respekt zeigen:* Augenkontakt halten, sachlich-neutrales Beschreiben oder Wiederholen zentraler Aspekte des Gesagten, ihm das Gefühl geben, dass er als Gesprächspartner akzeptiert wird.
- *Rückfragen:* Bei Verständnisproblemen rechtzeitig nachfragen, dadurch Interesse bekunden, Überlegenheitsgefühl abbauen und Reflexionen fördern.

Gesprächshemmend wirken sich dagegen folgende Maßnahmen aus:

- *Unkonzentriert sein:* Das Gespräch nicht aufmerksam verfolgen, zerstreut wirken, andere Dinge nebenher erledigen.
- *Unterbrechen:* Ungeduldig werden, den Gesprächspartner nicht ausreden lassen oder ihn im Redefluss unterbrechen – egal ob nonverbal mit negativer Mimik oder verbal ins Wort fallen.
- *Bevormunden:* Aussagen des Gesprächspartners bewerten statt akzeptieren, eigene Erfahrungen oder Ratschläge in den Vordergrund stellen.

Diese generellen Einflussfaktoren treffen natürlich auf ein Alltagsgespräch genauso zu. Bei Einzelinterviews als qualitative Forschungsmethode müssen sie aber umso mehr beachtet werden, weil sie Auswirkungen auf die Gesprächsbereitschaft des Probanden haben und die Ergebnisse des Interviews verfälschen können. Generell unterscheidet man mehrere Alternativen explorativer Befragungstechniken.

3.1 Tiefeninterviews

Hier erfahren Sie, warum das Tiefeninterview die intensivste und eingehendste Explorationsform ist. Es wird erklärt, wie der Interviewer eine optimale Gesprächssituation schaffen kann und durch welche Gesprächstechniken er die Befragungsperson dazu bringen kann, möglichst viele Informationen preiszugeben.

Explorationstechniken kommen am ehesten in Tiefeninterviews (engl. „in-depth-interview"), auch Intensivinterviews oder Einzelexplorationen genannt, zur Anwendung. Das Tiefeninterview war ursprünglich eine Gesprächsform in der Psychotherapie und diente dem Ziel, in die tieferen Persönlichkeitsschichten des Patienten einzudringen (Gutjahr, 2011; ◘ Abb. 3.1). Heute wird es auch in der empirischen Sozialforschung und in der psychologischen Marktforschung eingesetzt.

Das Tiefeninterview ist ein ausführliches Gespräch zwischen Interviewer und Proband und durch den Einsatz explorativer Befragungstechniken die effektivste Erhebungsform, um vordergründig verdeckte (im normalen Gespräch nicht sichtbar werdende) Bedeutungsstrukturen, Wirkungszusammenhänge oder tiefliegende Motivstrukturen aufzudecken (Salcher & Hoffelt, 1995).

Drei Fähigkeiten, die der Explorateur bei einem Tiefeninterview beherrschen muss

Abb. 3.1 Tiefeninterview. (© Claudia Styrsky)

Ein Tiefeninterview kann ein bis zwei Stunden dauern und wird anhand eines Leitfadens bzw. Themenkataloges geführt, der dem Interviewer einen großen Entscheidungsspielraum lässt, wie er das Gespräch zu führen hat. Der Leitfaden gibt zwar Themen (keine Fragen) vor, die der Interviewer im Rahmen des Gespräches zu behandeln hat. Dabei bleibt es aber ihm überlassen, wie er die Themen anspricht, Fragen formuliert und auf die Antworten des Probanden eingeht.

Der Interviewer muss das Erkenntnisziel des Tiefeninterviews im Kopf haben und während des Gesprächs versuchen, durch unterschiedliche Befragungstechniken Antworten zu erhalten, die für das Befragungsziel relevant sind. Diese Antworten kann er erreichen, indem er

- sich nicht mit banal-oberflächlichen Antworten zufriedengibt, sondern gezielt nachfragt,
- durch weitere Fragen zum selben Themenpunkt versucht, ein breiteres Antwortspektrum zu erhalten,
- auf Antworten des Probanden eingeht und diese als Ausgangspunkt für weitere Fragen wahrnimmt,
- versucht, Fragen so zu formulieren, dass der Proband das Thema aus unterschiedlichen Perspektiven betrachtet,
- ein Thema rekapituliert oder spiegelt und so den Probanden dazu bringt, sich noch einmal intensiv mit dem Thema auseinanderzusetzen.

Explorative Gesprächsführung

Der Interviewer muss auch dem Probanden in seinen Antwortmöglichkeiten Freiheiten gewähren und ihm die Möglichkeit geben, die Antworten so zu gestalten, wie er das möchte. Auch sollte er ihn nicht nur antworten lassen, sondern auch dazu ermuntern, von sich aus zu erzählen.

Wichtig beim Tiefeninterview ist eine entspannte und zwanglose Gesprächssituation sowie eine freundliche und vertrauensvolle Atmosphäre, in der sich der Proband wohlfühlt. Der Interviewer muss bemüht sein, eine Vertrauensbasis zu schaffen, damit sich der Proband im Gespräch entspannen und öffnen kann und bereit ist, auch über sensible oder tiefgründige Themen zu sprechen.

▶ Beispiel

Wenn ein Tiefeninterview nicht von einem erfahrenen Explorateur durchgeführt wird, sondern von einem Interviewer, ist es sinnvoll, ihm im Explorationsleitfaden Anweisungen und Hilfestellungen zur Exploration zu geben. Das könnte am Beispiel des Themas Arbeit folgendermaßen aussehen:
Interviewer:
Achten Sie darauf, dass Sie ein möglichst freies Gespräch führen und Ihrem Probanden* die Chance geben, auch wirklich alles zu sagen, was ihm am Herzen liegt. Nach der Eingangsfrage explorieren Sie bitte (also nicht einfach „abfragen") die aufgeführten Aspekte des Themas. Dazu müssen Sie – in Abhängigkeit vom Gesprächsverlauf und Sprachverhalten des Probanden – selbst geeignete Fragen formulieren.
Thema Arbeit
„Was machen Sie beruflich?"
Interviewer:
Geben Sie dem Probanden ausreichend Zeit zum Nachdenken über die Frage. Regen Sie ihn an, alles zu sagen, was ihm dabei durch den Kopf geht. Unterbrechen Sie ihn nicht!
Im Rahmen dieser Eingangsfrage müssen folgende Themen ausführlich angesprochen werden:

- Welchen Beruf hat Ihr Proband?
- Welche Ausbildung?
- Ist er zufrieden mit seinem Beruf?
- Welchen Stellenwert hat der Beruf in seinem Leben?
- Inwieweit und inwiefern will er sich noch verändern?
- Was ist sein ‚Arbeitsantrieb', seine Motivation?
- Hat er erreicht, was er sich vorgenommen hatte?
- Welche Hoffnungen und Befürchtungen hat er in diesem Zusammenhang?

*In der Marktforschung gibt es viele Bezeichnungen und Abkürzungen für die befragte Person beim Interview. Die gebräuchlichsten Bezeichnungen sind:

- Pb = Proband
- Bp = Befragungsperson

- Ap = Auskunftsperson
- Gp = Gesprächspartner
- Tp = Testperson
- Vp = Versuchsperson ◄

3.2 Narrative Interviews

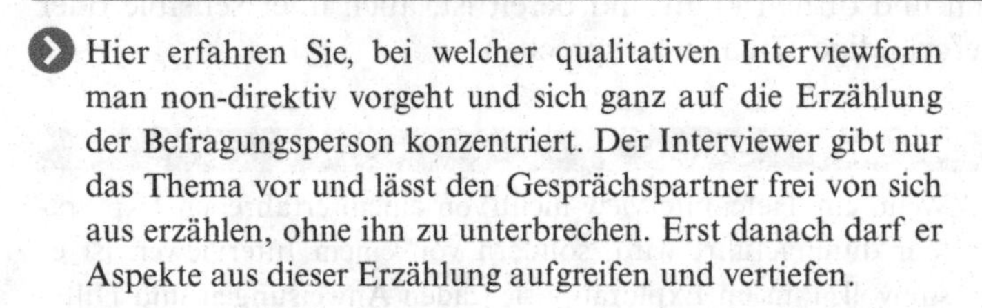
Hier erfahren Sie, bei welcher qualitativen Interviewform man non-direktiv vorgeht und sich ganz auf die Erzählung der Befragungsperson konzentriert. Der Interviewer gibt nur das Thema vor und lässt den Gesprächspartner frei von sich aus erzählen, ohne ihn zu unterbrechen. Erst danach darf er Aspekte aus dieser Erzählung aufgreifen und vertiefen.

Das narrative Interview (von lat. narrare = erzählen) ist eine sehr offene und ungesteuerte (non-direktive) Gesprächsform. Sie geht auf die nicht-direktive klientenzentrierte Psychotherapie zurück, eine vom Psychologen Carl Rogers 1942 entwickelte Therapieform, bei der der Therapeut nur zuhört und der Patient selbst Lösungsansätze entwickeln soll (Rogers, 1992).

Im narrativen Interview sind offene und auf Erzählung basierende Verfahren vereint. Wesentliches Merkmal dieser Interviewform ist, dass der Interviewer möglichst wenige Fragen stellt und den Probanden dazu bringt, von sich aus zu berichten und aus seinem Alltag oder von seinen Erlebnissen zu erzählen. Der Interviewer muss dabei der Erzählung des Probanden aufmerksam zuhören, sich neutral und unvoreingenommen verhalten und bemüht sein, sich in dessen Standpunkt hineinzuversetzen. Er darf den Probanden nicht unterbrechen, sondern muss versuchen, dessen Erzählbereitschaft durch zustimmende oder auffordernde Äußerungen und aufmunternde Gesten zu fördern.

4 Phasen

Das narrative Interview, das oft ganz ohne Leitfaden durchgeführt wird, gliedert sich normalerweise in vier Teile:

1. Eröffnungsphase
2. Erzählphase
3. Nachfragephase
4. Bilanzierung

In der *Eröffnungsphase* informiert der Interviewer zunächst über die Besonderheiten und Funktionen des narrativen Interviews. Er erklärt dem Probanden, dass es sich bei dem Gespräch nicht um ein übliches Interview mit Fragen und Antworten handeln wird, sondern dass er den Probanden bitten wird, etwas zu erzählen, während er selbst nur aufmerksam zuhören und ihn nicht unterbrechen wird. Dann erläutert er ihm, was er erzählen soll, ohne das eigentliche Thema bzw. das Erkenntnisziel zu nennen.

In der *Erzählphase* fängt der Proband an zu erzählen und der Interviewer hört zu, ohne ihn zu unterbrechen; er darf ihn höchstens auffordern, weiter oder ausführlicher zu erzählen. Die Erzählphase endet erst dann, wenn der Proband die Erzählung selbst für beendet erklärt.

In der anschließenden *Nachfragephase* greift der Interviewer Aspekte aus der Erzählung auf und stellt Fragen dazu. Er kann sich unklar gebliebene oder nur angedeutete Aspekte erläutern und begründen lassen oder Themen ansprechen, die er im Gesamtzusammenhang für wichtig hält, aber in der Erzählung nicht vorgekommen sind.

Das narrative Interview endet mit der *Bilanzierung,* bei der der Interviewer zusammen mit dem Probanden versucht, eine Bilanz zu ziehen: Der Proband soll noch einmal eine verallgemeinernde Beschreibung abgeben, der Interviewer versucht, ein Resümee zu ziehen, und beide können sich über den (für den Probanden in der Regel ungewohnten) Verlauf des Interviews austauschen.

Der Vorteil des narrativen Interviews liegt in der nicht-direktiven Vorgehensweise, durch die besser als bei anderen Interviewformen subjektiv bedeutsame und gültige individuelle Informationen ermittelt werden können. Dies ist aber gleichzeitig auch ihr größter Nachteil: Die erzählten individuellen Geschichten haben alle ihre eigene Logik und sind deshalb schwer miteinander vergleichbar. Auch ihre Ergiebigkeit kann sehr unterschiedlich sein, setzt sie doch eine gewisse soziale und sprachliche Kompetenz auf Seiten des Probanden voraus.

Blick in die Praxis: Informationsangebot einer Tageszeitung

Eine Tageszeitung wollte wissen, welche Themen ihre Leserschaft interessieren und ob sie mit ihren Rubriken alle relevanten Informationsbedürfnisse abdeckt. Ein zur Beantwortung dieser Fragen beauftragtes Marktforschungsinstitut führte zu diesem Zweck narrative Interviews mit Lesern dieser Tageszeitung als Probanden durch. Der Interviewer forderte dabei den Probanden auf, seinen Tagesablauf ausführlich zu erzählen und insbesondere alle Neuigkeiten zu erwähnen, die für ihn wichtig waren. Der Interviewer ließ also den Probanden erzählen, ohne ihn zu unterbrechen, und sorgte nur dafür, dass dessen Redefluss nicht nachließ. Erst als der Proband nichts mehr hinzufügte, nahm der Interviewer

Bezug auf das Gesagte und vertiefte noch einmal die Themen Informationen, Neuigkeiten und Nachrichten. Die Auswertung der narrativen Interviews zeigte dann der Tageszeitung, welche Informationen für die Leser wirklich wichtig waren.

3.3 Problemzentrierte Interviews

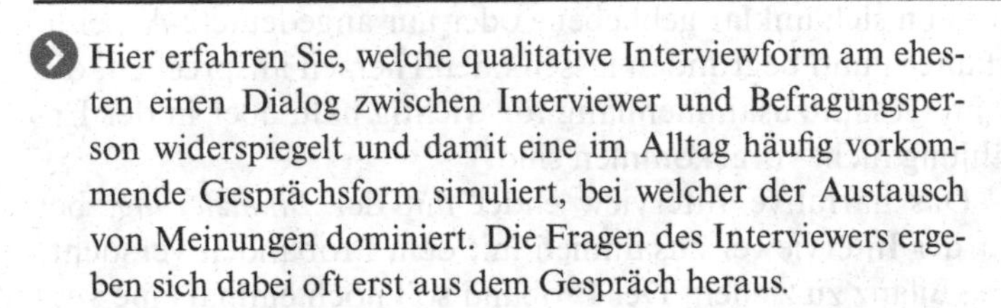

Hier erfahren Sie, welche qualitative Interviewform am ehesten einen Dialog zwischen Interviewer und Befragungsperson widerspiegelt und damit eine im Alltag häufig vorkommende Gesprächsform simuliert, bei welcher der Austausch von Meinungen dominiert. Die Fragen des Interviewers ergeben sich dabei oft erst aus dem Gespräch heraus.

Das problemzentrierte Interview (auch diskursiv-dialogisches Interview genannt) dient der möglichst unvoreingenommenen Erfassung subjektiver Wahrnehmungen, Ansichten und individueller Handlungen. Es handelt sich hier um eine kommunikativ-interaktive Interviewform, bei der der Austausch von Meinungen im Vordergrund steht. Das Interview wird anhand eines thematisch orientierten Leitfadens durchgeführt, dessen Themen einerseits für den Interviewer eine Gedächtnisstütze sind, andererseits dem Probanden als Anregung und Impuls für freie Erzählungen dienen sollen, durch die er seine individuellen Perspektiven darstellen und entfalten kann.

Der Interviewer stellt in Abhängigkeit von den Erzählungen des Probanden Fragen, sodass das Interview eher den Charakter eines Dialoges hat. Die Fragen sind dabei nicht festgelegt, sondern ergeben sich aus dem Gespräch heraus. Das problemzentrierte Interview gliedert sich in vier Teile:

1. Gesprächseröffnung
2. Allgemeine Sondierungen
3. Spezifische Sondierungen
4. Ad-hoc-Fragen

Zu Beginn des problemzentrierten Interviews erläutert der Interviewer das Thema und stellt eine Einstiegsfrage, die das Gespräch auf das zu untersuchende Problem zentriert, die aber so offen formuliert ist, dass die Ausgestaltung der Antwort formal wie inhaltlich dem Probanden überlassen wird.

Im Anschluss daran folgen detailfördernde Nachfragen. Der Interviewer greift inhaltliche Aspekte aus den Erzählungen des Probanden auf und versucht sie durch Nachfragen zu vertiefen. Er fordert dabei den Probanden auf, seine subjektive Sichtweise auf das Problem in weiteren Erzählungen herauszuarbeiten.

Bei den darauffolgenden spezifischen Sondierungen wird das bisher Gesagte diskursiv aufeinander bezogen und weiter vertieft. Der Interviewer erreicht das durch Gesprächsstrategien wie Zurückspiegelung (bei der er das Gesagte wiederholt und dem Probanden die Möglichkeit zur Korrektur gibt), Verständnisfragen (durch die er Aspekte vom Probanden klarstellen lässt) oder durch Konfrontation (durch die er Unerklärtes oder Widersprüchliches auflösen lässt).

Am Ende des problemzentrierten Interviews werden Adhoc-Fragen gestellt, die bereits im Leitfaden festgelegt waren, bisher im Interview aber nicht zur Sprache gekommen sind.

3.4 Fokussierte Interviews

Hier erfahren Sie, welche Interviewform in der qualitativen Forschungspraxis am häufigsten vorkommt. Es ist ein qualitatives Interview, bei dem ein zu Beginn gezeigter oder vorgeführter Untersuchungsgegenstand im Fokus steht und die Befragungsperson auf diesen reagiert bzw. ihn bewertet, beurteilt oder interpretiert.

Das fokussierte Interview ist ein Leitfadeninterview und konzentriert sich auf einen vorab bestimmten Reiz oder Untersuchungsgegenstand als Input. Dies kann zum Beispiel ein Produkt, ein vorher gelesener Text, ein gezeigter Werbefilm oder eine soziale Situation sein, die der Proband vorher durchlebt hat.

Ursprünglich entstanden ist das fokussierte Interview in den USA in den 40er Jahren des vorigen Jahrhunderts als Form der Kommunikationsforschung und Propagandaanalyse, bei der Reaktionen auf Propagandamittel (Reden, Filme usw.) während des Zweiten Weltkrieges untersucht wurden (Merton & Kendall, 1946). Später wurde diese Interviewform zu einer eigenständigen qualitativen Forschungsmethode weiterentwickelt.

Das fokussierte Interview bleibt inhaltlich relativ nahe am Untersuchungsgegenstand. Der Interviewer ermittelt auf Basis des Gesprächsleitfadens durch aufmerksames Fragen und Nachfragen, wie der Proband das fokussierte Objekt wahrnimmt, darauf reagiert und dieses interpretiert und beurteilt.

Im fokussierten Interview wird dem Probanden aber auch die Chance gegeben, sich frei und spontan zum Untersuchungsgegenstand oder auch zu weiteren Aspekten zu äußern, die im Leitfaden nicht vorgesehen sind. Der Interviewer sollte darauf situationsspezifisch reagieren, unerwartete Reaktionen zulassen und das Gespräch tiefgründig führen.

Qualitätsmerkmale fokussierter Interviews sind

- *Reichweite* (Ansprechen eines breiten Spektrums aller für die Fragestellung relevanten Aspekte und Zulassen auch unerwarteter Reaktionen auf den Untersuchungsgegenstand),
- *Spezifität* (gezielte Beurteilung ganz spezieller Aspekte des Untersuchungsgegenstandes, die vom Probanden nicht spontan oder nur generell eingeschätzt werden),
- *Tiefe* (tiefgehende Beurteilung des Untersuchungsgegenstandes unter Berücksichtigung emotionaler, rationaler, verhaltensorientierter und situationsbezogener Aspekte) und
- *Personaler Kontext* (Erfassung und Berücksichtigung der Begleitumstände und des persönlichen Kontextes des Probanden bei der Interpretation seiner Reaktionen auf den Untersuchungsgegenstand).

Der Vorteil des fokussierten Interviews ist seine Vielseitigkeit: Es verbindet die Möglichkeit der sehr offenen, nicht-direktiven Gesprächsführung mit der Möglichkeit einer gegenstandsbezogenen Ermittlung konkreter Bedeutungen und Beurteilungen. In der auftragsgebundenen Marktforschungspraxis findet man deshalb das fokussierte Interview als häufigste Form qualitativer Einzelinterviews.

3.5 Laddering-Technik

Hier erfahren Sie, mit welcher speziellen Befragungstechnik Sie im Rahmen eines Interviews die wirklich relevanten Motive herausfinden können. Sie lernen, wie Sie durch geschicktes Nachfragen von vordergründigen und vorgeschobenen Argumenten zu den eigentlichen, tieferliegenden Werthaltungen vordringen können.

Die Laddering-Technik ist keine Interviewform, sondern eine explorative Befragungstechnik, die im Rahmen von qualitativen Einzelinterviews eingesetzt werden kann (◘ Abb. 3.2). Laddering (engl. ladder = Leiter) beschreibt eine Methode (auch „kognitive Leiter" genannt), mit deren Hilfe man tiefer liegende Kaufmotive aufdecken kann. Sie basiert auf der Means-End-Chain-Theorie (MEC), die in den 1980er Jahren von Reynolds und Gutman entwickelt wurde und besagt, dass jedes Produkt für den Käufer ein Mittel („mean") ist, um ein bestimmtes Ziel („end") zu erreichen (Reynolds & Gutman, 1988).

Abb. 3.2 Laddering-Technik. (© Claudia Styrsky)

Kognitive Leiter

Die Grundannahme besteht darin, dass für den Käufer eines Produktes nicht dessen vordergründige Produktmerkmale von Bedeutung sind, sondern der jeweilige Nutzen, den diese Merkmale für den Käufer haben. Und hinter diesen Nutzenkomponenten vermutet man übergeordnete Werthaltungen als wahre Kaufmotive: grundlegende Ziele und Wertvorstellungen, die als Maßstab für die Beurteilung der Nutzenkomponenten dienen, deren man sich aber nicht immer gleich bewusst ist.

Die Befragungstechnik besteht darin, dass der Interviewer durch gezieltes und fortwährendes Nachfragen nach dem „Warum" sich zusammen mit dem Probanden anhand von Kausalketten von den vordergründigen Produktmerkmalen auf einer „kognitiven Leiter" bis hin zu den eigentlichen wahren Kaufmotiven vorarbeitet. Bei der Laddering-Technik geht der Interviewer deshalb folgendermaßen vor:

- Zunächst fragt er nach allen Merkmalen (Eigenschaften, Attributen) des Produktes oder des Konsumverhaltens,
- dann fragt er nach der Bedeutung dieser Merkmale für den Konsumenten („Warum ist das für Sie wichtig?").
- Durch weiteres gezieltes Nachfragen nach den Gründen versucht er dann, die maßgeblichen Werthaltungen herauszufinden, welche die eigentlichen (dahinterstehenden) Motive für das Verhalten bzw. die Entscheidungen des Konsumenten darstellen.

Durch diese Methode des gezielten Nachfragens werden die Konsumenten zur Reflexion angeregt, sodass sich die zugrunde liegenden motivationalen Ziele und Werte herauskristallisieren.

Weil das fortwährende Nachfragen („Warum ist Ihnen das wichtig?“) im Interview etwas monoton oder eindringlich wirken würde, kann die Formulierung in der Praxis natürlich modifiziert und abgewandelt werden:

- „Weshalb haben Sie sich für … entschieden?“
- „Was bedeutet … für Sie?“
- „Was verbinden Sie mit …?“
- „Was würde Ihnen fehlen, wenn … nicht gegeben wäre?“
- „Wie fühlen Sie sich bei …?“
- „Was erwarten Sie sich aufgrund von …?“

Das Nachfragen wird beendet, wenn keine tiefere Antwortebene mehr erreicht werden kann oder der Interviewer den Eindruck hat, dass er bis zu den eigentlichen Motiven vorgedrungen ist.

▶ Beispiel

- Interviewer: Warum haben Sie sich dieses iPhone gekauft?
- Proband: Weil es das neueste Modell ist.
- Interviewer: War das der einzige Grund für Ihren Kauf?
- Proband: Nein, es sieht auch noch gut aus.
- Interviewer: Was war Ihnen sonst noch wichtig beim Kauf?
- Proband: Dass es von Apple ist.
- Interviewer: Warum ist Ihnen das wichtig?
- Proband: Apple hat immer die beste Technik von allen Handys!
- Interviewer: Und was haben Sie davon, wenn Sie ein Handy mit der besten Technik haben?
- Proband: Da kann ich über die neuesten Funktionen verfügen, die andere noch nicht haben.
- Interviewer: Weshalb sind Ihnen die neuesten Funktionen so wichtig?
- Proband: Da kann ich meinen Freunden zeigen, was ich jetzt alles mit meinem Handy machen kann.
- Interviewer: Warum wollen Sie das Ihren Freunden zeigen?
- Proband: Da platzen die vor Neid, dass sie das Handy nicht auch schon haben.

Das Beispiel verdeutlicht die Nutzwertkette von vordergründigen Produktmerkmalen (Neuheit, Design, Marke) über nachgelagerte psychologische Motivziele (Technik, Innovation) bis zur grundlegenden maßgeblichen Werthaltung (soziale Anerkennung). ◀

Prüfungsfragen

1. Welche gesprächsfördernden Maßnahmen sind Ihnen bekannt?
2. Welche Funktion hat der Leitfaden beim Tiefeninterview?
3. Welche wesentlichen Merkmale hat das narrative Interview?
4. Ist der Leitfaden beim narrativen Interview obligatorisch?
5. Auf was bezieht sich das fokussierte Interview?
6. Welche Interviewform hat am ehesten einen Dialogcharakter?
7. Auf welcher Theorie basiert die Laddering-Technik?
8. Weshalb werden bei der Laddering-Technik Warum-Fragen gestellt?

Zusammenfassung

- Bei Explorationstechniken fragt man zielstrebig nach, wenn die Antwort nicht zufriedenstellend ausfällt.
- Zuhören, Respekt zeigen und Rückfragen wirken sich gesprächsfördernd aus.
- Unkonzentriert sein, Unterbrechen und Bevormunden wirken sich gesprächshemmend aus.
- Tiefeninterviews werden anhand eines Leitfadens durchgeführt.
- Der Explorateur liest keine Fragen ab, sondern kann selbst entscheiden, wie er das Gespräch führt.
- Beim narrativen Interview stellt der Interviewer möglichst wenige Fragen, sondern veranlasst die befragte Person, von sich aus zum Thema frei zu erzählen.
- Das problemzentrierte Interview ist eine kommunikative und interaktive Interviewform, bei der der Meinungsaustausch im Vordergrund steht.
- Das fokussierte Interview bezieht sich meist auf einen Untersuchungsgegenstand, welcher der befragten Person vorher präsentiert worden ist.
- Die Laddering-Technik ist eine Befragungsform, bei der durch ständiges Nachfragen tiefer liegende Motive aufgedeckt werden sollen.

Schlüsselbegriffe

Exploration, gesprächsfördernde Maßnahmen, Tiefeninterview, Leitfaden, narratives Interview, problemzentriertes Interview, fokussiertes Interview, Laddering-Technik, kognitive Leiter, Means-End-Chain-Theorie.

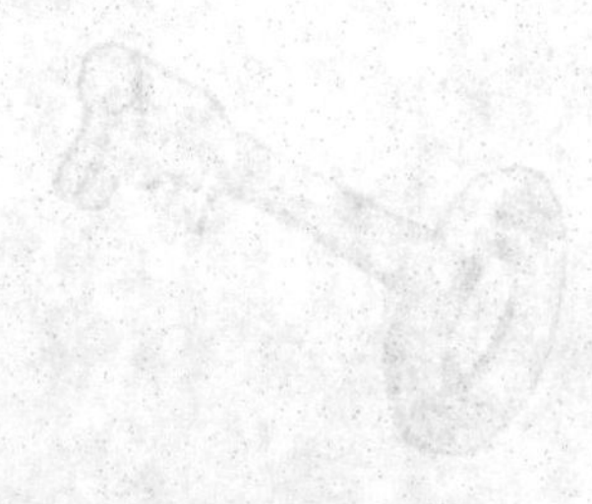

Indirekte Befragungstechniken

(Wie verschleiert man das Erkenntnisziel?)

Inhaltsverzeichnis

R. Kirchmair, *Qualitative Forschungsmethoden*,
Angewandte Psychologie Kompakt, https://doi.org/10.1007/978-3-662-62761-7_4

Lernziele

- Welche unterschiedlichen indirekten Befragungstechniken gibt es?
- Was ist das charakteristische Merkmal einer Assoziationstechnik?
- Welche Analogien kann man bilden?
- Wann sollte man projektive Verfahren einsetzen?
- Wie kann man die Ergebnisse nonverbaler Verfahren interpretieren?

Einführung

Dieses Kapitel ist das ausführlichste des Buches, weil es sehr vielfältige indirekte Befragungstechniken gibt. Assoziationsverfahren, Verfremdungstechniken, projektive Methoden und nonverbale Verfahren werden vor ihrem theoretischen Hintergrund ausführlich mit allen Varianten behandelt und anhand von Formulierungsanleitungen und Beispielen aus der Praxis erläutert. Die Formulierungsanleitungen erheben dabei nicht den Anspruch der Allgemeingültigkeit; sie sind als Beispiele gedacht und sollen die jeweilige Methode transparenter machen. Es wird zudem ein Überblick über wichtige Kreativitätstechniken gegeben und auf die Problematik von Ordnungsverfahren im Rahmen qualitativer Forschung hingewiesen.
Das Kapitel vermittelt die Grundgedanken der Verfahren, auf deren Basis auch weitere Methoden entwickelt werden können. Es soll einerseits den konkreten Einsatz der Verfahren durch Formulierungsbeispiele erleichtern. Darüber hinaus soll es aber auch Forscher in der Alltagspraxis dazu animieren, über neue und innovative Varianten nachzudenken.

Im Gegensatz zu den Explorationstechniken erlauben indirekte Befragungstechniken einen Vorstoß in Erkenntnisbereiche, die man durch direkte Befragungsmethoden nicht erreichen kann. Wir alle wissen, dass wir auf direkte Fragen nicht immer eine Antwort geben können oder wollen. Manchmal wissen wir die Antwort nicht (nicht nur weil es an unseren Kenntnissen mangelt, sondern möglicherweise auch, weil wir uns noch nie Gedanken über den erfragten Sachverhalt gemacht haben oder wir die Antwort nicht in Worte fassen können). Manchmal wollen wir aber auch nicht antworten oder nicht die Wahrheit sagen, weil wir uns nicht offenbaren wollen, weil wir irgendetwas nicht zugeben wollen oder weil wir Nachteile für uns befürchten. Diese letztgenannten Argumente unterliegen unserer rationalen Kontrolle: Wir denken über die Konsequenzen unserer Antwort nach und kommen zur Überzeugung, die Wahrheit lieber zu verschweigen.

Indirekte Befragungstechniken schließen dagegen unsere rationale Kontrolle aus bzw. umgehen sie. Der Proband wird hier wohl auch nach etwas gefragt oder wird aufgefordert, eine Aufgabe zu lösen; er merkt aber nicht, was das eigentliche Ziel der fragenden Person ist bzw. welche Schlussfolgerungen man aus der Antwort oder aus der Lösung der Aufgabe ziehen kann. Das wahre Erkenntnisziel bleibt dem Probanden verborgen. Das ist die Gemeinsamkeit aller indirekten Befragungstechniken, wie unterschiedlich sie auch sein mögen.

Die Vielzahl indirekter Befragungstechniken lässt sich in folgende Gruppen einteilen:

- *Assoziative Verfahren* rufen spontane Gedankenverbindungen beim Probanden ab, durch die das semantische Bedeutungsumfeld des Untersuchungsgegenstandes ermittelt werden kann.
- *Verfremdungstechniken* stellen eine Verbindung zwischen dem Untersuchungsgegenstand und einem artfremden Objekt her, dessen Charakteristika auf den Untersuchungsgegenstand passen.
- *Projektive Methoden* übertragen innere, zum Teil unbewusste psychische Vorgänge auf äußere Projektionsobjekte oder -situationen und werden dadurch erst offenbar.
- *Nonverbale Verfahren* erlauben eine Interpretation des Untersuchungsgegenstandes durch eine schöpferische Objektgestaltung bzw. Ausdrucksform ganz ohne Nutzung sprachlicher Mittel.
- *Kreativitätstechniken* ermöglichen neue und ungewohnte Sichtweisen auf den Untersuchungsgegenstand durch Anwendung spezieller kreativitätsfördernder Maßnahmen.
- *Ordnungsverfahren* ermöglichen eine Beschreibung oder Bewertung des Untersuchungsgegenstandes unter Zuhilfenahme vorgegebener Merkmale.

Jede Gruppe basiert auf bestimmten Voraussetzungen und setzt besondere Verfahrensweisen ein.

4.1 Assoziative Verfahren

Hier erfahren Sie, wie mit Hilfe von Assoziationsverfahren bei richtiger Anwendung unmittelbare Antworten auf Basis spontaner Gedankenverbindungen ermöglicht werden, die unabhängig von externen Einflüssen und unbeeinflusst von rational durchdachten Überlegungen sind. Viele Formulierungsbeispiele erläutern Ihnen die verschiedenen Variationsmöglichkeiten dieser Verfahrensgruppe.

Assoziative Verfahren sind indirekte Befragungstechniken, bei denen bestimmte Reize (Stimuli) als Input vorgeben werden, um Reaktionen in Form von Assoziationen hervorzurufen. Assoziationen sind spontane und automatisch erfolgende Verbindungen einzelner Gedächtnis- und Gefühlsinhalte (Salcher, 1978; ◘ Abb. 4.1). Solche Verbindungen kommen zustande, wenn zwei im Gedächtnis gespeicherte Eindrücke entweder räumlich oder zeitlich oft zusammen auftreten (Kontiguitätsgesetz) oder sich einander formal ähneln (Ähnlichkeitsgesetz). Auch werden Gedankenverbindungen dann begünstigt, wenn sie mit einem einleuchtenden Sinn verbunden werden können.

Durch assoziative Verfahren werden also beim Probanden bereits vorhandene (im Gedächtnis abgespeicherte) Gedankenverbindungen ermittelt, die ihm selbst gar nicht bewusst sind. Erreicht wird dies, indem der Proband mit einem Reiz konfrontiert wird, auf den er spontan reagieren muss. Solche spontanen Reaktionen können provoziert werden, indem der Proband aufgefordert wird, auf den Reiz hin schnell (ohne dass er Zeit hätte, darüber lange nachzudenken) das Erste zu sagen, was ihm gerade einfällt. Dieser Zeitdruck ist wichtig, denn nur so können echte Spontanreaktionen (ohne rationale Überlegungen) eingefangen werden.

Spontane Gedankenverbindungen

Assoziative Verfahren unterscheiden sich je nach vorgegebenem Reiz sowie Art, Anzahl und Umfang der erwünschten Reaktionen. Die Stimuli sind in der Regel verbaler Art,

◘ **Abb. 4.1** Spontane Gedankenverbindungen. (© Claudia Styrsky)

es gibt aber auch visuelle oder akustische Reize, auf die reagiert werden soll. Außerdem kann der Reiz mehr oder weniger konkret sein und die gewünschte Antwort aus einem oder mehreren Wörtern bestehen.

4.1.1 Freie Assoziationen

Wenn man Gedanken, Vorstellungen und Empfindungen einer Person ganz ohne bestimmtes Thema oder vorgegebene Richtung in Erfahrung bringen will, bietet sich freies Assoziieren an. Dabei ist es wichtig, dass man eine Situation schafft, in welcher der Proband ganz ungestört seinen Gedanken nachgehen kann. Die reinste Form des Assoziierens ist das freie Assoziieren ohne Vorgabe irgendeines Ausgangsreizes, bei der es völlig dem Probanden überlassen ist, wie er reagiert. Der Proband wird lediglich aufgefordert, seine Gedanken führungs- und richtungslos umherschweifen zu lassen und alle Gedanken, Gefühle und Vorstellungen zu erzählen, die ihm einfallen. Dabei wird keine Zeitdauer vorgegeben, innerhalb derer die eigenen Gedanken verbalisiert werden sollen.

Formulierungsbeispiel (01) Freies Assoziieren

„Schließen Sie jetzt bitte einmal Ihre Augen, entspannen Sie sich und denken Sie an nichts Besonderes. Erzählen Sie mir jetzt in den nächsten Minuten, an was Sie gerade denken, welche Eindrücke Sie haben und welche Vorstellungen und Gedanken Ihnen in den Sinn kommen. Alles, was Ihnen einfällt, kann dabei wichtig sein."

Das Verfahren ähnelt dem „lauten Denken" (thinking aloud), das als Methode aus der Introspektion (Selbstwahrnehmung) stammt (Kleining, 1999). Es ähnelt auch der nicht-direktiven Vorgehensweise beim narrativen Interview, bei dem der Proband von sich erzählt. Da hier aber kein Thema bzw. Reizwort vorgegeben wird und infolgedessen auch keine Spontanreaktionen hervorgerufen werden können, ist dies kein typisches assoziatives Verfahren und deshalb als indirekte Forschungsmethode nicht von Bedeutung.

Ein in der psychologischen Marktforschung häufig eingesetztes Verfahren ist das freie Assoziieren, bei dem ein vorgegebener Stimulus spontane Reaktionen hervorruft. Wenn dieser Reiz aus einem Wort besteht, bezeichnet man das Verfahren als **Wortassoziationstest.** In der Regel spricht dabei der Interviewer das Wort laut aus bzw. liest es vor, und der Proband soll als spontane Reaktion das Wort nennen, das ihm zuerst einfällt.

Formulierungsbeispiel (02) Wortassoziationstest

„Ich werde Ihnen jetzt gleich ein Wort sagen. Bitte sagen Sie mir dann sofort das Erste, was Ihnen spontan dazu einfällt. Es gibt hier kein Richtig und kein Falsch, sondern mich interessiert das Allererste, was Ihnen in den Sinn kommt. Achtung, das Wort lautet … Brot."

Blick in die Praxis: Bedeutung von Brot

Eine halbstaatliche Institution, die für die Werbung für und Vermarktung von Brot und Brötchen zuständig war, wollte wissen, welche Bedeutung Brot für Verbraucher hat. Im Rahmen einer qualitativen Studie wurde ein Wortassoziationstest mit dem Reizwort „Brot" durchgeführt. Die Probanden nannten ganz unterschiedliche spontane Reaktionen. Im Rahmen der Auswertung wurde die Menge an Assoziationen durch inhaltliche Gruppierungen in sechs verschiedene Vorstellungsbereiche unterteilt (Kirchmair, 1981):

Reizwort:	Assoziationsspektrum:
	das konkrete Produkt
Brot	die Konsumsituation
	die Herstellung von Brot
	die Getreideernte
	Hunger und Armut
	Religion und Kirche

Am häufigsten wurden Assoziationen genannt, die konkreten produktbezogenen Vorstellungsbildern entstammten, wie Weißbrot, Brötchen, Frühstück oder Bäckerei. Seltener vorkommende abstrakte und symbolhafte Assoziationen wie Hunger, Armut, Abendmahl oder Leib Gottes verdeutlichten aber, dass Brot auch ein Symbol für Lebenskraft und Wohlstand einerseits sowie für Religion und Glaube andererseits ist.

Das vorgegebene Reizwort muss beim Wortassoziationstest aber nicht unbedingt ausgesprochen werden; es kann auch gezeigt (bzw. auf einem Schild hochgehalten) werden. Dabei muss aber beachtet werden, dass das Wort nicht zu lange gezeigt wird. Denn nur eine möglichst kurze Darbietung des Stimulus löst spontane Reaktionen aus, die nicht rationalisiert werden können. Die Instruktion muss dann entsprechend angepasst werden. Der Effekt ist aber derselbe.

Formulierungsbeispiel (03) Wortassoziationstest

„Ich werde Ihnen jetzt gleich einen Namen zeigen. Bitte sagen Sie mir dann spontan alles, was Ihnen dazu einfällt. Überlegen Sie nicht lange, sondern sagen Sie mir gleich, welche Gedanken Ihnen dazu in den Sinn kommen. Antworten Sie schnell, denn Sie haben nicht viel Zeit dazu. Hier ist der Name: … (Schild mit dem Markennamen ‚Mercedes' wird hochgehalten)."

Wortassoziationstests können auch in der qualitativen Onlineforschung eingesetzt werden. Bei einer Online-Durchführung ist es aber notwendig, dass der Zeitdruck bei der Beantwortung nicht nur durch die Instruktion aufgebaut wird, sondern im Onlineinterview bei der Programmierung des Fragebogens realisiert wird. Das obige Beispiel würde dann folgendermaßen formuliert werden:

Formulierungsbeispiel (04) Wortassoziationstest

„Sie werden jetzt gleich ein Wort sehen. Bitte tippen Sie dann schnell alles ein, was Ihnen zu diesem Wort einfällt. Überlegen Sie nicht lange, denn Sie haben nur 10 sec Zeit, dann schließt das Fenster wieder. Wenn Sie jetzt auf „Weiter" klicken, sehen Sie das Wort und die Uhr läuft. (Bei ‚Weiter' wird das Wort ‚Mercedes' zusammen mit einem freien Feld für die Antworten eingeblendet, das nach 10 sec wieder verschwindet)."

Varianten des Wortassoziationstests liegen vor, wenn bei nur einem vorgegebenen Reiz als Reaktion mehrere Assoziationen erlaubt oder gefordert werden. Der Umfang der Antworten kann bewusst eingegrenzt werden, wenn zum Beispiel bei einem Wortassoziationstest der Proband aufgefordert wird, nur „die ersten drei Dinge" zu sagen, die ihm spontan einfallen. Auch kann die vorgegebene Zeit begrenzt werden und der Proband nennt in dieser Zeitspanne so viele Assoziationen wie ihm einfallen. Solche Varianten lassen sich auch schriftlich durchführen, zum Beispiel im Rahmen einer Gruppendiskussion oder bei größeren Personengruppen.

Formulierungsbeispiel (05) Wortassoziationstest

„Bitte nehmen Sie jetzt ein Blatt Papier und Ihren Kugelschreiber zur Hand. Ich zeige Ihnen jetzt gleich ein Wort. Wenn Sie das Wort sehen, haben Sie genau 10 sec. Zeit, so schnell wie möglich alle Gedanken und Aspekte aufzuschreiben, die Ihnen zu diesem Begriff zuerst einfallen. Hier sehen Sie das Wort: ‚Digitalisierung'".

Bei diesem Wortassoziationstest (◘ Abb. 4.2) haben zum Beispiel 16 Studentinnen und Studenten auf das Reizwort „Digitalisierung" innerhalb von ca. 10 s insgesamt 56 Assoziationen aufgeschrieben.

Nach inhaltlicher Gruppierung (Kategorisierung) der Assoziationen wurden 8 Themenbereiche identifiziert, die das Bedeutungsumfeld des Begriffes „Digitalisierung" markieren (◘ Abb. 4.3).

Spontane Assoziationen zu „Digitalisierung" (ungeordnet)

Umbruch
Internet
Wirtschaft
Computer
Technik
Informatik
Industrie 4.0
Medien
Arbeit
Digitaler Wandel
PC
Elektrogeräte
Vernetzung
Lebensbereiche
Papierloses Büro
Neue Medien
Apps
Machine to Machine
Computer

Arbeitsplätze
Menschen
Maschinen
Handy
Laptop
Vernetzung
Flexibilität
Erreichbarkeit
Computer
PC
Maus
CD
DVD
Unternehmen
Großer Markt
Kreativität
Big Data
Social Media
Fortschritt

Alter
Generationen
Technologie
Smartphone
Robotik
Wandel
Smartphone
Wirtschaft
Vernetzung
Datenschutz
Social Media
Flex Work
World Wide Web
Computer
Technik
Fortschritt
Neue digitale Welt
Unternehmen müssen sich digital aufstellen

Abb. 4.2 Ungeordnete Assoziationen zur Digitalisierung

Spontane Assoziationen zu „Digitalisierung" (geordnet)

Beschreibung der Digitalisierung
Vernetzung
Machine to Machine
(vernetzte) Elektrogeräte

Grundlagen der Digitalisierung
Informatik
Technik, Technologie
Robotik

Internet, World Wide Web

Ermöglichung durch Geräte
Computer, PC
Laptop
Maus
Smartphone, Handy
Apps
CD, DVD

Gesellschaftliche Auswirkung
Umbruch
Fortschritt
Wandel, Digitaler Wandel
Neue digitale Welt

Auswirkung auf Medien
Medien
Neue Medien
Social Media

Auswirkung auf Unternehmen
Wirtschaft, Unternehmen
Großer Markt
Unternehmen müssen sich digital aufstellen
Papierloses Büro
Industrie 4.0
Big Data
Maschinen

Auswirkung auf Menschen
Menschen
Alter
Generationen
Lebensbereiche
Erreichbarkeit

Arbeit
Arbeitsplätze
Flex Work

Anforderungen an die Digitalisierung
Datenschutz
Flexibilität
Kreativität

Abb. 4.3 Geordnete Assoziationen zur Digitalisierung

Theoretisch möglich ist auch ein Wortassoziationstest, bei dem weder die Reaktionszeit noch der Assoziationsumfang reglementiert ist und es dem Probanden überlassen bleibt, wie viele Antworten er gibt. Das muss natürlich in der Instruktion deutlich gemacht werden.

Formulierungsbeispiel (06) Wortassoziationstest

„Ich nenne Ihnen jetzt gleich ein Wort. Wenn Sie dieses Wort hören, sagen Sie mir bitte alles, was Ihnen dazu einfällt. Schildern Sie mir ohne lange nachzudenken alle Gedanken, Gefühle oder Empfindungen, die Ihnen dazu durch den Kopf gehen. Auch Dinge, die Ihnen völlig unwichtig erscheinen, können für mich interessant sein. Das Wort heißt … Digitalisierung."

Diese Variante ist aber für einen Assoziationstest bereits grenzwertig. Denn wenn dem Probanden für seine Reaktionen zu lange Zeit gewährt wird, besteht die Gefahr der Rationalisierung. Das heißt: Der Proband kann zu lange überlegen, und dann sind dies keine spontanen Reaktionen mehr.

Eine andere Variante des Assoziationstests ist der **Buchstabenassoziationstest.** Dabei werden wie beim Buchstabieren die einzelnen Buchstaben eines Wortes vorgegeben und der Proband aufgefordert, nacheinander in schneller Reihenfolge zu jedem Buchstaben eine Assoziation zu nennen. In der Praxis werden oft die Buchstaben eines Namens (eines Unternehmens, einer Marke oder eines Produktes) vorgegeben und der Proband aufgefordert, zu jedem Buchstaben eine Aussage über den Untersuchungsgegenstand zu sagen.

Formulierungsbeispiel (07) Buchstabenassoziationstest

„Das Wort Mercedes besteht ja aus den Buchstaben M.E.R.C.E.D.E.S. Bitte sagen Sie mir jetzt nacheinander ohne lange nachzudenken zu jedem Buchstaben etwas über Mercedes, das mit dem jeweiligen Buchstaben anfängt. Also fangen wir an: Was fällt Ihnen zum M ein? Und was fällt Ihnen zum E ein? Und was zum R? … usw."

Erst wenn Assoziationen zu allen Buchstaben genannt wurden, darf sich der Interviewer die Antworten begründen lassen. Die Begründungen sind aber wichtig zur Interpretation der Antworten, die in der Regel nicht selbsterklärend sind. Wenn zum Beispiel zum M von Mercedes Assoziationen wie „Menschen", „München" oder „Mobilität" genannt werden, muss der Interviewer in Erfahrung bringen, was der Proband damit in Verbindung zu Mercedes meint.

Begründung wichtig

Freie Assoziationen können auch auf nicht-verbale Reize erfolgen. Anstelle eines Reizwortes kann zum Beispiel auch ein visueller Stimulus vorgegeben werden. Will man spontane Reaktionen auf ein Bild ermitteln, setzt man einen **Bildassoziationstest** ein. Wichtige Kriterien sind dabei die Rezeptions- und die Antwortgeschwindigkeit: Der visuelle Reiz darf nicht zu komplex sein (eine Anzeige mit Text ist ungeeignet) und darf auch nicht zu lange gezeigt werden (je nach Komplexität des visuellen Reizes bis maximal 2 s). Ein Bild als Stimulus darf also nicht zu viele Einzelheiten aufweisen und sollte wahrnehmungsmäßig schnell erfasst werden können. Ein Firmenlogo zum Beispiel eignet sich hierfür besser als ein Landschaftsfoto. Und die Antwort des Probanden muss ebenfalls schnell erfolgen, damit er keine Zeit hat, lange nachzudenken.

Formulierungsbeispiel (08) Bildassoziationstest

„Ich zeige Ihnen jetzt kurz ein Bild. Bitte schauen Sie genau hin und sagen Sie mir alles, was Ihnen dazu einfällt. Auch wenn Sie das Bild nur kurz gesehen haben, interessiert mich Ihr spontaner Eindruck und die Gedanken, die Ihnen beim Betrachten durch den Kopf gegangen sind."

Die Instruktion muss immer an die visuelle Vorlage angepasst werden. Macht man den Bildassoziationstest zum Beispiel mit einem Moodboard, das eine bestimmte Stimmung hervorrufen soll, muss man das – ohne dass die spontanen Reaktionen in eine bestimmte Richtung gelenkt werden – auch durch die Instruktion verdeutlichen.

Formulierungsbeispiel (09) Bildassoziationstest

„Ich zeige Ihnen jetzt kurz ein stimmungsvolles Bild. Bitte schauen Sie genau hin und sagen Sie mir alles, was Ihnen dazu einfällt. Auch wenn Sie das Bild nur kurz gesehen haben, interessiert mich Ihr spontaner Eindruck, Ihre Gedanken und Gefühle, die dieses Bild bei Ihnen ausgelöst hat."

Bei einer Bilddarbietung als Stimulus ist natürlich eine optimale Darbietungssituation Voraussetzung. Die Lichtverhältnisse müssen stimmen und der Proband sollte vorher – falls notwendig – seine Brille aufsetzen.

Bei Tönen oder Geräuschen als Stimulus im **Klangassoziationstest** sollte man darauf achten, dass der Proband dafür bereit ist und dem Stimulus seine ganze Aufmerksamkeit schenkt. Auch muss man gewährleisten, dass die Präsentation nicht akustisch gestört wird. Denn der Stimulus sollte nur einmal vorgespielt werden, damit die Reaktionen darauf wirklich spontan bleiben.

Formulierungsbeispiel (10) Klangassoziationstest

„Ich werde Ihnen jetzt gleich eine kurze Tonfolge vorspielen. Bitte hören Sie genau zu und sagen Sie mir anschließend ganz spontan ohne lang nachzudenken, was Ihnen dazu einfällt. Was ist das Erste, was Ihnen dabei durch den Kopf gegangen ist? Achtung: Ich spiele Ihnen das jetzt vor."

Auch hier gilt analog zum Bildassoziationstest: Der Stimulus darf zeitlich nicht zu lang und akustisch nicht zu komplex sein. Längere Melodien eignen sich nicht als Stimulus, ein kurzer Jingle oder ein Sound-Logo (wie zum Beispiel die 5 Töne der Telekom-Erkennungsmelodie) eignen sich dagegen als Reiz für spontane Reaktionen. Auch hier sollten natürlich die Darbietungssituation und Tonqualität optimal sein.

4.1.2 Gelenkte Assoziationen

Gelenkte Assoziationen liegen dann vor, wenn nicht mehr das ganze Assoziationsumfeld des Untersuchungsgegenstandes Erkenntnisziel des Assoziationstests ist, sondern nur noch ein Teilaspekt. Um die Assoziationen auf diesen Teilaspekt zu lenken, wird der Stimulus entsprechend konkretisiert. Das heißt: Der Stimulus wird nicht mehr völlig offengehalten, sondern so formuliert, dass die Assoziationen in eine bestimmte Richtung gelenkt werden. Die Reaktionen des Probanden bleiben trotzdem frei und spontan und werden nicht eingeschränkt.

Ein Beispiel für solch einen konkretisierten Stimulus wäre anstelle eines einzelnen Wortes ein kurzer Satz. Während der Stimulus „Europa" das Reizwort für einen Wortassoziationstest wäre, ist der kurze Satz „Europa ist am Ende" der Stimulus für einen **Satzassoziationstest.** Spontane Reaktionen kann man allerdings nur dann erwarten, wenn der vorgegebene Satz so kurz und einfach ist, dass seine Bedeutung dem Probanden sofort klar ist.

Formulierungsbeispiel (11) Satzassoziationstest
„Ich werde Ihnen jetzt gleich einen kurzen Satz vorlesen. Bitte sagen Sie mir dann sofort das erste, was Ihnen spontan dazu einfällt. Es gibt hier kein Richtig und kein Falsch, sondern mich interessiert das Allererste, was Ihnen in den Sinn kommt. Achtung, der Satz lautet: ‚Europa ist am Ende'."

Der Stimulus „Europa ist am Ende" ist eine wertende Aussage. Die meisten Reaktionen auf diesen Satz werden bereits eine Bewertung (Zustimmung oder Ablehnung) enthalten. Das heißt: Die Assoziationen werden in eine bestimmte Richtung (hin zu einer Wertung) gelenkt. Wertfreie Spontanreaktionen (wie zum Beispiel bei diesem Satz die Nennung eines Landes oder eines Politikers) werden eher selten sein.

Ein weiterer in der Praxis häufig eingesetzter gelenkter Assoziationstest ist der **Satzergänzungstest.** Hierbei wird meist ein Satzanfang vorgelesen, den der Proband dann (ganz nach Belieben mit einem oder mehreren Worten) zu Ende sprechen muss. Die Aufgabe des Probanden ist es also, den unvollständigen Satz möglichst rasch zu ergänzen.

Formulierungsbeispiel (12) Satzergänzungstest
„Ich lese Ihnen jetzt gleich den Anfang eines Satzes vor. Wenn ich aufhöre zu reden, sprechen Sie ihn ohne zu zögern zu Ende. Ergänzen Sie den Satz ganz spontan ohne lang nachzudenken. Sagen Sie einfach das Erste, was Ihnen einfällt! Achtung, ich beginne: ‚Datenschutz wird heutzutage …'"

Hier werden die Assoziationen zum Stimulus Datenschutz auf einen bestimmten Teilaspekt gelenkt, nämlich auf die heute vorherrschende Meinung zum Datenschutz. Durch die Formulierung des Satzanfanges kann die Richtung der zu erwartenden Reaktionen im Vorhinein bestimmt werden. Will man die eigene Meinung des Probanden durch einen Assoziationstest ermitteln, könnte man beim obigen Beispiel die Formulierung des Satzanfanges in ‚Datenschutz ist für mich persönlich …' abwandeln. Je nach Zielrichtung des Satzergänzungstests muss man sich eine entsprechende Formulierung ausdenken.

Einerseits besteht beim Satzergänzungstest die Gefahr, dass die Reaktion des Probanden rational überlegt ist – besonders wenn man ihm zu viel Zeit für seine Antwort gibt. Andererseits ist es gerade der Vorteil des Satzergänzungstests, dass man durch ihn die inhaltliche Richtung der Reaktionen vorgeben kann und damit die Aussagen zielgerichtet auf ein enges Bedeutungsspektrum gelenkt werden können.

Theoretisch ist es auch möglich, einen Satz mit fehlendem Anfangswort vorzugeben. Jedoch ist es für den Probanden schwerer, spontan ein passendes Anfangswort zu formulieren, als einen begonnenen Satz zu vollenden. Auch in der Instruktion muss klarwerden, dass beim unvollständigen Satz das erste Wort fehlt.

Formulierungsbeispiel (13) Satzergänzungstest

„Ich lese Ihnen jetzt gleich einen unvollständigen Satz vor, bei dem das erste Wort fehlt. Wenn ich den Satz beendet habe, wiederholen Sie ihn bitte laut, diesmal aber mit dem fehlenden ersten Wort. Beim Vorlesen sage ich jetzt anstelle des ersten Wortes einfach XY. Überlegen Sie nicht lange, sondern ergänzen Sie den Satz mit dem ersten besten Anfangswort, das Ihnen einfällt! Achtung, ich beginne: ‚XY ist für mich die beste Automarke'."

In der Praxis wird diese Variante des Satzergänzungstests aber selten verwendet, weil die Gefahr groß ist, dass der Proband lange nachdenken muss und damit rational überlegt. Die Alternative ‚Die beste Automarke ist für mich …' kann schneller beantwortet werden und bringt den gleichen Erkenntnisgewinn.

Nun kann auch ein unvollständiger Satz vorgegeben werden, dem in der Mitte irgendwo ein Wort fehlt, das vom Probanden schnell und ohne lang nachzudenken ergänzt werden soll. Das ist dann ein **Lückentest.** Allerdings ist es hier für den Probanden nicht ganz einfach, die Lücke im Satz durch ein „passendes" Wort zu schließen.

Formulierungsbeispiel (14) Lückentest

„Ich lese Ihnen jetzt gleich einen Satz vor, in dem in der Mitte ein Wort fehlt. Bitte ergänzen Sie dieses Wort ganz spontan ohne lang nachzudenken! Achtung: Der Satz heißt ‚Datenschutz ist für mich eine … Maßnahme'."

Für den Interviewer empfiehlt es sich, beim Vorlesen die Stelle mit dem fehlenden Wort durch eine entsprechende nonverbale Geste besonders zu verdeutlichen, damit der Proband sofort merkt, wo das zu ergänzende Wort fehlt, damit er schnell antworten kann. Sollte der Proband mit der Lücke nichts anfangen können, darf der unvollständige Satz nicht ein zweites Mal vorgelesen werden. Denn dann sind die für einen Assoziationstest so wichtigen spontanen Reaktionen nicht mehr möglich.

Der Lückentest kann auch noch erweitert werden, indem zwei offene Stellen im unvollständigen Satz ergänzt werden müssen. Dadurch könnte man zum Beispiel noch eine spontane Begründung für das ergänzte Wort hinzufügen lassen. Beim obigen Beispiel würde die Instruktion dann folgendermaßen lauten:

Formulierungsbeispiel (15) Lückentest

„Ich lese Ihnen jetzt gleich einen Satz vor, in dem an zwei Stellen, in der Mitte und am Ende, Wörter fehlen. Bitte ergänzen Sie diese leeren Stellen ganz spontan ohne lang nachzudenken! Achtung: Der Satz heißt ‚Datenschutz ist für mich eine … Maßnahme, weil …'."

Sowohl beim Satzergänzungstest als auch beim Lückentest gibt es viele Möglichkeiten für den Untersuchungsleiter, unverfälschte Meinungen und implizite Einstellungen zu ermitteln und durch entsprechende Frageformulierungen auf bestimmte Inhaltsaspekte zu lenken.

4.1.3 Kontrollierte Assoziationen

Eine andere Form assoziativer Verfahren liegt vor, wenn die Reaktionsmöglichkeiten der Probanden mit bestimmten Bedingungen verknüpft werden (Stephan, 1961). So kann zum Beispiel ein bestimmtes Sachgebiet vorgegeben werden, innerhalb dessen sich die Reaktionen bewegen dürfen.

Formulierungsbeispiel (16) Kontrolliertes Assoziieren

„Ich werde Ihnen jetzt gleich eine bestimmte Produktgruppe nennen. Bitte sagen Sie mir dann ganz spontan das Erste, was Ihnen zu dieser Produktgruppe einfällt. Es gibt hier kein Richtig und kein Falsch. Das einzige, was Sie beachten müssen, ist, dass sich Ihr Einfall konkret auf diese Produktgruppe beziehen muss. Achtung, ich nenne Ihnen jetzt die Produktgruppe: … E-Autos!"

Die Bedingungen, die dem Probanden auferlegt werden, können sich auf alles Mögliche beziehen. Denkbar sind zum Beispiel Spontanantworten, die mit einem bestimmten Anfangsbuchstaben beginnen sollen. Ebenfalls möglich sind Reizworte, zu denen als Reaktion ein synonymer oder auch gegensätzlicher Begriff genannt werden soll. Andere Bedingungen könnten sein, dass die geforderten Reaktionen in einem logischen Verhältnis zum Reizwort (übergeordneter oder untergeordneter Begriff, Teil oder Ganzes, u. a. m.) stehen sollen. Hier sind der Fantasie keine Grenzen gesetzt.

Eine solche inhaltliche Einengung bei kontrollierten Assoziationen hat Vor- und Nachteile. Ein Vorteil könnte sein, dass dieses Verfahren sehr zielgerichtet ist, die Assoziationen von vornherein in eine bestimmte Richtung bringt und deshalb bei Untersuchungen klar umrissener Sachgebiete zu einer höheren Effizienz führt. Nachteil kontrollierter Assoziationen ist aber die Gefahr einer verminderten Spontanität. Je komplexer die Vorgaben sind und je mehr der Proband über seine „erlaubten" Antworten nachdenken muss, umso weniger erfüllt das Verfahren die Voraussetzungen für wirklich spontane Reaktionen.

4.1.4 Eingeschränkte Assoziationen

Bei den eingeschränkten Assoziationen sind die Ausgangsreize komplexer, die Reaktionen aber eingeschränkt. In der Regel werden hier mehrere Stimuli nacheinander vorgegeben, zu jedem Reiz ist aber immer nur eine Assoziation erlaubt; der Spielraum des Probanden wird dadurch begrenzt.

Es handelt sich um ein Verfahren, das ursprünglich in der Psychiatrie entwickelt und zur Diagnose von Konfliktbereichen bei Patienten eingesetzt wurde (Salcher, 1978). In Form eines Stress-Interviews werden dabei 20 bis 40 Reizwörter (neutrale und dazwischen möglicherweise „konfliktträchtige") in rascher Reihenfolge nacheinander vorgelesen; nach jedem Reizwort muss der Patient so schnell wie möglich die ihm unmittelbar einfallende Assoziation nennen. Das Interview wird auf Tonband aufgezeichnet, damit sowohl der Inhalt der Assoziationen als auch die jeweilige Zeitdauer bis zur Nennung ausgewertet werden kann. Diejenigen Assoziationen, die zeitverzögert genannt werden, werden dann so gedeutet, dass sie auf individuelle Konfliktpotenziale des Patienten hinweisen, weil unangenehme bzw. konfliktbeladene Reizworte eine kurze innere Blockade hervorrufen. In der qualitativen Forschung wird diese Methode selten eingesetzt, weil sie verhältnismäßig aufwendig ist.

Beim **Wortketten-Assoziationstest** werden mehrere Stimuli (meist weniger als 20) nacheinander vorgelesen, zu denen jeweils nur eine spontane Assoziation – der erste Gedanke, der ins Bewusstsein drängt – möglichst schnell geäußert werden soll. Die vom Probanden geforderte Reaktionsgeschwindigkeit soll dabei die Spontanität der Reaktionen und damit die Offenbarung des am engsten mit dem vorgelesenen Reizwort verbundenen Gedächtnisinhaltes gewährleisten.

Formulierungsbeispiel (17) Wortketten-Assoziationstest

„Ich werde Ihnen jetzt nacheinander eine Reihe von Wörtern vorlesen. Bitte sagen Sie mir nach jedem Wort ganz schnell das, was Ihnen als Erstes dazu einfällt. Es gibt dabei kein Richtig oder Falsch, alles was Sie sagen ist wichtig. Dann kommt das nächste Wort und Sie sagen mir bitte wieder das, was Ihnen zu diesem Wort einfällt, usw. Bitte antworten Sie immer so schnell wie möglich, da ich die einzelnen Begriffe in sehr kurzen Abständen vorlesen werde. Achtung ich fange jetzt an: Seife … Lippenstift … Haarwuchsmittel … Mundwasser … Deodorant… Drogerie … Zahncreme … Shampoo …".

Der Untersuchungsleiter muss sich bei der Auswahl der Reizwörter überlegen, welche Wörter im Sinne der Forschungsfrage zielführend sind (Schlüsselwörter) und welche bei ähnlichem Inhalt nur „Füllwörter" (neutrale Wörter) sind, um das Erkenntnisziel zu verschleiern. Wortketten-Assoziationstests werden bevorzugt bei Untersuchungen intimer oder tabuisierter Themen eingesetzt. Als Schlüsselwörter dienen interessierende Begriffe, die Probanden im Gespräch mit fremden Personen normalerweise nicht erwähnen würden, deren Assoziationen aber Hinweise auf innere Vorstellungen und Gefühle bezogen auf das interessierende Thema sind. Dabei sollte jedes Mal die Reihenfolge der Stimuli geändert werden, damit ein möglicher Reihenfolgeeffekt ausbleibt. Für die Durchführung dieser Methode ist außerdem wichtig, dass die verwendeten Reizwörter leicht verständlich sind, der Proband keine Hemmungen hat, alles zu sagen, was ihm spontan einfällt, und dass er vorher nicht weiß, welches Thema den Untersuchungsleiter interessiert.

Bei einem Einsatz in der Marktforschung wird übrigens aus ökonomischen Gründen die Zeitdauer bis zur Nennung der jeweiligen Spontanantwort in der Regel nicht ausgewertet; ebenso bleiben die Assoziationen zu den neutralen Reizwörtern oft unberücksichtigt.

Einen solchen Wortketten-Assoziationstest kann man übrigens auch schriftlich durchführen, sofern dabei der Zeitdruck bei der Nennung der Assoziationen gewährleistet ist.

Formulierungsbeispiel (18) Wortketten-Assoziationstest

„Ich teile Ihnen jetzt ein Blatt aus, auf dem Sie 8 Zeilen sehen. In jeder Zeile ist links eine freie Stelle, daneben das Wort Kommentar, und rechts eine Linie, auf die Sie etwas schreiben können. Jetzt werde ich Ihnen nacheinander eine Reihe von Wörtern, Begriffen oder Themen vorlesen. Nachdem ich Ihnen ein Wort vorgelesen habe, schreiben Sie bitte dieses Wort auf das Blatt links auf die Zeile in die freie Stelle und danach ganz spontan einen kurzen Satz oder Kommentar, der Ihnen zu dem Wort einfällt. Danach lese ich Ihnen das zweite Wort vor und Sie schreiben es in die zweite Zeile und Ihren Kommentar dahinter usw."

Diese schriftliche Form des Wortketten-Assoziationstests kann nicht nur im Rahmen von Einzelinterviews eingesetzt werden, sondern auch in Gruppendiskussionen. Spontane Reaktionen lassen sich hier ohne Beeinflussung durch andere Gruppenmitglieder ermitteln. Einschränkend muss angemerkt werden: Je mehr Zeit man dem Probanden zum Aufschreiben des Reizwortes und der Assoziation oder eines kurzen Kommentars gibt, umso weniger spontan werden die Assoziationen sein.

Auch in der qualitativen Onlineforschung kann ein Wortketten-Assoziationstest eingesetzt werden. Hier kann man nach entsprechender Instruktion jeweils ein Reizwort (in Zufallsreihenfolge) einblenden und ein kurzes Zeitfenster zum Eintippen der spontanen Reaktion freigeben. Bei entsprechender Programmierung des Fragebogens kann sogar die Zeitdauer bis zum Beginn des Eintippens festgehalten und ausgewertet werden.

4.2 Verfremdungstechniken

Hier erfahren Sie, wie man durch den Umweg über eine Analogiebildung von der Befragungsperson Informationen bzw. Beurteilungen und Einschätzungen des Untersuchungsgegenstandes erhalten kann, ohne direkt danach zu fragen. Die vielfältigen Möglichkeiten einer Analogiebildung werden durch konkrete Beispiele erläutert.

Indirekte Befragungstechniken versuchen, über einen Umweg zum Ziel zu gelangen. Ein in der qualitativen Forschung relativ oft gegangener Umweg ist die Verfremdung des Untersuchungsgegenstandes, die durch die Bildung von **Analogien** erfolgt. Bei einer Analogie wird die Eigenart eines Sachverhaltes auf einen anderen übertragen, der aber ähnliche Merkmale oder Funktionen hat. Diese Transformation geht mit einer Änderung der Bezugsebene bzw. mit einem Perspektivenwechsel einher, der den Untersuchungsgegenstand in einem anderen Licht erscheinen lässt. Analogiebildungen sind eine Grundtechnik jedes kreativen Prozesses (Schulthess, 2012).

Will man etwas über einen Untersuchungsgegenstand wissen (das kann hier eine Person, ein Unternehmen, ein Produkt, eine Dienstleistung o. a. sein), kann man eine Verfremdungstechnik anwenden, indem man nicht direkt nach diesem Objekt fragt, sondern den Probanden auffordert, sich vorzustellen, dass diese Sache etwas ganz anderes wäre (zum Beispiel ein Tier, eine Pflanze o. a.; ◘ Abb. 4.4). Der Proband soll nun diese andere Kategorie genauer spezifizieren (was für

Abb. 4.4 Analogiebildung. (© Claudia Styrsky)

ein Tier, was für eine Pflanze) und damit eine Analogie zu diesem fremden Bereich bilden.

Dabei geschieht Folgendes: Der Proband überlegt insgeheim, welche charakteristischen Merkmale, Eigenschaften oder Funktionen der Untersuchungsgegenstand (das Ausgangsobjekt) hat und wählt jetzt aus der vorgegebenen fremden Kategorie eine Spezies (das Referenzobjekt) mit denselben oder ähnlichen Merkmalen, Eigenschaften oder Funktionen aus. Er spricht also nicht über das eigentlich interessierende Objekt, sondern überträgt dessen Charakteristika per Analogie auf ein anderes Objekt. Dieses Referenzobjekt (aus dem artfremden Bereich) wählt er unbewusst aufgrund vorstellungsmäßiger Gemeinsamkeiten zwischen dem Ausgangsobjekt und dem Referenzobjekt aus. Wenn sich diese Gemeinsamkeiten auf charakteristische Merkmale oder Eigenschaften zwischen beiden Objekten beziehen, nennt man dies **strukturelle Analogie.** Dann liegt vorstellungsmäßig eine völlige oder zumindest teilweise Übereinstimmung zwischen der Struktur des Ausgangsobjektes und der des Referenzobjektes vor. Denkt der Proband dagegen beim Vergleich zwischen den beiden Objekten an die gleiche oder ähnliche Funktion, ist dies eine **funktionelle Analogie.** Dann können sich beide Objekte wohl in ihren Merkmalen und Eigenschaften unterscheiden, erfüllen aber dieselbe Funktion.

Das vom Probanden per Analogie ausgewählte Referenzobjekt sagt indirekt etwas über das Ausgangsobjekt (den eigentlichen Untersuchungsgegenstand) aus. Welche dieser beiden Analogieformen für den Probanden bei seiner Wahl des Referenzobjektes ausschlaggebend war, lässt sich in der Regel erst nachträglich ermitteln, indem man ihn nach seinen Auswahlgründen befragt.

Im Vorhinein kann man Analogien nach den Vorgaben unterscheiden, die man dem Probanden macht. Wenn er keine Vorgaben zum Zielobjekt der Analogie erhält und freien Entscheidungsspielraum hat, in welche Richtung er eine Analogie bilden soll, spricht man von einer offenen Analogie. In der Forschungspraxis kommt es aber häufiger vor, dass man dem Probanden eine artfremde Zielkategorie vorgibt, innerhalb deren er eine Spezies auswählen soll. Dies ist dann eine gerichtete Analogie.

4.2.1 Offene Analogien

Eine offene Analogie liegt vor, wenn sich der Proband ohne weitere Vorgaben einen zum Untersuchungsgegenstand passenden, aber artfremden Bereich ausdenken soll. Bei der Alternativ-Analogie würde man zum Beispiel bei einem Produkt als Untersuchungsgegenstand den Probanden auffordern, sich vorzustellen, dass das Produkt kein Produkt der zugehörigen Produktkategorie ist, sondern ein Objekt aus einer (nicht benannten) anderen Kategorie. Mögliche Analogien können andere Objekte, Personen oder auch Institutionen sein, welche die Merkmale des Ausgangsproduktes ebenfalls besitzen. Dabei können die Analogien real oder auch fiktiv (zum Beispiel Figuren aus der Comic- oder Märchenwelt) sein.

Formulierungsbeispiel (19) Offene Analogie

„Stellen Sie sich doch einmal vor, dieses Medikament wäre gar kein Medikament, sondern irgendetwas aus einem ganz anderen Bereich. Was könnte dies denn sein? Denken Sie mal darüber nach und lassen Sie Ihre Fantasie spielen. Welche anderen Dinge – ganz gleich ob Objekte, Personen, andere Lebewesen oder Organisationen – könnte man denn mit diesem Medikament vergleichen? Was fällt Ihnen da ein? Lassen Sie mal Ihre Gedanken spielen, alles ist erlaubt!"

Erfahrungsgemäß fällt es nicht jedem Probanden leicht, sich vorstellungsmäßig vom Ausgangsprodukt zu lösen und sich auf den gewünschten Transfer in einen ganz anderen Bereich einzulassen. In einem solchen Fall sollte der Interviewer an die Fantasie des Probanden appellieren und ihm verdeutlichen, dass es sicher auch andere Dinge oder Bereiche gibt, die ähnliche Merkmale und Charakteristika haben wie das Ausgangsprodukt.

Hat sich der Proband für einen artfremden Bereich entschieden, sind zwei Dinge wichtig: Erstens sollte der Proband dann diesen neuen Bereich hinsichtlich seiner Merkmale und Eigenschaften ausführlich beschreiben, und zweitens sollte der Proband seine Wahl anschließend begründen.

4.2.2 Gerichtete Analogien

Im Gegensatz zu den offenen Analogien werden bei den gerichteten Analogien Vorgaben als Hilfestellung gemacht. Konkret schlägt der Untersuchungsleiter einen artfremden Bereich vor (zum Beispiel den Bereich Tiere oder Pflanzen) und der Proband wählt daraus eine zum Untersuchungsgegenstand „passende" Spezies aus (zum Beispiel einen Elefanten oder eine Rose). Der Untersuchungsleiter muss sich nun überlegen, warum der Proband gerade diese Spezies ausgewählt hat bzw. welche Eigenschaften sie mit dem Untersuchungsgegenstand gemeinsam hat. Da dies nicht immer eindeutig nachvollzogen werden kann und Interpretationsprobleme auftreten können, empfiehlt es sich, den Probanden anschließend in einem zweiten Schritt seine Auswahl begründen zu lassen. In der Begründung nimmt der Proband dann in der Regel auf charakteristische Merkmale und Eigenschaften Bezug, die seiner Meinung nach auch auf den ursprünglichen Untersuchungsgegenstand zutreffen.

Begründung ist wichtig

Formulierungsbeispiel (20) Gerichtete Analogie

„Wir sprechen ja gerade über das Thema Datenschutz. Jetzt vergleichen Sie doch mal den Datenschutz mit etwas ganz anderem: mit der Pflanzenwelt! Es gibt ja vielfältige Pflanzen: kleine und große mit ganz unterschiedlichem Wachstum und Erscheinungsbild. Angenommen, der Datenschutz wäre eine Pflanze: Was für eine Pflanze wäre er dann? Seien Sie einmal kreativ und wählen Sie eine Pflanze aus, die zum Begriff „Datenschutz" passt, und beschreiben Sie sie mir eingehend."

Nach der Nennung einer konkreten Pflanze ist es wichtig, dass man durch explorative Nachfragen den Probanden seine Wahl begründen lässt:

(„Warum haben Sie gerade diese Pflanze ausgewählt?")

(„Was hat diese Pflanze mit dem Begriff ‚Datenschutz' gemeinsam?")

(usw.)

In der qualitativen Marktforschung häufig verwendete Analogien sind solche zum Tierreich, weil vielen Tieren gerne

Persönlichkeitsmerkmale und Charaktereigenschaften zugesprochen werden. So wurde zum Beispiel für Google nach Analogien aus dem Tierreich gesucht, um das Google-Image zu verdeutlichen. Häufige Analogien waren dabei der Gepard, das Chamäleon, die Eule und der Löwe. Bei diesen Tieren war die Interpretation relativ eindeutig: Google werden indirekt die Eigenschaften schnell, vielseitig, klug und mächtig zugewiesen (◘ Abb. 4.5).

Aber Vorsicht! Nicht immer ist die Interpretation so leicht. Zum einen kann die Nennung eines Tieres als Analogieobjekt zu Interpretationsproblemen führen. Wird zum Beispiel ein Elefant genannt, könnten dahinter Eigenschaften wie schwer, kräftig, schnell, familienfreundlich, klug oder erinnerungsstark stehen. An welche dieser Eigenschaften der Proband bei der Nennung des Elefanten gedacht hat, weiß

Tieranalogien: GOOGLE ist:
Schnell
wie ein Gepard
Vielseitig
wie ein Chamäleon
Klug
wie eine Eule
Mächtig
wie ein Löwe

◘ **Abb. 4.5** Tieranalogien zu Google. (© Claudia Styrsky)

man zunächst nicht. Erst eine nachträgliche Befragung des Probanden kann dies auflösen.

Zum anderen können bereits vorher gelernte Assoziationen das Ergebnis verfälschen. Der Untersuchungsleiter sollte deshalb bereits vor dem Vorschlag, Vergleiche zum Tierreich zu ziehen, an möglicherweise bekannte Verbindungen denken. Gibt man zum Beispiel bei einer Imageuntersuchung von Automarken das Tierreich als Analogieziel vor, ist die Gefahr groß, dass bereits gelernte Verbindungen zwischen Automarken und Tieren genannt werden: Ferrari (und früher auch Porsche) haben ein Pferd als Wappentier, Peugeot den Löwen, Lamborghini den Stier, Abarth den Skorpion, Jaguar hat das Tier bereits im Namen und Ford hat den Mustang als bekanntes Automodell.

Neben dem Tierreich und der Pflanzenwelt gibt es vielfältige weitere Möglichkeiten von Bereichen, die sich für eine Analogiebildung eignen: Gebäude, Landschaften, Filme, Musikstile, Märchenfiguren, bekannte Personen des öffentlichen Lebens und vieles mehr. Der Kreativität des Untersuchungsleiters sind hier keine Grenzen gesetzt. Wichtig ist nur, dass der vorgeschlagene Bereich dem Probanden so gut bekannt ist, dass er eine „irgendwie passende" Spezies aus diesem Bereich auswählen kann.

Formulierungsbeispiel (21) Gerichtete Analogie

„Wenn die Schokoladenmarke Milka im Film oder auf der Bühne als Person auftreten würde, welcher Schauspieler oder welche Schauspielerin wäre für diese Rolle eine angemessene Besetzung?"

Bei einer solchen Fragestellung sind Nachfragen nach einer Antwort sehr wichtig. Zunächst sollte man genau in Erfahrung bringen, welche Vorstellungen der Proband mit der genannten Person XY verbindet:

(„Welche charakteristischen Merkmale hat denn XY?")

(„Wodurch zeichnet sich XY besonders aus?")

Dann könnte man zum Beispiel noch fragen, in welcher Art Film oder Bühnenstück die Person XY auftritt. Und zum Schluss sollte man sich noch begründen lassen, warum der Proband für Milka gerade die Person XY ausgewählt hat. Denn die Analogie alleine reicht nicht aus, um das Zielobjekt interpretieren zu können bzw. um die richtigen Rückschlüsse auf die Marke Milka ziehen zu können.

Formulierungsbeispiel (22) Gerichtete Analogie

„Vergessen Sie doch jetzt einmal, dass die Commerzbank ein Geldinstitut ist. Stellen Sie sich vor Ihrem geistigen Auge vor, die Commerzbank wäre eine Stadt mit Häusern, Straßen und Einwohnern, deren Name Commerzbank ist. Am besten schließen Sie jetzt kurz Ihre Augen, lassen Ihre Fantasie spielen und beschreiben mir diese Stadt namens Commerzbank. Wie sieht es in dieser Stadt

aus? Was beeindruckt Sie positiv und was negativ, wenn Sie durch die Straßen laufen?"

Wichtig ist bei Analogien, dass der Proband das Referenzobjekt (hier: die Stadt) in seinen Merkmalen und Eigenschaften plastisch und ausführlich beschreibt, damit dies interpretativ auf das Ausgangsobjekt (hier: die Commerzbank) übertragen werden kann. Aufgabe des Interviewers ist es hier, dafür zu sorgen, dass der Proband entsprechende Vorstellungen entwickelt – ggf. durch positiv verstärkende Aufmunterungen oder durch konkretisierende Nachfragen.

Formulierungsbeispiel (23) Gerichtete Analogie
„Stellen Sie sich jetzt doch bitte vor, der Reiseveranstalter TUI würde ein Restaurant eröffnen. Was wäre das für ein Restaurant? Wo würde es eröffnet werden? Wie würde es aussehen? Welche Vorstellungen haben Sie da? Bitte beschreiben Sie mir das Restaurant ausführlich!"

Nach der Beschreibung des Restaurants kann der Interviewer weitere konkretisierende Fragen stellen:

(„Wie würden die Speisekarte und das Preisniveau des Restaurants aussehen?")

(„Wie ist der Service in diesem Restaurant? Was ist zur Bedienung zu sagen?")

(„Was für Gäste würden das Restaurant besuchen? Wie könnte man die charakterisieren?")

(usw.)

Wenn die Beschreibungen des Probanden nicht eindeutig interpretierbar sind, sollte der Interviewer weiter nachfragen und Begründungen einholen.

Blick in die Praxis: Konzeptüberprüfung für eine Volksmusiksendung

Bei der qualitativen Untersuchung einer Volksmusiksendung im Fernsehen wurde ein Analogieverfahren eingesetzt, durch das Vergleiche zwischen der Sendung und Essensgerichten hergestellt werden sollten. Es stellte sich heraus, dass die meisten Zuschauer der Volksmusiksendung Analogien zu deftigen Fleischgerichten wie Schweinebraten mit Knödel (Interpretation „schwere Kost") oder zu deftigen Eintöpfen wie Leipziger Allerlei (Interpretation „von allem etwas") herstellten.

In derselben Untersuchung wurden auch Fernsehgewohnheiten in Abhängigkeit von der Sendezeit erhoben. Hier stellte sich u. a. heraus, dass die meisten Zuschauer am Samstagabend leichte Unterhaltung erwarten, die so nebenherläuft.

Da die Volksmusiksendung auch am Samstagabend lief, gab es eine gefühlsmäßige Dissonanz der Zuschauer zwischen

dem Inhalt der Sendung und den Erwartungen an Fernsehunterhaltung am Samstagabend. Hierdurch wurde sichtbar, dass an dem Konzept der Volksmusiksendung etwas geändert werden sollte.

Als Variante strukturierter Analogien gibt es noch den **Analogieschluss,** der ähnlich wie ein Dreisatz eine logische Schlussfolgerung fordert. Hierbei wird die Relation zwischen dem Untersuchungsgegenstand und seiner übergeordneten Kategorie transformiert auf die Relation zwischen einem Referenzobjekt und dessen übergeordneter Kategorie. Das Referenzobjekt lässt dann Rückschlüsse auf die Beurteilung des Untersuchungsgegenstandes zu.

Formulierungsbeispiel (24) Analogieschluss

„Wir unterhalten uns ja gerade über Persil. Wie würden Sie den folgenden Vergleich zu Ende führen: Alle Waschmittel verhalten sich zu Persil wie alle Automarken zu …? Welche Automarke ist quasi das ‚Persil' unter den Autos?"

Hier empfiehlt es sich, anschließend nach dem ‚Warum' zu fragen:

(„Warum haben Sie jetzt gerade diese Automarke genannt?)

(„Welche besonderen Merkmale und Eigenschaften hat diese Automarke?)

(„Was unterscheidet diese Marke von anderen Automarken?")

(usw.)

Fragestellungen bzw. Einsatzgebiete für Analogiebildungen sind in der qualitativen Marktforschung vorzugsweise Imageuntersuchungen (Unternehmensimages und Markenkernanalysen) und Produktbeurteilungen. Jedoch kann diese psychologische Fragetechnik auch bei allen möglichen anderen Untersuchungszielen wie zum Beispiel Werbemittel, Dienstleistungen oder Personenbeurteilungen eingesetzt werden.

4.3 Projektive Methoden

Hier erfahren Sie, welche Möglichkeiten projektive Methoden bieten, Sprachbarrieren zu durchbrechen. Vor allem bei schwierigen Themen, über die eine Befragungsperson nicht gerne spricht oder nicht sprechen kann, weil sie die Antwort nicht preisgeben will oder nicht kennt, können diese Methoden doch zu Ergebnissen führen. Die unterschiedlichen Einsatzmöglichkeiten werden durch konkrete Formulierungsbeispiele transparent.

Die zentralen Methoden der indirekten psychologischen Befragungstechniken sind projektive Methoden, die es aber in vielfältigen Formen und Ausführungen gibt. Sie gehen zurück auf Verfahren, die ursprünglich in der Tiefenpsychologie entwickelt und angewendet wurden. Die dahinterstehende Theorie besagt (vereinfacht ausgedrückt), dass der Mensch immer danach strebt, sich in einem konfliktfreien Zustand zu befinden. Erlebt er nun eigene unangenehme oder widerspruchsvolle Regungen oder widerspricht sein Verhalten (zum Beispiel aufgrund äußerer Zwänge) seinen inneren Wünschen und Überzeugungen, entwickelt er einen Abwehr- oder Verdrängungsmechanismus, der dazu führen kann, dass er seine Wünsche und Motive auf andere Personen oder Situationen überträgt („projiziert") – also andere für diesen Konflikt verantwortlich macht. Heute werden diese Annahmen zwar nicht mehr von allen Wissenschaftlern geteilt; trotzdem sind diese Methoden in der Praxis nützlich.

4.3.1 Der Ursprung projektiver Methoden

Projektive Methoden gehen ursprünglich auf die von Sigmund Freud (1856–1939) begründete Psychoanalyse zurück. Freud, ein Wiener Nervenarzt, ging davon aus, dass der Mensch unangenehme Erlebnisse oder ihm Unbehagen bereitende psychische Konflikte durch Abwehrmechanismen bewältigt. Dies sind unbewusste Maßnahmen des Menschen, um sein seelisches Gleichgewicht wiederzuerlangen. Die psychischen Konflikte werden dabei nicht beseitigt, sondern nur beiseitegeschoben oder auf andere Art und Weise dem Bewusstsein vorenthalten (Weis, 1998). Einige der wichtigsten Abwehrmechanismen sind die

- Verdrängung (nicht daran denken),
- Regression (Zurückfallen in frühkindliches Verhalten),
- Kompensation (Ausgleich von Schwächen durch Ersatzanstrengung),
- Rationalisierung (nachträgliche Rechtfertigung und Begründung),
- Identifizierung (Identifikation mit einer anderen Person),
- Substitution (Verlagerung auf ein Ersatzobjekt),
- Sublimation (Verlagerung auf allgemein akzeptierte Handlungen),
- Projektion (Verlagerung von Impulsen und Emotionen auf andere Personen).

Mit Projektion bezeichnet man (ganz allgemein formuliert) die Verlagerung eines inneren Vorgangs nach außen. Aus tiefenpsychologischer Sicht ist damit eine Verlagerung von Wünschen, Affekten oder Impulsen, die mit dem eigenen Selbstbild nicht vereinbar sind, nach außen auf andere Objekte, Personen oder Situationen gemeint. Der psychische Konflikt tritt damit nicht mehr in Erscheinung; das eigene Ich wird entlastet.

Auf Basis dieser tiefenpsychologischen Theorie wurden in der Folge einige projektive Testverfahren entwickelt, die vor allem zur Diagnose von Persönlichkeitsstörungen eingesetzt wurden. Die bekanntesten sind der Rorschach-Test, der thematische Apperzeptionstest (TAT) und der Picture-Frustration-Test (PFT), die hier kurz erläutert werden sollen.

Hermann Rorschach (1884–1922), ein Schweizer Psychiater, hat 1921 einen Persönlichkeitstest entwickelt, den er selbst als Formdeuteversuch und wahrnehmungsdiagnostisches Experiment bezeichnete, der später als **Rorschach-Test** bekannt wurde (Searls, 2019). Der heute noch verwendete Test besteht aus 10 Tafeln mit Tintenklecksbildern, bei denen die Testperson jedes Mal gefragt wird: „Was könnte das sein?". Während die Testperson die jeweilige Tafel betrachtet, macht sich der Testleiter Notizen zur Handhabung, zu Äußerungen und zu Reaktionszeiten. Die Antworten bzw. Interpretationen werden vom Testleiter anschließend nach Kriterien wie Inhalte, beachtete Einzelheiten, Originalität und Beobachtungsbesonderheiten ausgewertet. Das Gesamtbild der Reaktionen auf alle Tafeln soll Aussagen über die Persönlichkeit der Testperson und ggf. über Denk- und Persönlichkeitsstörungen ermöglichen. Der Rohrschach-Test ist aber wegen ungenügender Gütekriterien als psychodiagnostischer Test umstritten.

Henry A. Murray (1893–1988), ein amerikanischer Psychologe, hat 1943 zusammen mit Christiana D. Morgan den **thematischen Apperzeptionstest** (TAT) entwickelt (Murray, 1943). Dies ist ein psychodiagnostisches Verfahren, das als Persönlichkeitstest und als Test zur Erfassung von Motiven dient. Der Test besteht aus 20 schwarz-weißen Bildtafeln, auf denen in der Regel Menschen in alltäglichen sozialen Situationen gezeigt werden. Die Bilder sind aber so gestaltet, dass die Situation nicht eindeutig ist. Die Testperson bekommt jeweils 10 Bildtafeln in zwei getrennten Sitzungen vorgelegt und soll zu jedem Bild eine möglichst dramatische Geschichte erzählen. Jede Geschichte wird vom Testleiter nach verschiedenen Kriterien ausgewertet; zum Beispiel wird festgestellt, welche Gefühle, Wünsche und Motive der Protagonist (Held der Geschichte) hat. Da die Testperson in ihre erfundene Geschichte meist ihre eigenen Impulse, Wünsche, Ängste oder Schuldgefühle hineinprojiziert, kann der Test Hinweise auf die Persönlichkeit der Testperson, ihre Motivlage und ggf.

tiefliegende Ängste geben. Der Thematische Apperzeptionstest ist damit ein diagnostisches Verfahren, das Problemfelder bei Personen lokalisieren kann, die ihre Probleme nicht artikulieren können oder wollen.

Saul Rosenzweig (1907–2004), ein amerikanischer Psychologe, hat 1948 den projektiven **Picture-Frustration-Test** (PFT) entwickelt, der die Frustrationstoleranz, die Belastbarkeit einer Person in sozialen Konfliktsituationen, erfassen soll (Hörmann & Rosenzweig, 1957). Der Test besteht aus 24 gezeichneten Situationen, in denen eine Person eine andere frustriert. Die Zeichnungen sind comicartig gestaltet, die Gesichter der Personen lassen dabei keine Rückschlüsse auf die Gefühlslage zu. Die frustrierende Person sagt in einer Sprechblase etwas zu der anderen Person. Die andere (frustrierte) Person hat eine leere Sprechblase, in die die Testperson die erste ihr einfallende Antwort eintragen muss. Ausgewertet wird der Picture-Frustration-Test, indem die offenen Antworten der Testperson bei jeder einzelnen sozialen Konfliktsituation danach geprüft werden, ob und welche aggressive Reaktion der Cartoon-Figur zugeschrieben wird und inwieweit ihr eine Eigeninitiative unterstellt wird.

Theoretischer Hintergrund ist die Frustrations-Aggressions-Hypothese, nach der durch eine erlebte Frustration eine aggressive Reaktion wahrscheinlich wird (Dollard et al., 1939). Grundsätzlich können sich aggressive Reaktionen im beobachtbaren Verhalten unterschiedlich zeigen. Die Reaktion kann

- *extrapunitiv* (die Aggression richtet sich nach außen, andere Personen werden verantwortlich gemacht),
- *intropunitiv* (die Aggression richtet sich nach innen, die eigene Person ist selbst schuld an der Frustration) oder
- *impunitiv* (die Aggression wird geleugnet, die Frustration wird bagatellisiert)

sein. Der Picture-Frustration-Test misst natürlich auch, zu welcher dieser Aggressionsformen die Testperson neigt. Später wurde sogar eine strukturierte Form des Picture-Frustration-Tests entwickelt, bei dem die Testperson zu jeder Konfliktsituation eine von mehreren Antwortalternativen auswählen konnte (Werner, 1966).

Die in der heutigen qualitativen Forschung verwendeten projektiven Methoden greifen die Grundprinzipien dieser frühen Tests auf, sind aber keine Testverfahren zur Persönlichkeitsdiagnostik, sondern verwenden meist Reizvorlagen für marktpsychologische Themen. Sie ermöglichen damit dem Probanden, seine Motive und Überzeugungen auf andere Personen oder Situationen zu übertragen. Über diesen Umweg können auch Motive ermittelt werden, über die er nicht gerne spricht und die er verbergen möchte, oder über die er sich selbst gar nicht im Klaren ist, weil sie ihm nicht bewusst sind. Folgende Merkmale sind allen projektiven Methoden gemeinsam (Johannsen, 1971):

- Sie sind für den Probanden weitgehend uneinsichtig,
- sie erschweren deshalb eine rationale, also verstandesmäßige Kontrolle und Zensur der Antworten,
- sie ermöglichen Einblicke in die wirklichen und zentralen Wünsche und Bedürfnisse, Einstellungen, Motivationen und Imagevorstellungen der Probanden,
- sie bedürfen überwiegend der Interpretation des Fachpsychologen und sind (wie alle tiefenpsychologischen Verfahren) schwer quantifizierbar und im statistischen Sinne nicht exakt bestimmbar.

Das Untersuchungsziel bleibt bei projektiven Methoden dem Probanden in der Regel verborgen, indem mehrdeutige bzw. dem Untersuchungsgegenstand nicht direkt zuordenbare Stimuli oder neuartige und ungewohnte Aufgaben vorgegeben werden, deren Bedeutung dem Probanden nicht unmittelbar einsichtig ist. Durch geschickte vorformulierte Fragen oder Aufgabenstellungen äußert sich der Proband zu einem Themenbereich, ohne das Gefühl zu haben, eigene Gedanken oder Meinungen preisgegeben zu haben.

Das Untersuchungsziel bleibt verborgen

Eine Klassifikation der unterschiedlichen projektiven Verfahren ist nicht einfach; in der Literatur gibt es viele, zum Teil auch falsche Einteilungsversuche. Die umfassendste Klassifikation stammt von dem in Russland geborenen britischen Psychologen Boris Semeonoff (1910–1998), der ein dreidimensionales Schema vorgeschlagen hat, im Rahmen dessen projektive Verfahren nach den Kriterien Reiz, Reaktion und Testzweck unterschieden werden (Semeonoff, 1976):

Stimulus:	**verbal** (z. B. Satzergänzungen), **visuell** (z. B. Rorschach-Test), **konkret** (z. B. Sceno-Test), **anderes** (z. B. Tastsinn, Geruch)
Reaktion:	**assoziativ** (z. B. Wortassoziationen), **interpretativ** (z. B. TAT), **gestaltend** (z. B. Sceno-Test), **auswählend** (z. B. Szondi-Test)
Testzweck:	**Beschreibung, Diagnose, Therapie**

Die nachfolgenden projektiven Verfahren werden ganz einfach nach der Strukturiertheit der verlangten Reaktionen, nach der Komplexität, wie bei der Bearbeitung der Methode vorgegangen wird, geordnet.

4.3.2 Psychotaktische Befragungstechnik

Unter einer psychotaktischen Befragungstechnik versteht man die geschickte und psychologisch zweckmäßige Formulierung einer Frage. Das ist in der Regel eine indirekte Befragungstechnik. Und wenn man durch diese Befragungstechnik unangenehme Fragen so stellen kann, dass es für den Probanden möglich wird sie zu beantworten, ohne dass er bloßgestellt oder in Konflikte gestürzt wird, dann kann man sie den projektiven Methoden zurechnen.

Die **einfache projektive Frage** ist die einfachste Form, eine Frage so zu stellen, dass sie nicht direkt auf die befragte Person bezogen ist, sondern auf eine oder mehrere andere Personen.

Formulierungsbeispiel (25) Einfache projektive Frage
„Warum glauben Sie, schauen so viele Fernsehzuschauer die Sendung X?"

Dies ist ein typisches Beispiel für eine Frage, die man bei dem Verdacht auf einen verfälschenden Einfluss durch soziale Erwünschtheit stellen würde. Wenn man die Nutzung bestimmter Medien anderen gegenüber nicht gern zugibt (früher war es das Lesen der Bildzeitung, heute vielleicht das Schauen bestimmter Trash-Sendungen auf privaten Fernsehkanälen), würde bei einer direkten Frage die Nutzung vermutlich geleugnet oder sozial akzeptierte Nutzungsmotive vorgeschoben. Durch das Angebot einer Projektionsfläche („viele Fernsehzuschauer") kann man die eigenen Sehmotive nach außen verlagern und unbedenklich formulieren.

Formulierungsbeispiel (26) Einfache projektive Frage
„Wie gefällt Ihren Kommilitonen die Vorlesung?"

Auch hier muss die befragte Person nicht über sich selbst reden, sondern kann ohne Hemmungen über die Meinungen und Einstellungen anderer Personen sprechen. Die Beantwortung von etwas „peinlichen" Fragen und das Sprechen über tabuisierte Themen wird hiermit entlastet (Schub von Bossiazky, 1992). Durch die Verlagerung der eigenen Meinung auf dritte Personen werden eventuelle Antwortbarrieren umgangen. Man stellt sich nicht selbst bloß, sondern spricht ja nur über andere.

Der Untersuchungsleiter geht nun davon aus, dass die projektiv gegebene Antwort die eigene Meinung des Befragten wiedergibt. Das kann, muss aber nicht so sein! Nehmen wir bei obigem Beispiel an, dass der Professor einen seiner Studenten fragt *„Wie gefällt Ihren Kommilitonen die Vorlesung?"* und die Antwort *„Die finden Ihre Vorlesung nicht gut!"* lautet. Jetzt gibt es zwei Möglichkeiten. Entweder hat der befragte Student bei dieser projektiven Frage seine negative Meinung auf seine Kommilitonen übertragen, musste dem Professor gegenüber also nicht zugeben, dass er dessen Vorlesung schlecht findet. Der Professor denkt jetzt wegen dieser „Projektionsmöglichkeit", dass der von ihm befragte Student seine Vorlesung schlecht findet. Oder der Student findet in Wirklichkeit die Vorlesung des Professors gut, weiß aber, dass seine Kommilitonen anderer Meinung sind, und beantwortet die Frage damit wahrheitsgetreu. Dieses Beispiel zeigt, dass man sich nicht immer auf die Wirksamkeit einer projektiven Frage verlassen darf, sondern immer weitere Zusatzinformationen benötigt, um sie richtig interpretieren zu können und die „Wahrheit" herauszufinden.

Ein anderes Beispiel für eine psychotaktische Befragungstechnik ist das **Einkaufslistenverfahren,** das von dem amerikanischen Psychologen Mason Haire im Jahre 1950 veröffentlicht wurde (Haire, 1950) und große Bekanntheit erlangt hat. Er sollte für den Pulverkaffee von Nescafé herausfinden, warum dieser kein Verkaufserfolg war. Daraufhin stellte er zwei fiktive Einkaufslisten zusammen, die bis auf den Kaffee identisch waren: Die eine Liste enthielt Nescafé, die andere anstelle dessen gemahlenen Bohnenkaffee. Zwei verschiedene aber vergleichbare Gruppen von Verbraucherinnen bekamen jeweils eine dieser Einkaufslisten vorgelegt und sollten die dahinterstehende Hausfrau charakterisieren. Beim Ergebnisvergleich der beiden Gruppen kam heraus, dass die Verbraucherinnen die Nescafé-Käuferin im Gegensatz zur Bohnenkaffee-Käuferin als faule, schlecht planende und verschwenderische Hausfrau charakterisierten. Während in einem vorher durchgeführten Produkttest mittels direkter Fragen nur der schlechte Geschmack von Nescafé beanstandet wurde, war erst das projektive Einkaufslistenverfahren in der Lage, die vermutlich wahren Ursachen und Vorurteile gegenüber Pulverkaffee aufzudecken.

▶ Beispiel: Das Einkaufslistenverfahren von Mason Haire

Der amerikanische Psychologe Mason Haire sollte im Jahr 1950 im Auftrag von Nescafé herausfinden, warum Nescafé Pulverkaffee so wenig verkauft wurde, obwohl er in Geschmackstests bei Blindverkostungen relativ gut abschnitt. Er entwarf ein cleveres Experiment, um herauszufinden, was Hausfrauen wirklich von Nescafé Pulverkaffee hielten. Er gab zwei vergleichbaren Gruppen von Hausfrauen identische Einkaufslisten mit denselben sieben Produkten, die sich nur beim Kaffee voneinander unterschieden. Die Hausfrauen bat er, den Charakter der Frau zu beschreiben, die mit dieser Einkaufsliste Produkte einkauft.

Einkaufsliste 1	Einkaufsliste 2
1,5 Pfund Hamburger	1,5 Pfund Hamburger
2 Laib Wonder Bread	2 Laib Wonder Bread
Ein Bündel Karotten	Ein Bündel Karotten
1 Dose Rumford's Backpulver	1 Dose Rumford's Backpulver
Maxwell gemahlener Kaffee	Nescafé Pulverkaffee
2 Dosen Del Monte Pfirsiche	2 Dosen Del Monte Pfirsiche
5 Pfund Kartoffeln	5 Pfund Kartoffeln

Nachdem Haire die Charakterisierungen inhaltlich kategorisiert und ausgewertet hatte, stellte er fest, dass durch die beiden Einkaufslisten ganz unterschiedliche Frauentypen charakterisiert wurden.

Charaktereigenschaften	Einkaufsliste 1	Einkaufsliste 2
Faul und bequem	4 %	48 %
Schlechte Einkaufsplanerin	12 %	48 %
Sparsam	16 %	4 %
Keine gute Hausfrau	0 %	16 %

Haire interpretierte die Ergebnisse als Hinweis darauf, dass Pulverkaffee (damals) eine Abkehr von selbstgebrühtem Kaffee und traditioneller Umsorgung der eigenen Familie bedeutet. Dies wollten Hausfrauen bei direkter Frage nicht zugeben, wurde aber durch die Projektion auf eine andere Person offenkundig. ◀

Das Einkaufslistenverfahren lässt sich natürlich auch auf andere Fragestellungen übertragen. Nicht nur Einkaufslisten können als Ausgangsreize verwendet werden, sondern zum Beispiel auch Lebensläufe oder Personenbeschreibungen, die sich in einem Detail unterscheiden. Das Verfahren unterscheidet sich allerdings durch zwei Merkmale von anderen projektiven Methoden. Zum einen erfordert es zwei Personenstichproben, um über einen Ergebnisvergleich zu entsprechenden Erkenntnissen zu gelangen. Zum anderen ist es ein Beispiel dafür, dass qualitative Forschung auch mithilfe eines experimentellen Untersuchungsansatzes betrieben werden kann.

Ein weiteres Beispiel für psychotaktische Befragungstechniken, die im Rahmen qualitativer Einzelinterviews angewendet werden können, sind geschickte Frageformulierungen, die bei tabuisierten Themen das Erkenntnisziel verbergen. Bei einer Befragung zum Thema Monatshygiene sollte die Einstellung von Frauen zur Menstruation untersucht werden. Da vermutet wurde, dass die „Unabänderlichkeit" der monatlichen Blutung einen starken Einfluss auf die Antworten der Frauen haben würde, wurde eine psychotaktische Befragungstechnik angewendet, durch die diese Einflussvariable neutralisiert werden konnte (Kirchmair, 1981).

Formulierungsbeispiel (27) Psychotaktische Befragungstechnik
„Zurzeit wird von der pharmazeutischen Industrie eine Pille getestet, durch die man keine Menstruation mehr bekommt, ohne jedoch irgendwelche Schäden davonzutragen. Würden Sie eine solche Pille nehmen, wenn gewährleistet wäre, dass sie in keiner Weise gesundheitsschädlich ist?"

Die Antworten der Frauen auf diese Frageformulierung zeigten nun deren wahre Einstellung zur Menstruation auf, da sie sich jetzt unabhängig von der biologischen Notwendigkeit der Monatsblutung für oder gegen sie entscheiden konnten.

4.3.3 Projektive Ergänzungstechniken

Bei den Ergänzungstechniken wird unvollständig vorgegebenes Stimulusmaterial vom Probanden ergänzt bzw. vervollständigt. Ergänzungstechniken hatten wir bereits bei den assoziativen Verfahren. Bei diesen musste der Proband schnelle Antworten unter Zeitdruck geben und hatte dadurch keine Zeit, seine Antworten zu überdenken oder zu rationalisieren. Die Grenze zwischen assoziativen und projektiven Verfahren kann hier nicht klar gezogen werden; denn wenn bei einem Satzergänzungstest einerseits eine schnelle Antwort gefordert wird, andererseits durch seine Formulierung nach der Meinung dritter Personen gefragt wird, sind die Kriterien für assoziative und projektive Verfahren erfüllt. Typische projektive Ergänzungstechniken unterscheiden sich von den assoziativen durch den fehlenden Zeitdruck. Sie verwenden aber eine Formulierung, die eine Projektion auf andere Personen oder Situationen zulässt.

Beim **projektiven Satzergänzungstest** wird also ein Satzanfang vorgelesen, der sich inhaltlich nicht auf die Person des Probanden bezieht, sondern auf dritte Personen oder Personengruppen. Der Proband hat dann Zeit zum Nachdenken und soll den unvollständigen Satz so ergänzen, dass er damit die vermeintlichen Gründe für die Einstellung oder das Verhalten der angesprochenen anderen Personen wiedergibt.

Formulierungsbeispiel (28) Projektiver Satzergänzungstest
„Ich lese Ihnen jetzt gleich den Anfang eines Satzes vor. Wenn ich aufhöre zu reden, überlegen Sie in Ruhe und vervollständigen Sie den Satz. Hören Sie zu, ich beginne: ‚Die meisten Leute sind der Ansicht, dass die nach Deutschland kommenden Flüchtlinge …'".

Beim projektiven Satzergänzungstest gelten prinzipiell die gleichen Vorbehalte wie bei der einfachen projektiven Frage. Es ist nicht immer gewährleistet, dass der Proband seine eigene Einstellung nach außen verlagert bzw. in die anderen Personen hineinprojiziert. Deshalb muss der Untersuchungsleiter sehr auf die konkrete Formulierung des Satzanfanges achten und den Gesamtzusammenhang bei der Befragung berücksichtigen. Die Projektion funktioniert am besten, wenn er davon ausgehen kann, dass dem Probanden die Offenlegung der eigenen Meinung peinlich ist.

Beim **projektiven Lückentest** ist dies ähnlich: Der unvollständige Satz bezieht sich nicht auf die Person des Probanden, sondern auf andere Personen oder Situationen. Und der fehlende Zeitdruck erleichtert es dem Probanden, ein Wort zu finden, das in die Satzlücke passt. Der unvollständige Satz ist hier auch manchmal vom Aufbau her komplizierter oder hat mehrere Lücken, die vom Probanden ausgefüllt werden müssen.

Formulierungsbeispiel (29) Projektiver Lückentest
„Ich lese Ihnen jetzt gleich einen unvollständigen Satz vor, bei dem an verschiedenen Stellen Wörter fehlen. Bitte hören Sie sich diesen Satz an und überlegen Sie sich, wie Sie die fehlenden Stellen am besten ergänzen können. Der Satz heißt: ‚Die meisten Leute, welche die AfD wählen, sind … und denken, dass …'."

Bei diesem Satzfragment ist unmittelbar einsichtig, dass hier zum Beispiel AfD-Befürworter ganz anders reagieren werden als AfD-Gegner, auch wenn sie ihre eigene Meinung bei einer direkten Fragestellung vielleicht nicht äußern würden.

Formulierungsbeispiel (30) Projektiver Lückentest
„Ich lese Ihnen jetzt gleich einen Satz zum Thema Gesundheitsprobleme vor. Dieser Satz ist unvollständig; an drei Stellen fehlt ein Teil. Ihre Aufgabe ist es, den Satz zu vervollständigen. Nehmen Sie sich Zeit und überlegen Sie in Ruhe, wie man diesen Satz am besten vervollständigen könnte. Der Satz heißt: ‚Personen mit Magenproblemen sind meistens … und haben oft …, weil sie …'."

Je komplizierter der Lückentest ist bzw. je mehr Lücken der Satz aufweist, umso mehr muss der Proband nachdenken und überlegen, wie er den Satz vervollständigen kann. Dies hat aber keinen Einfluss auf den projektiven Charakter des Lückentests bzw. auf die Möglichkeit, dem Probanden eine Projektionshilfe anzubieten.

Eine weitere projektive Ergänzungstechnik ist der **Sprechblasentest** (auch Ballontest, Cartoon-Test oder Comic-Strip-Test genannt), der auf den bereits erwähnten Picture-Frustration-Test (PFT) von Rosenzweig zurückgeht (Hörmann & Rosenzweig, 1957). Auch hier wird eine gezeichnete oder fotografierte soziale Situation als Stimulus gezeigt, in der sich in der Regel zwei Personen miteinander unterhalten. Bei der Verwendung des Sprechblasentests in der qualitativen Forschung sind dies aber keine Konfliktsituationen, sondern normale Gesprächs- oder Konsumsituationen. Dabei sagt die eine Person etwas (visualisiert durch Text in einer Sprechblase) und die Antwort der zweiten Person (verdeutlicht durch eine leere Sprechblase) muss vom Probanden formuliert werden.

Da dieses visuelle Stimulusmaterial einen hohen Aufforderungscharakter hat, wird der Sprechblasentest gern bei sensiblen Themen verwendet, bei denen auf eine direkte Befragung keine oder keine wahre Antwort erwartet werden kann. Denn dadurch können heikle, kritische oder mit sozial erwünschten Regeln belegte Themen entkräftet werden.

Ein Beispiel soll dies verdeutlichen. Im Rahmen der bereits erwähnten Untersuchung zum Thema Monatshygiene (Kirchmair, 1981) sollte auch ermittelt werden, welche unangenehmen Erfahrungen Frauen schon mit Monatshygieneartikeln gemacht hatten und wie man dies eventuell hätte vermeiden können. Dies war ein sehr heikles Thema, bei dem auf direkte Fragen nicht oder nur höchst ungern geantwortet worden wäre. Deshalb wurde eine Bildvorlage, auf der sich zwei Frauen miteinander unterhalten (◘ Abb. 4.6), mit folgender Instruktion vorgegeben:

Formulierungsbeispiel (31) Sprechblasentest
„Hier sehen Sie zwei Frauen. Die eine erzählt der anderen von einem peinlichen Erlebnis, das sie während ihrer Periode hatte. Bitte überlegen Sie jetzt einmal, was genau diese Frau der anderen erzählen könnte."

◘ **Abb. 4.6** Projektiver Sprechblasentest

Nachdem die Befragungsperson die Erzählung der abgebildeten Frau vervollständigt hat, wurde unter Bezugnahme auf dieselbe Bildvorlage weiter gefragt:

„Stellen Sie sich jetzt einmal vor, die andere Frau, die eben zugehört hat, würde der ersten Frau einen Rat geben, wie man so etwas in Zukunft vermeiden könnte. Welchen Rat würde die ihr geben?"

Die Ergebnisse dieses projektiven Sprechblasentests zeigten sehr deutlich, dass auf den ersten Teil der Frage meist eigene als peinlich empfundene Erlebnisse wie zum Beispiel das Durchbluten eines Kleidungsstücks geschildert wurden, die aber nur deshalb preisgegeben wurden, weil man sie offiziell einer anderen Person (nämlich der abgebildeten Frau) unterstellen konnte. Die Antworten auf den zweiten Teil der Frage verdeutlichten dann die damals versäumten und danach meist ergriffenen Gegenmaßnahmen zur Verhinderung künftiger Peinlichkeiten. Die projektiven Fragestellungen im Rahmen dieser Untersuchung ermöglichten also nicht nur die Überwindung von Hemmschwellen der Befragungspersonen, sondern förderten auch Erkenntnisse zutage, die andernfalls – selbst bei einer generellen Auskunftsbereitschaft der Frauen – vermutlich im Dunkeln geblieben wären.

Sprechblasentests können aber nicht nur bei heiklen Themen eingesetzt werden, sondern auch bei ganz „normalen" wie zum Beispiel bei der Ermittlung von Einstellungen zu aktuellen Themen.

Formulierungsbeispiel (32) Sprechblasentest
„Hier diskutieren zwei Männer über das Thema Datenschutz. Was glauben Sie, antwortet der linke Mann dem anderen?"

Auch hier ist die Wahrscheinlichkeit groß, dass der Proband seine eigene Meinung (sei sie nun konform oder kontrovers zur Ansicht des aussagenden Mannes) in die des antwortenden Mannes verlagert bzw. hineinprojiziert – schon allein deshalb, weil ihm die eigene Argumentation zum Thema geläufiger ist.

Eine Variante des Sprechblasentests ist der **Denkblasentest,** bei dem der Proband nicht die Antwort der zweiten Person formulieren soll, sondern deren nicht ausgesprochene Gedanken. Beim Beispiel der beiden diskutierenden Männer sieht dann die Bildvorlage folgendermaßen aus (■ Abb. 4.7).

Formulierungsbeispiel (33) Denkblasentest
„Hier erläutert der rechte Mann dem linken seine Meinung zum Thema Datenschutz. Was glauben Sie, denkt sich der linke Mann dabei?"

Ich finde, der technische Fortschritt macht den Datenschutz heutzutage überflüssig, denn die Weitergabe personenbezogener Daten kann man ja sowieso nicht mehr verhindern!

Abb. 4.7 Projektiver Denkblasentest. (© Claudia Styrsky)

Der Unterschied zwischen dem Sprechblasentest und dem Denkblasentest liegt in der Anwendung. Der Sprechblasentest eignet sich eher für einen Einsatz bei Themen, über die man auch in der Realsituation sprechen würde. Den Denkblasentest würde man dagegen eher bei solchen Themen einsetzen, über die man mit anderen nicht diskutiert oder bei denen das, was man offiziell sagt, nicht mit dem übereinstimmt, was man dabei insgeheim denkt.

Das Prinzip der vermeintlichen Gedanken einer Person funktioniert beim Denkblasentest natürlich auch, wenn nur eine Person (zum Beispiel in einer bestimmten Situation) abgebildet ist. Dabei ist es ganz gleich, ob dies eine fiktive Person ist, eine bekannte Person des öffentlichen Lebens, eine Werbefigur oder ein Tier. (Unterstellte Gedanken eines Hundes über eine Hundefuttermarke geben natürlich Hinweise auf die Beurteilung der Marke durch den Probanden.)

Eine weitere projektive Ergänzungstechnik ist der etwas komplexere **Handlungsergänzungstest.** Hierbei wird eine Handlung vorgegeben – entweder verbal in Form einer erzählten Geschichte oder ergänzt durch Bilder (Scribbles, Cartoons, Moodboards oder Fotos) oder in Form einer kurzen Filmsequenz (zum Beispiel aus einer Fernsehwerbung) – die an einer bestimmten Stelle unterbrochen wird. Der Proband wird aufgefordert, das Handlungsende fortzuführen bzw. zu schildern, wie die Handlung weitergehen könnte.

Formulierungsbeispiel (34) Handlungsergänzungstest

„Bitte stellen Sie sich jetzt folgende Szene vor: Das Elektroauto Tesla Model S rollt mit vorgeschriebener Geschwindigkeit fast lautlos die Straße entlang. Kurz vor ihm fährt ein Fahrradfahrer vorschriftsmäßig auf dem Fahrradweg. Beide kommen fast zeitgleich an eine Straßenkreuzung mit grüner Ampel. Der Tesla-Fahrer will nach rechts abbiegen, der Fahrradfahrer will geradeaus weiterfahren. Wie geht die Geschichte weiter? Bitte schildern Sie mir das genau!"

Bei diesem Beispiel wird der Proband die Geschichte weitererzählen – entweder mit oder ohne Unfall. In beiden Fällen wird die ausführliche Schilderung Auskunft darüber geben, welche Einstellungen oder ggf. Vorurteile der Proband gegenüber dem Fahrradfahrer, gegenüber dem Autofahrer oder gegenüber dem Automobil hat. Für Tesla als Auftraggeber einer entsprechenden Studie wären dies sicher interessante Hinweise.

Bei einem Handlungsergänzungstest kann die vorgegebene Handlungssequenz auch als Ausschnitt aus einer umfassenderen Handlung bezeichnet werden. Der Proband wird dann aufgefordert, die gesamte Geschichte um die Handlungssequenz herum zu erzählen. Er soll sich also auch das ausdenken, was vorher bis zur gezeigten Handlung geschehen ist und was danach passieren wird.

Formulierungsbeispiel (35) Handlungsergänzungstest

„Sie haben jetzt einen kurzen Ausschnitt aus einem Fernsehspot gesehen, in dem eine Frau ihrem Mann dieses neue Produkt zeigt. Versuchen Sie jetzt mal, sich die gesamte Geschichte von vorn bis hinten auszudenken. Überlegen Sie, wie es dazu gekommen sein könnte. Was ist vorher geschehen? Und wie geht die Geschichte weiter? Was wird nach der gezeigten Szene passieren?"

Sollte es dem Probanden schwerfallen, die Handlungssequenz gedanklich weiter auszumalen, muss der Interviewer versuchen, ihn zu animieren. Er sollte an die Fantasie des Probanden appellieren und ihm mit eigenen Worten klarmachen, dass es dabei kein Richtig und kein Falsch gibt, sondern jede Handlungsvariante theoretisch möglich ist.

4.3.4 Projektive Konstruktionstechniken

Projektive Konstruktionstechniken sind etwas komplexer und für den Probanden schwieriger. Bei ihnen wird ein Stimulus vorgelegt, um den herum selbständig eine umfangreichere Antwort oder Aussage neu konstruiert werden muss. Der Stimulus kann dabei verbal oder visuell sein. Konstruktionstechniken verlangen dabei vom Probanden ein gewisses Maß an Motivation, Kreativität und Fantasie.

Eine in der qualitativen Marktforschung häufig eingesetzte Konstruktionstechnik, zum Beispiel bei der Beurteilung von Produkten oder Produktneuentwicklungen, ist der **typische Verwender.** Hier muss der (vermeintliche) Verwender eines Produktes möglichst genau geschildert werden.

Formulierungsbeispiel (36) Typischer Verwender
„Stellen Sie sich jetzt einmal den typischen Verwender der Marke Nivea vor. Was für eine Person ist das? Versuchen Sie, mir diese Person ausführlich zu beschreiben: Wer das ist, was sie macht, auf was sie wert legt usw."

Dies ist eine sogenannte Drittpersonentechnik, was allerdings auf die Mehrzahl aller projektiven Verfahren zutrifft. Im Vergleich zur einfachen projektiven Frage werden beim typischen Verwender mehr und detailliertere Vorstellungen abverlangt. Manchmal werden zum typischen Verwender weitere Einzelfragen gestellt, die vom Probanden alle beantwortet werden sollten.

Formulierungsbeispiel (37) Typischer Verwender
„Ich habe Ihnen jetzt eine neue Produktidee vorgestellt. Was glauben Sie, wer würde dieses Produkt wohl verwenden, wenn es auf dem Markt eingeführt wird? Wie werden die typischen Verwender aussehen? Was für Leute werden dies sein?"

Nachdem diese offenen Fragen beantwortet wurden, können dann weitere konkretere Fragen gestellt werden:

(„Wie alt sind die Personen? Welchem Geschlecht gehören sie an?")

(„Warum werden die das Produkt kaufen? Worauf legen sie besonderen Wert?")

(„Was haben diese Leute bisher gekauft? Warum werden sie wechseln?")

(„Werden diese Leute mit dem Produkt zufrieden sein, was vermuten Sie?")

Solche Vorstellungen zum typischen Verwender sind in vielerlei Hinsicht interessant. Sie sagen etwas zu den vermuteten Produktmerkmalen aus. Sie erlauben Hinweise darauf, ob das Produkt zum Hersteller, zur Marke oder zum übrigen Sortiment passt. Sie sagen etwas zu den Produkterwartungen und Verwendungsmotiven aus. Sie geben eine Zielgruppenbeschreibung für das Produkt ab. Sie geben Hinweise zu einer möglichen Identifikation des Probanden mit der Zielgruppe. Die Konstruktionstechnik kann durch entsprechende Nachfragen zum typischen Verwender an weitere konkrete Fragestellungen des Produktmanagements angepasst werden. So können zum Beispiel auch Preiserwartungen oder Verpackungswünsche des „typischen Verwenders" eruiert werden.

Die entsprechende projektive Konstruktionstechnik kann natürlich auch für das Antonym – den untypischen Verwender, oder besser: den Nicht-Verwender – angewendet werden. Vorstellungen des Probanden über die Personen, die das Produkt auf keinen Fall verwenden würden, können wertvolle Hinweise auf verbesserungswürdige Produktmerkmale oder mangelnde Erfolgschancen des Produktes geben.

Eine Variante des typischen Verwenders ist die Charakterisierung einer Person, die den Untersuchungsgegenstand gut findet. Das muss jetzt kein Produkt sein, das kann alles Mögliche sein, zum Beispiel der typische Nutzer eines Mediums, der Käufer einer Dienstleistung oder der Sympathisant einer Partei.

Formulierungsbeispiel (38) Typischer Verwender

„Stellen Sie sich eine Person vor, die von sich sagt: ‚Eigentlich ist mir McDonalds sehr sympathisch!' Was ist das für eine Person? Warum sagt die das? Auf was legt die wohl besonderen Wert? Welche konkreten Erfahrungen könnte diese Person mit McDonalds gemacht haben?"

Umgekehrt kann man sich eine entsprechende Formulierung wieder für das Gegenteil ausdenken – für eine Person, die von sich sagt: „Ich kann McDonalds nicht ausstehen!" Die Einsatzmöglichkeiten dieses Verfahrens sind sehr vielfältig.

Eine ähnliche Konstruktionstechnik ist die **Personifizierung** (Vermenschlichung), die gern bei Firmen-, Marken- oder Produktbeurteilungen eingesetzt wird. Dabei soll der Untersuchungsgegenstand als Persönlichkeit mit allen besonderen Merkmalen und Charaktereigenschaften beschrieben werden. Dies führt in der Regel zu interessanten und zielführenden Ergebnissen, weil man menschliche Eigenschaften viel besser und plastischer beschreiben kann als die Eigenschaften von Gegenständen oder Institutionen (◘ Abb. 4.8).

Die Personifizierung als projektives Verfahren geht auf den österreichisch-amerikanischen Psychologen Ernest Dichter (1907–1991) zurück, der auch als „Vater der Motivforschung" bezeichnet wird. Er hat nämlich als erster davon gesprochen, dass Marken und Produkte eine „Seele" haben und vom Verbraucher nicht wegen ihrer vordergründigen Eigenschaften gekauft werden, sondern wegen ihrer „Markenpersönlichkeit" bzw. wegen ihres psychologischen Mehrwerts (Dichter, 1961). Bereits in den 1950er Jahren hat er in seinen Marktuntersuchungen projektive Personifizierungen eingesetzt. Heute ist dies eines der Standardverfahren in der marktpsychologischen Praxis.

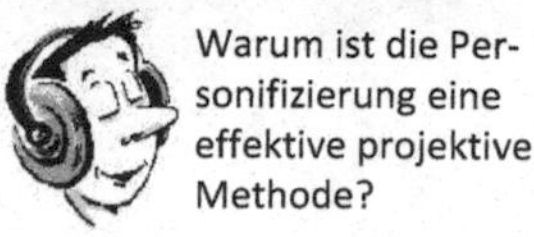

Warum ist die Personifizierung eine effektive projektive Methode?

Abb. 4.8 Imaginäre Markenpersönlichkeiten. (© Claudia Styrsky)

Formulierungsbeispiel (39) Personifizierung

„Stellen Sie sich vor, die Firma Siemens wäre kein Technologiekonzern mit Schwerpunkt Elektrotechnik, sondern ein Mensch aus Fleisch und Blut. Was für ein Mensch wäre das denn? Lassen Sie doch einmal Ihre Fantasie spielen und schildern Sie mir diesen Menschen genau!"

Diese erste generelle Frage ist noch sehr offen und allgemein. Hier sollte der Interviewer den Probanden ermuntern, die imaginäre Person möglichst ausführlich zu beschreiben. Erst danach sollten dann (ggf. getrennt ausgewertet) weitere konkretisierende Nachfragen zu Aspekten gestellt werden, die in der spontanen Schilderung fehlen:

(„Ist diese Person ein Mann oder eine Frau? Wie alt ist er/sie?")

(„Welche Charaktereigenschaften hat er/sie? Auf was legt er/sie besonderen Wert?")

(„Welchen Beruf hat er/sie? Wie erfolgreich ist er/sie? Wie ist sein/ihr Verhältnis zu Vorgesetzten und Kollegen?")

(„Wie ist sein/ihr Privatleben? In welcher familiären Situation lebt er/sie? Wie wohnt er/sie? Welche Hobbies hat er/sie?")

(usw.)

Ganz zum Schluss – nach all diesen Fragen – sollte der Interviewer mit einer letzten diesbezüglichen Frage in Erfahrung bringen, ob der Proband bei seiner Schilderung an eine konkrete Person gedacht hat. Sollte der Proband an einen Mitarbeiter der Firma (zum Beispiel an den Vorstandsvorsitzenden) gedacht haben, beziehen sich die Schilderungen natürlich auf diese Person. Bei der Ergebnisauswertung und -analyse muss dann entschieden werden, ob dieses Interview bzw. das Ergebnis der Personifizierung brauchbar ist oder nicht. Denn auf der einen Seite wird eine Aussage zu einer konkreten Person getroffen und nicht zur Firma. Auf der anderen Seite werden für den Probanden die Vorstellungen zur Firma von dieser Person dominiert.

Formulierungsbeispiel (40) Personifizierung

„Sprechen wir jetzt von der Getränkemarke Coca-Cola. Stellen Sie sich vor, Coca-Cola wäre kein Getränk, sondern eine Person! Was für eine Person wäre das? Lassen Sie doch Ihrer Vorstellungskraft freien Lauf und erzählen Sie mir, wie die Person Coca-Cola aussieht, was sie so macht und welche Eigenschaften sie hat."

Auch hier bedarf es der Geschicklichkeit des Interviewers, den Probanden zu einer plastischen Schilderung der Person zu animieren. Gegebenenfalls sollte die Schilderung bei unklaren Details durch Nachfragen intensiviert und durch Zusatzfragen zur Person erweitert werden.

Blick in die Praxis: Personifizierung von Großbanken

Bei Imageuntersuchungen für Großbanken wurde immer wieder festgestellt, dass sich Imageprofile (gemessen durch eine Skalierung vorgegebener Statements) nicht wesentlich voneinander unterscheiden, weil Banken meist ein vergleichbares Anlage- und Kreditangebot haben. Trotzdem werden sie von Kunden unterschiedlich wahrgenommen, sonst gäbe es ja keine Bevorzugung bestimmter Banken bei gleichem Leistungsangebot. Um eventuelle psychologische Unterschiede aufzudecken, wurde eine qualitative Untersuchung mit Personifizierungen der Deutschen Bank und der Commerzbank durchgeführt. Die Personifizierung der Deutschen Bank erbrachte mehrheitlich ein klares Bild: Die Deutsche Bank wurde als Herr mittleren Alters im dunkelgrauen Nadelstreifen-Anzug mit passender Krawatte personifiziert, der im Bankgeschäft in allen Bereichen sehr kompetent und extrem ehrgeizig ist, im Privatleben aber arrogant, hochnäsig und kaltherzig ist und wenig echte Freunde hat. Die Commerzbank wurde ebenfalls als Herr mittleren Alters mit Anzug und Krawatte personifiziert, der im Bankgeschäft auch kompetent ist, aber nicht generell, sondern auf seinem speziellen Fachgebiet. Im Privatleben ist er aber sehr umgänglich und gesellig, hat einen großen Freundeskreis und wirkt viel sympathischer. Die Ergebnisse dieser Untersuchung verdeutlichten die unterschiedliche emotionale Ausstrahlung der beiden Großbanken und hatte bei der Deutschen Bank auch eine Änderung der Werbekampagne zur Folge.

Bei Imageuntersuchungen konkurrierender Wettbewerber kann man bei den Personifizierungen auch soziale Komponenten integrieren. Bei personifizierten Automarken kann man zum Beispiel deren hypothetisches Verhalten in allen möglichen sozialen Situationen und Funktionen abfragen.

Formulierungsbeispiel (41) Personifizierung
„Stellen Sie sich vor, die vier Automarken Mercedes, BMW, Audi und VW wären Personen und würden im selben Großkonzern arbeiten, aber an verschiedenen Arbeitsplätzen und in verschiedenen Funktionen. In welchen Bereichen und als was wären diese 4 Personen tätig?"

Personifizierungen kann man auch in ein Handlungsgerüst einbauen und den Probanden auffordern, sich die entsprechende Handlung auszudenken und zu erzählen. In der Regel werden dabei verschiedene Unternehmen, Marken oder Produkte vorgegeben, die in personifizierter Form die Protagonisten der Handlung ausmachen.

Formulierungsbeispiel (42) Personifizierung
„Bitte stellen Sie sich jetzt folgende Szenerie vor: Die Automarken Mercedes, BMW, Audi und VW repräsentieren keine Autos, sondern sind 4 Personen, die sich auf einer Party treffen. Sind Sie jetzt mal kreativ, lassen Ihre Fantasie spielen und schildern mir, was das für eine Party ist, wie es da zugeht, wer mit wem über was spricht, was da passiert und welche Rollen die 4 Personen dabei einnehmen."

Zunächst sollte man hier den Probanden die Party schildern und ihn ausreden lassen. Danach kann man konkretisierende Fragen stellen:

(„Wer von den 4 Personen hat denn zur Party eingeladen und warum?")

(„In welchen Räumlichkeiten und in welchem Ambiente findet die Party statt?")

(„Über was wird bei dem Treffen diskutiert?")

(„Wer ist der Wortführer und wer hört meistens nur zu?")

(„Geht es da harmonisch zu oder gibt es Streit untereinander?")

(usw.)

Die Ergebnisse solcher Personifizierungen zeigen in der Regel interessante Aspekte zu den einzelnen Markenimages. Der Untersuchungsleiter kann dabei durch die Wahl des Settings bestimmte Seiten der Markenimages gezielt beleuchten.

Eine weitere Form projektiver Konstruktionstechniken, die Ähnlichkeiten mit dem Handlungsergänzungstest aufweist, ist der **Geschichten-Erzähltest.** Das Verfahren geht auf den Erzähltest des Leipziger Psychologen Ehrig Wartegg (1897–1983) aus dem Jahr 1939 zurück, bei dem angefangene verbale Geschichten vom Probanden nach seinen eigenen Vorstellungen weitererzählt werden sollen. Oft wird dabei für die Anfangsgeschichte die Form des Dialoges gewählt, wobei eine Person den Ausgangsreiz setzt und die andere Person als Identifikationsfigur dienen soll (Salcher, 1978).

Formulierungsbeispiel (43) Geschichten-Erzähltest
„Stellen Sie sich vor, Sie befinden sich in einem Supermarkt und hören unfreiwillig das Gespräch zweier Frauen. Frau A sagt: ‚Ich kaufe nun schon seit langer Zeit das Waschmittel X und ärgere mich jedes Mal darüber, dass es so teuer ist. Schon oft habe ich mir überlegt, ob ich nicht eines dieser billigeren Waschmittel nehmen soll, da es wahrscheinlich den gleichen Zweck erfüllt. Heute habe ich mich endlich entschlossen, das billigere Waschmittel der Marke Y zu kaufen und was meinen Sie, was …'

In diesem Augenblick verschwinden die beiden Frauen hinter einem Regal, sodass Sie das weitere Gespräch nicht mehr hören können. Wie, glauben Sie, wird das Gespräch weitergehen? Versuchen Sie es bitte aus Ihrer Vorstellung heraus fortzusetzen."

Die Anfangsgeschichte muss natürlich immer auf das Erkenntnisziel der Untersuchung angepasst werden. Der Geschichten-Erzähltest ist deshalb bei jedem Untersuchungsthema einsetzbar.

Der **Bilder-Erzähltest** wiederum geht auf den eingangs erwähnten Thematischen Apperzeptions-Test von Murray (1943) zurück, bei dem zu Bildern mit undeutlich dargestellten sozialen Situationen Geschichten erzählt werden sollten. Der Bilder-Erzähltest ist diesem Verfahren nachempfunden, wobei die Bildvorlagen jedes Mal neu erstellt und an den Untersuchungsgegenstand angepasst werden. In der Regel wird eine Serie mit vier Fotografien vorgelegt, auf denen eine oder mehrere Personen in unterschiedlichen Kauf-, Konsum- oder Verwendungssituationen mit dem Untersuchungsgegenstand gezeigt werden. Beim ersten Foto wird zum Beispiel das Bedürfnis oder das Problem gezeigt, das mit dem zu untersuchenden Produkt gelöst werden kann. Beim zweiten Foto wird die Kaufhandlung gezeigt, beim dritten die Konsum- oder Verwendungssituation und beim vierten eine Szene, die den Produktnutzen verdeutlicht. Der Proband soll nun nacheinander zu jedem Bild eine Geschichte mit Dialogen, Gedankengängen oder Absichten der abgebildeten Person(en) erzählen.

Formulierungsbeispiel (44) Bilder-Erzähltest
„Hier sehen Sie eine Reihe von Bildern, die mit dem Produkt XY zu tun haben. Bitte schauen Sie sich die einzelnen Bilder gut an und erzählen Sie mir nacheinander zu jedem Bild, was es mit dem Produkt XY zu tun hat. Sagen Sie mir auch, was die abgebildete(n) Person(en) dabei denken oder sagen."

Was genau auf den Fotos abgebildet ist und wie konkret die einzelnen Situationen dargestellt sind, hängt natürlich von der Fragestellung bzw. vom Untersuchungsziel ab.

Die **Familienbildung** ist ein Verfahren, bei dem verschiedene Marken oder Produkte gruppiert werden. So kann zum Beispiel erkannt werden, welche Wettbewerber ein ähnliches Image haben, ob es in der Vorstellung von Verbrauchern bei den Produkten einer Marke eine hierarchische Struktur gibt, wie homogen oder heterogen die Produktvielfalt eines Herstellers ist oder wie gut eine Sortimentsausweitung zum Markenkern passt.

Formulierungsbeispiel (45) Familienbildung

„Ich stelle Ihnen hier ganz viele unterschiedliche Haarwaschmittel auf den Tisch. Bitte schauen Sie sich die einzelnen Produkte gut an und versuchen Sie, diese unterschiedlichen Produkte zu ordnen und zu gruppieren. Überlegen Sie, welche Produkte zusammengehören und bilden Sie mehrere Produktfamilien. Lassen Sie sich Zeit und stellen Sie alle Produkte in Gruppen zusammen, die irgendwie zusammengehören."

Nachdem die Gruppenbildung abgeschlossen ist, sollte man sich die Gemeinsamkeiten der Produkte einer Gruppe und ihre Unterschiede zu den anderen Gruppen erklären lassen:

(„Nach welchen Gesichtspunkten haben Sie die Gruppen zusammengestellt?")

(„Welche Gemeinsamkeiten haben die Produkte jeder Produktfamilie?")

Bei der Gruppierung handelt es sich um eine subjektive Clusterung, die bei jedem Probanden nach anderen Kriterien erfolgen kann. Deshalb ist es für die richtige Interpretation unbedingt notwendig, dass jeder Proband erläutert, was er sich bei der Gruppenbildung gedacht hat.

Beim Verfahren der Familienbildung kann man nicht nur Gruppen zusammenstellen lassen, sondern auch vorstellungsmäßige Strukturen innerhalb einer „Familie" aufdecken.

Formulierungsbeispiel (46) Familienbildung

„Ich gebe Ihnen jetzt sieben Kärtchen mit Automarken: VW, Skoda, Seat, Fiat, Audi, Porsche und Bentley. Stellen Sie sich vor, diese Marken sind miteinander verwandt und gehören zu einer großen Familie. Wer ist denn in dieser Familie der Vater, die Mutter, die Kinder, die Großeltern und entfernte Verwandte? Bitte legen Sie die Kärtchen entsprechend auf den Tisch und erklären Sie mir die Verwandtschaftsverhältnisse."

Nach Klärung der „Verwandtschaftsverhältnisse" sollte man sich die Konstellation begründen lassen und kann weitere Fragen dazu stellen:

(„Warum ist das der Vater, die Mutter usw.?")

(„Wer ist das älteste Kind, wer das jüngste?")

(„Welche Charaktereigenschaften haben die einzelnen Familienmitglieder?")

(usw.)

Eine letzte projektive Konstruktionstechnik ist die **Wunschprobe.** Das Verfahren geht auf einen Persönlichkeitstest zurück, den der deutsche Psychologe Kurt Wilde (1909–1958) im Jahre 1950 zur Untersuchung von Charaktereigenschaften entwickelt hat (Wilde, 1950). In der marktpsychologischen Adaption schlüpft der Proband vorstellungsmäßig in den Untersuchungsgegenstand (Unternehmen, Marke oder Produkt) hinein, muss also ein entsprechendes Einfühlungsvermögen entwickeln. Das Verfahren wird in der Marktpsychologie eingesetzt, um zum Beispiel herauszufinden, welche Aspekte einer Marke oder eines Produktes für den Verbraucher bedeutsam sind und welche ggf. verbesserungswürdig sind.

Formulierungsbeispiel (47) Wunschprobe

„Wir sprechen ja gerade über Smartphones. Angenommen, Sie könnten in die Rolle einer bestimmten Handymarke schlüpfen: Welche Marke und vielleicht auch welches konkrete Modell möchten Sie gerne sein?"

Nach Nennung des Markennamens und ggf. der Modellbezeichnung wird weiter gefragt:

(*„Wie würden Sie sich dabei fühlen? Was würden Sie erleben?"*)

(*„Warum möchten Sie gerade in dieses Modell schlüpfen?"*)

(*„Welche Vorteile hätten Sie dabei? Worauf wären Sie besonders stolz?"*)

(*„Welches Modell möchten Sie auf keinen Fall sein? Warum nicht?"*)

Dieses „Eintauchen" und „In-die-Rolle-Schlüpfen" kann theoretisch noch weitergeführt werden, indem man den Probanden bittet, sich in die Rolle des für den Untersuchungsgegenstand zuständigen Produktmanagers, Marketingleiters, Werbetexters, Designers o. a. hineinzuversetzen.

4.3.5 Projektive Ausdruckstechniken

Die projektiven Ausdruckstechniken sind die anspruchsvollste Gruppe der projektiven Methoden. Bei ihnen wird zu einem vorgegebenen Thema ein komplexes Geschehen selbständig frei erarbeitet. Von den Probanden wird hier eine starke Vorstellungskraft, Kreativität und Motivation verlangt. Der Untersuchungsleiter sollte sich vorab überlegen, inwieweit die Probanden dazu bereit und in der Lage sind. Im Prinzip geht es hier darum, originelle Aufgaben zu erfinden, aufgrund derer die Probanden gezwungen werden, indirekt und in ungewöhnlicher Form etwas zum Untersuchungsobjekt zu sagen.

Bei der **Fantasiereise** soll sich der Proband vorstellen, dass er sich an einem ganz anderen, für ihn völlig ungewohnten Ort befindet, an dem auch völlig andere Bedingungen und Situationen vorherrschen (◘ Abb. 4.9). Durch diesen veränderten Blickwinkel soll er den Untersuchungsgegenstand in einem ganz anderen Licht sehen. Bei einer Untersuchung zum Thema „Energieversorgung" könnte die Instruktion zum Beispiel folgendermaßen lauten:

Formulierungsbeispiel (48) Fantasiereise

„Stellen Sie sich vor, Sie würden mit einem Raumschiff auf einem Planeten außerhalb unseres Sonnensystems landen und sich dort umschauen. Dort wohnen auch Lebewesen, mit denen Sie sich aber verständigen könnten. Sie merken bald, dass es auf diesem Planeten eine extreme Energieknappheit gibt. Das Staatsoberhaupt dieses Planeten empfängt Sie freundlich und bittet Sie um einen Rat, wie er die Energieprobleme auf seinem Planeten lösen kann. Was würden Sie ihm raten?"

Die Antwort des Probanden zeigt dann vermutlich, welche Energieformen er für besonders erfolgversprechend und zukunftsträchtig hält. Die Instruktion könnte aber auch genau entgegengesetzt sein:

Formulierungsbeispiel (49) Fantasiereise

„Stellen Sie sich vor, Sie würden mit einem Raumschiff auf einem Planeten außerhalb unseres Sonnensystems landen und sich dort umschauen. Dort wohnen auch Lebewesen, mit denen Sie sich aber verständigen könnten. Sie merken bald, dass es auf diesem Planeten Energie im Überfluss gibt, obwohl dort unsere bekannten Energieformen wie Atomkraft, Kohle, Gas, Wind- und Wasserkraft nicht existieren. Sie fragen dort die Bewohner des Planeten, woher sie ihre Energie nehmen. Was antworten die Ihnen?"

◘ **Abb. 4.9** Fantasiereise auf einen fernen Planeten. (© Claudia Styrsky)

In diesem Fall würde der Proband vermutlich versuchen, sich eine völlig ungewöhnliche Energieform einfallen zu lassen. So kann durch die Formulierung der Instruktion die Zielrichtung der Antworten gesteuert werden.

Fantasiereisen können natürlich auch an andere Orte führen: in ein Land, in dem es den Untersuchungsgegenstand nicht gibt, auf eine einsame Insel, in eine chinesische Großstadt, auf den Himalaya, unter Wasser, in eine mikroskopisch kleine Welt etc. Der Fantasie des Untersuchungsleiters sind hier keine Grenzen gesetzt, solange dies zu zielführenden Aussagen über den Untersuchungsgegenstand führt.

Eine ähnliche Ausdruckstechnik ist die **Zeitreise.** Hier führt die Reise nicht an einen anderen Ort, sondern in eine andere Zeit – entweder in die Vergangenheit oder in die Zukunft. Bei einer Untersuchung zum Thema Zahncreme könnte die Instruktion zum Beispiel folgendermaßen lauten:

Formulierungsbeispiel (50) Zeitreise

„Stellen Sie sich vor, eine Zeitmaschine würde Sie ins Jahr 2050 katapultieren und Sie würden Ihre Mitmenschen bei der Zahnpflege beobachten und merken, dass sie weder Zahncreme noch Zahnbürste benutzen. Wie werden Ihre Mitmenschen im Jahr 2050 Zahnpflege und Mundhygiene betreiben?"

Eine Zeitreise in die Zukunft kann aber auch weniger spektakulär z. B. nur 5 Jahre überspringen. Im Rahmen einer Firmenimageuntersuchung wäre zum Beispiel auch folgende Instruktion denkbar:

Formulierungsbeispiel (51) Zeitreise

„Wir sprechen die ganze Zeit über das Unternehmen XY. Stellen Sie sich doch einmal vor, Sie könnten einen Zeitsprung 5 Jahre in die Zukunft machen. Sie sitzen morgens am Frühstückstisch und schlagen die Tageszeitung auf. Auf der zweiten Seite steht ein großer Artikel über das Unternehmen XY. Was steht in diesem Artikel drin? Was könnte heute in 5 Jahren über das Unternehmen berichtet werden?"

Eine Variante des Geschichten-Erzähltests ist der **Image-Thriller.** Hier wird der Proband gebeten, eine möglichst aufregende Geschichte aus dem Leben des Untersuchungsgegenstandes (meist ein Hersteller, eine Marke oder ein Produkt) zu erzählen. Da aber keinerlei Handlungsgerüst vorgegeben wird, ist dies keine Konstruktionstechnik mehr, sondern eine Ausdruckstechnik.

Formulierungsbeispiel (52) Image-Thriller

„Wir sprechen ja die ganze Zeit über die Marke Bahlsen. Sie können sich sicher vorstellen, dass diese Marke in ihrer eigenen Geschichte einige Aufs und Abs erlebt hat. Denken Sie sich jetzt in Ihrer Fantasie doch einmal eine ganz spannende, aufregende und dramatische Geschichte aus, die die Marke Bahlsen erlebt hat. Lassen Sie sich ruhig Zeit und erzählen Sie mir die Geschichte, wenn Sie so weit sind."

Die Geschichte sollte dann anschließend vertiefend exploriert werden. Vor allem die Hintergründe dramatischer Situationen und Entwicklungen der Marke sind von Interesse, weil durch sie die Einschätzungen und Erwartungen des Probanden an die Marke offenbart werden können.

Eine weitere, allerdings aufwendigere Ausdruckstechnik ist das **Psychodrama,** bei dem meist mehrere Personen miteinander agieren. Das Verfahren wurde ursprünglich von dem Wiener Arzt Jakob Levy Moreno (1889–1974) im Jahre 1925 als Gruppenpsychotherapie entwickelt, bei der die Gruppenteilnehmer persönliche oder berufliche Lebenssituationen szenisch darstellen und damit ihr inneres Erleben zum Ausdruck bringen, anstatt darüber zu sprechen (Moreno, 1959).

Von diesem Verfahren gibt es inzwischen viele Varianten und Einsatzgebiete. Eine der Techniken im Rahmen des Psychodramas ist das **Rollenspiel** – eine Spielform, bei der die Spielenden die Rollen realer Menschen (oder auch fiktiver Figuren, Tiere oder Gegenstände) übernehmen. In der qualitativen Forschung wird dies eingesetzt, um Szenen und Handlungssequenzen aus Kauf- oder Konsumsituationen darzustellen. So können zum Beispiel zur Ermittlung der Servicefreundlichkeit bei Handelsketten typische Kauf- oder Reklamationssituationen nachgespielt werden. Ein Proband übernimmt dabei die Rolle des unzufriedenen Käufers, der ein Produkt reklamiert. Andere Probanden spielen andere Rollen, die in dieser Situation eine Funktion haben: Verkäufer, Kassiererin, Filialleiter usw. Die Teilnehmer müssen sich dann in die Situation hineinversetzen und nach kurzer Vorbereitungszeit die entsprechende Szene spielen bzw. improvisieren.

Ziel des Rollenspiels ist die Projektion. Die Teilnehmer projizieren in der Regel ihre eigenen Vorstellungen und Ansichten durch das Spiel in die Rolle hinein; dadurch können wichtige einstellungsprägende Erlebnisse oder Erfahrungen, die mit der Kauf- oder Konsumsituation zusammenhängen, thematisiert werden.

Rollenspiele gibt es aber nicht nur in der Gruppensituation. In der Psychotherapie wie auch in der Beratungsarbeit haben sich bereits psychodramatische Rollenspiele in Einzelarbeit etabliert. Die fehlenden Mitspieler werden hierbei durch Gegenstände (Stühle, Kissen etc.) ersetzt. Auch in der qualitativen Forschung können Szenen aus Kauf- und Konsumsituationen im Rahmen von Einzelinterviews nachgespielt werden.

Eine andere Technik im Rahmen des Psychodramas ist der **Monolog.** Der Protagonist spricht dabei – wie beim „lauten Denken" – seine Gedanken laut aus. Diese Technik lässt verborgene Gefühle, Absichten oder auch Widersprüche des

Monologisierenden klarwerden. Auch in der qualitativen Forschung ist dies denkbar, indem der Proband seine Gefühle und Gedanken bci einer Kauf-, Konsum- oder Verwendungssituation ausspricht.

4.4 Nonverbale Verfahren

Hier erfahren Sie, wie indirekte Befragungstechniken auch ohne Worte – nonverbal – zu Ergebnissen führen. Hierbei werden die Probanden aufgefordert, kreativ zu werden und ein mit dem Untersuchungsgegenstand verbundenes Thema visuell oder handwerklich zu erschaffen. Das „Werk" wird dann interpretiert und sagt indirekt etwas über den Untersuchungsgegenstand aus.

Die nonverbalen Verfahren gehören an und für sich auch zu den projektiven Ausdruckstechniken, werden hier aber bewusst getrennt behandelt, weil sie sich grundlegend von den bisherigen verbalen Verfahren unterscheiden. Bei den nonverbalen Verfahren müssen die Probanden mit einem vorgegebenen Material zu einem bestimmten Thema wortlos – meist handwerklich – etwas frei erschaffen. Bei der Interpretation der Ergebnisse dieser Verfahren hat der Untersuchungsleiter meist einen großen subjektiven Entscheidungsspielraum. Deshalb ist es unbedingt notwendig, sich von den Probanden ausführliche Erklärungen für deren Ergebnisse geben zu lassen. Bei den nonverbalen Verfahren unterscheidet man Zeichen- und Mal-Tests von Handlungstests.

4.4.1 Nonverbale Bildertests

Das bekannteste nonverbale Verfahren ist die **Collage,** manchmal auch Imagery-Technik genannt (Winder, 2006). Dabei wird aus bereitgestelltem visuellen Material (Bild- und Textmaterial aus Illustrierten, Fotos, Print-Anzeigen o. a.) und Arbeitsmaterial (Papier, Schere, Klebstoff) ein Gesamtbild zusammengestellt, das je nach vorgegebenem Thema Markenimages, Vorstellungen über Unternehmen, Erlebniswelten, Konsumsituationen, Produkterfahrungen oder anderes zum Ausdruck bringen soll (◘ Abb. 4.10). Durch die Vorgabe des Testmaterials wird der Proband in seiner Aufmerksamkeit von den eigenen inneren Vorstellungen und Bewertungen abgelenkt. Er hat den Eindruck, dass er etwas über das Material, nicht aber über sich und seine Ansichten aussagt.

Abb. 4.10 Collage. (© Claudia Styrsky)

Formulierungsbeispiel (53) Collage

„Hier haben Sie eine Zeitschrift, ein großes Blatt Papier, Schere und Klebestift. Bitte blättern Sie mal diese Zeitschrift durch und schneiden Sie aus diesen Vorlagen alle Bilder und Textelemente aus, die irgendwie zum Unternehmen XY passen. Erstellen Sie dann eine Collage, indem Sie die ausgeschnittenen Bilder oder Texte auf dieses Blatt kleben."

Theoretisch möglich ist natürlich auch das Gegenteil: eine Collage, die darstellen soll, was gerade *nicht* zum Unternehmen XY passt. Dieses nonverbale Verfahren kann sowohl im Rahmen von Gruppendiskussionen als auch bei Einzelinterviews eingesetzt werden. Mit ihm kann man sowohl den Status quo des Untersuchungsgegenstandes visualisieren, als auch vergangene Erfahrungen oder zukünftige Erwartungen zum Ausdruck bringen.

Formulierungsbeispiel (54) Collage

„Ich habe hier das Konzept eines neuen Produktes der Marke XY. Bitte lesen Sie sich die Produktidee in Ruhe durch. Stellen Sie sich das fertige Produkt vor Ihrem inneren Auge vor und erarbeiten Sie eine Collage, die irgendwie zu diesem Produkt passt. Sie können auf diesen Stapel Bilder zurückgreifen und mit Schere und Klebstoff Passendes ganz nach Belieben auf diesen weißen Karton aufkleben."

Da Bilder einen hohen Anteil an Emotionalität aufweisen, sind sie besser als verbale Äußerungen geeignet, innere Vorstellungen wiederzugeben. Der Sinngehalt und die Bedeutung der Collage erschließt sich dem Untersuchungsleiter nicht unmittelbar, weil sie eine subjektive und individuelle Interpretation des oder der Probanden ist. Deshalb ist es ganz wichtig, sich anhand der fertigen Collage die Bedeutung der einzelnen Elemente erläutern zu lassen. Das sollte dann mit Nachfragen erfolgen wie zum Beispiel:

Bilder erklären lassen!

(„Weshalb haben Sie denn diese Bilder und Texte ausgewählt? Bitte erläutern Sie mir im Einzelnen, warum diese zum Unternehmen passen!")

(„Bitte sagen Sie mir jetzt, was Ihnen zu dieser Collage alles einfällt. Welche Aussagen und Botschaften stecken dahinter?")

(„Sie haben diese Collage zusammen als Gruppe erstellt. Bitte wählen Sie aus Ihrer Gruppe jetzt eine(n) Sprecher(in) und erläutern Sie mir, wie es zu dieser Collage gekommen ist, welche Vorstellungen und Argumente Sie für die Auswahl der einzelnen Teile hatten und was letztendlich die Gesamtaussage dieser Collage ist.")

Das folgende Beispiel soll die Bedeutung der Interpretation einer Collage durch die Probanden verdeutlichen. Im Rahmen einer qualitativen Studie zu Maggi Dosenravioli wurde eine Collage erstellt (◘ Abb. 4.11), mit der die Welt symbolisiert werden sollte, in der es keine Maggi Dosenravioli gibt.

Die Bilder alleine ergaben keinen rechten Sinn und ließen viele Interpretationsmöglichkeiten offen. Die anschließenden Erklärungen der Probanden, welche diese Collage angefertigt hatten, erläuterten dann die „Welt ohne Dosenravioli":

◘ **Abb. 4.11** Collage zum Thema Maggi Dosenravioli

Reiche Leute essen keine Dosenravioli (1), im Urlaub und in der Wüste gibt es keine Dosenravioli (2), Sportler und Models essen keine Ravioli wegen zu vieler Kalorien (3), „Ökos" essen kein Dosenfutter (4) und ältere Menschen kochen richtig (5).

Die Ergebnisse einer Collage hängen nicht nur von denjenigen ab, die sie erstellen, sondern auch vom vorgegebenen Ausgangsmaterial. Hier gibt es prinzipiell zwei Möglichkeiten. Entweder man wählt sehr spezifische Bilder und Texte aus. Beim Thema Möbel könnte ein Heft wie ‚Schöner Wohnen' als Bildmaterial vielleicht sinnvoll sein. Oder man gibt ein möglichst heterogenes Ausgangsmaterial vor. Das empfiehlt sich bei den meisten Untersuchungsthemen.

Ein weiteres nonverbales Verfahren ist das **Gemeinschaftsgemälde,** das allerdings nur in Gruppenarbeit angefertigt werden kann. Dazu werden den Teilnehmern ein großes Blatt Papier (oder Karton) sowie Buntstifte (oder Malkreide) zu Verfügung gestellt mit der Aufforderung, in gemeinsamer Arbeit ein visuelles Vorstellungsbild zum Untersuchungsgegenstand zu schaffen.

Formulierungsbeispiel (55) Gemeinschaftsgemälde

„Ich habe Ihnen jetzt das Konzept für eine neue Limonade vorgelesen. Bitte malen Sie jetzt alle zusammen gemeinschaftlich ein Bild, das zeigt, wie die Limonade aussehen könnte und wer sie zu welcher Gelegenheit trinken würde. Denken Sie sich auch einen passenden Hintergrund aus oder sonstige Details, die zu diesem Thema passen. Diskutieren Sie zuerst gemeinsam, was Sie malen wollen bzw. durch das Bild zum Ausdruck bringen wollen. Und dann machen Sie alle mit – jeder gestaltet einen Teil des Gemäldes!"

Der eine oder andere Teilnehmer wird hier Hemmungen haben, meist mit dem Hinweis ‚Ich kann nicht malen!'. Der Untersuchungsleiter sollte solche Bedenken zerstreuen.

(„Mir kommt es nicht darauf an, dass Sie ein schönes Bild malen – denn das können nur die wenigsten. Mir kommt es nur darauf an, dass Sie als Gruppe gemeinsam Ihre Gedanken zu Papier bringen, egal wie das aussieht.")

Bei diesem Verfahren zählt nicht nur das Ergebnis, sondern auch der Weg dorthin. Nicht nur das fertige Gemeinschaftsgemälde, sondern auch die gemeinsame Diskussion der Teilnehmer im Vorfeld sollte hier Gegenstand von Auswertung und Analyse sein.

Eine Variante des Verfahrens, besser geeignet für Einzelsituationen, ist das **Psychodrawing,** bei dem Bilder oder Zeichnungen zu bestimmten Themen angefertigt werden. Das Verfahren basiert auf Zeichentests, die in der Psychodiagnostik eingesetzt werden und gezeigt haben, dass emotionale und intuitive Gesichtspunkte durch Malen und Zeichnen oft besser vermittelt werden können als durch wortreiche Umschreibungen (McDaniel & Gates, 1995). Außerdem unterliegt die visuelle Darstellung nur selten rationalen Kontrollprozessen, sodass auch unbewusste oder verdrängte Inhalte in das Bild einfließen können.

Bei der Anwendung dieses Verfahrens in der qualitativen Forschung wird der Proband gebeten, seine Gedanken und Gefühle in Bezug auf den Untersuchungsgegenstand (Unternehmen, Marke, Produkt oder aber bestimmte Verwendungssituationen oder Zielgruppen) zeichnerisch darzustellen.

Formulierungsbeispiel (56) Psychodrawing

„Stellen Sie sich doch mal eine typische Situation vor, in der Joghurt besonders gut schmeckt. Versuchen Sie das doch auf diesem Blatt Papier aufzumalen: Wer den Joghurt isst, in welcher Situation, in welchem Umfeld bzw. in welchem Ambiente. Das Bild muss nicht schön werden, mir kommt es nur darauf an, dass Sie es versuchen. Sie können mir anschließend gern erklären, was Sie zum Ausdruck bringen wollten."

Nach Fertigstellung der Zeichnung wird der Proband aufgefordert, frei über das gemalte Bild zu reden. Dabei sollte der Interviewer sich ggf. bei unklaren Darstellungen Details erläutern lassen. Die Qualität der Zeichnung ist kein Kriterium, nur das, was der Proband zum Ausdruck bringen wollte, ist wichtig.

Ein nonverbales Verfahren, bei dem keine visuellen Gestaltungsfähigkeiten des Probanden vorausgesetzt werden müssen, ist **freies Klecksen.** Hier bekommt der Proband einen Wasserfarbmalkasten, Wasser, Pinsel und Papier zur Verfügung gestellt und die Aufgabe, ganz frei nach seinen Vorstellungen eine Farbkomposition zu erschaffen, durch die Gefühle im Zusammenhang mit einem Produkt oder einer Konsumsituation zum Ausdruck gebracht werden.

Formulierungsbeispiel (57) Freies Klecksen

„Denken Sie jetzt einmal ganz intensiv an das Produkt XY und versuchen Sie Ihre Gefühle durch diese Wasserfarben zum Ausdruck zu bringen, die Sie haben, wenn Sie an dieses Produkt denken. Sie sollen jetzt kein Bild malen, es muss auch nicht schön werden. Versuchen Sie nur, die atmosphärische Stimmung und Ihr emotionales Empfingen beim Gedanken an das Produkt XY durch eine reine Farbkomposition auszudrücken."

Danach soll der Proband sein Werk interpretieren, der Interviewer sollte ihm dabei durch Fragen Hilfestellung geben:

(„Warum haben Sie gerade diese Farben gewählt? Was für eine Stimmung wollten Sie mit den Farben zum Ausdruck bringen? Warum?")

(„An welche Produktmerkmale haben Sie bei den einzelnen Farben gedacht?")

(„Wie würden Sie Ihre Farbkomposition mit einem Wort oder Satz bezeichnen?")

Bei dieser Art der freien Gestaltung kann der Proband unabhängig von der Angst, kontrollierbare oder bewertbare Formen produzieren zu müssen, seine emotionale Beziehung zum Produkt äußern, ohne sie in Worte kleiden zu müssen. Anschließend muss er dann seine Gefühle verbalisieren, was ihm allerdings durch die Erklärung seiner Farbkomposition leichter fällt.

Bei den zuletzt genannten nonverbalen Verfahren wird eine gewisse visuelle Gestaltungsfähigkeit des Probanden vorausgesetzt. Bei völlig unbegabten Probanden ist es nicht immer einfach, sie zu ermutigen, Gedanken, Vorstellungen und Gefühle visuell auszudrücken. Die folgenden nonverbalen Verfahren vermeiden solche Probleme und geben dem Probanden Ausgangsmaterial als Hilfestellung an die Hand.

4.4.2 Nonverbale Handlungstests

Der **Sceno-Test** wurde 1938 von der deutschen Psychologin Gerdhild von Staabs (1900–1970) als projektives psychodiagnostisches Test- und Therapieverfahren für die Kinder- und Jugendpsychologie entwickelt (von Staabs, 2004). Er besteht aus biegsamen kleinen Puppenfiguren und weiteren Gegenständen (Tiere, Bäume, Symbolfiguren und Dinge, die im täglichen Leben von Bedeutung sein können), die nach tiefenpsychologischen und dynamischen Gesichtspunkten zusammengestellt sind. Mit diesen Figuren können Kinder Szenen gestalten, in die Wünsche und Ängste, Alltagsschwierigkeiten, Beziehungsprobleme und Bewältigungsstrategien hineinprojiziert werden können. Das Standardmaterial (zu dem Zusatzfiguren hinzugekauft werden können) ist sehr teuer und kann nur in Form eines kompletten Testkastens von der Testzentrale eines Psychologieverlages bezogen werden.

Das Prinzip dieses Verfahrens kann auch auf marktpsychologische Zwecke übertragen werden, indem mit einer ganzen Reihe von Figuren Konsumsituationen oder auch Markenimages dargestellt werden können.

Formulierungsbeispiel (58) Sceno-Test

„Hier haben Sie einige Figuren zur Auswahl, mit denen Sie Szenen und Handlungen nachstellen können. Wählen Sie jetzt eine Figur aus, welche die Marke XY symbolisiert, und stellen Sie mit den anderen Figuren und Gegenständen eine typische Situation dar, in der die Marke XY eine Hauptrolle spielt."

Nach Fertigstellung der Szenerie sollten vertiefende Fragen gestellt werden:

(„Erzählen Sie mir, was das für eine Situation ist und was da alles passiert.")

(„Wie fühlt sich die Marke XY dabei?")
(usw.)

Ein ähnliches nonverbales Verfahren ist der **Lego-Test.** Es gibt ja eine Menge von Legosteinen auch figürlicher Art, mit denen Szenen dargestellt werden können. Das haben sich Lego-Mitarbeiter zunutze gemacht und im Jahre 2002 mit Lego® Serious Play® (LSP) ein Lego-Set für Workshops entwickelt, das inzwischen eine offizielle Produktlinie von Lego ist. LSP-Workshops sollen neue Ideen fördern, die Kommunikation verbessern und Problemlösungen beschleunigen. Sie werden von zertifizierten LSP-Moderatoren geleitet und können in Unternehmen, Teams oder auch mit Einzelpersonen durchgeführt werden (Ematinger & Schulze, 2020).

Das Prinzip kann natürlich auch für Marktforschungszwecke genutzt werden, indem alle möglichen Forschungsthemen nonverbal behandelt werden.

Formulierungsbeispiel (59) Lego-Test

„Denken Sie doch mal über ein neues Servicekonzept für XY nach und versuchen Sie, das mithilfe dieses Spielmaterials zu entwickeln und darzustellen. Nehmen Sie sich Zeit, lassen Sie Ihrer Fantasie freien Lauf und versuchen Sie, Ihre Vorstellungen und Ideen durch dieses Material zum Ausdruck zu bringen."

Zur Erläuterung kann man entweder anregen, in der Einzelsituation den Probanden oder in der Gruppensituation die Teilnehmer während ihres kreativen Schaffens laut denken zu lassen, oder anschließend konkretisierende Fragen stellen:

(„Erzählen Sie mir, welche Gedanken und Ideen Sie beim Bauen mit diesen Steinen und Figuren hatten?")
(„Wie könnte man Ihr Ergebnis interpretieren?")
(usw.)

Ein weiteres nonverbales Verfahren, das allerdings gewisse handwerklich-kreative Fähigkeiten voraussetzt, ist **freies Modellieren.** Hier bekommt der Proband die Aufgabe, mithilfe einer modellierbaren Masse (zum Beispiel Ton oder Knetmasse) eine Figur oder Skulptur zu schaffen, die seine Gedanken oder Gefühle gegenüber dem Untersuchungsgegenstand (Unternehmen, Marke, Produkt, Dienstleistung etc.) zum Ausdruck bringt. Ähnlich wie beim freien Klecksen kommt es hier nicht auf eine schöne oder bewertbare Form an, sondern nur darauf, die eigenen Emotionen oder Vorstellungen durch eine alternative, in diesem Fall taktile Ausdrucksform zu verdeutlichen.

Formulierungsbeispiel (60) Freies Modellieren

„Denken Sie jetzt einmal ganz intensiv an die Firma XY und an Ihre Gefühle ihr gegenüber. Versuchen Sie jetzt, Ihre Gefühle durch das Kneten und Modellieren dieses Materials zum Ausdruck zu bringen. Mir kommt es nicht darauf an, dass Sie eine Figur schaffen, der man ansieht, was sie sein soll. Versuchen

Sie nur, durch die Bearbeitung des Materials Ihre persönlichen Gefühle und Empfindungen gegenüber der Firma XY auszudrücken."

Danach soll der Proband sein Werk nicht interpretieren, sondern erzählen, welche Gefühle er beim Modellieren gegenüber der Firma hatte:

(*„Welche Vorstellungen und Empfindungen gegenüber der Firma XY haben Sie beim Modellieren gehabt?"*)

(*„Welche Merkmale, Eigenschaften oder Erfahrungen mit der Firma sind Ihnen während der Materialbearbeitung eingefallen?"*)

(*„Was glauben Sie, welche Gefühle gegenüber dieser Firma haben Sie dabei am ehesten beeinflusst?"*)

Das Ergebnis der geschaffenen Figur oder Skulptur ist hier nicht das, worauf es bei diesem Gestaltungsverfahren ankommt. Das Bearbeiten des Materials ist hier Mittel zum Zweck; die während der Gestaltung auftretenden Emotionen gegenüber dem Untersuchungsgegenstand sind viel interessanter.

Als letzte nonverbale Ausdruckstechnik soll hier die **Tonmalerei** genannt werden. Weitgehend vernachlässigt wurde in der bisherigen qualitativen Forschung dasjenige Ausdrucksmittel, das den meisten Menschen eine starke Bedürfnisbefriedigung bringt: die Tonwelt. Kein anderes künstlerisches Ausdrucksmittel ist der breiten Bevölkerung so zugänglich wie die Musik. Als nonverbales Verfahren kann die Tonmalerei dazu beitragen, Emotionen und Empfindungen gegenüber Marken, Produkten oder Dienstleistungen akustisch auszudrücken (Kirchmair, 1979). Der Proband soll hier Klangfarben, Rhythmus und Lautstärke vorgegebener Tonfolgen mithilfe eines Synthesizers so variieren, dass das Ergebnis zum Untersuchungsgegenstand passt. Da dieses Verfahren relativ aufwendig ist, wurde es bisher in der qualitativen Forschung nicht eingesetzt.

4.5 Kreativitätstechniken

Hier erfahren Sie, durch welche Maßnahmen und Vorgehensweisen Kreativitätstechniken in der Lage sind, innovative und neuartige Lösungen zu finden. Sie lernen einige der wichtigsten Kreativitätstechniken kennen, die als indirekte Methoden auch in der qualitativen Forschung eingesetzt werden können, wenn es zum Beispiel darum geht, Ideen für neue Produktentwicklungen oder Servicekonzepte zu sammeln und zu bewerten.

Kreativität ist die Fähigkeit, Informationen anders als üblich zu kombinieren. Kreativitätstechniken sind Verfahren, durch die versucht wird – meistens ausgehend von den sozialpsychologischen Erkenntnissen über gruppendynamische Prozesse –, das Leistungspotenzial von Gruppen zu fördern und zu steuern. Oder mit anderen Worten: durch die Gruppensituation zu einer kreativeren Ideenfindung zu kommen, als dies im Einzelgespräch möglich wäre. In den letzten Jahrzehnten wurde eine Vielzahl solcher Verfahren entwickelt, die vor allem in Situationen Anwendung finden, in denen es auf die Hervorbringung neuer Ideen ankommt. Insgesamt gibt es heute weit mehr als 500 Kreativitätstechniken (Luther, 2013). Als Methode der qualitativen Forschung sind jedoch nur wenige geeignet; und die werden relativ selten eingesetzt, weil sie meist zu aufwendig in der Durchführung sind. Am ehesten werden sie – entweder als alleinige Methode oder im Rahmen von Einzelinterviews, Gruppendiskussionen oder Workshops – bei der Entwicklung von Produktinnovationen oder neuer Werbe- oder Servicekonzepte eingesetzt.

4.5.1 Kreative Assoziationstechniken

Das ideenfördernde Prinzip dieser Techniken sind die Assoziationen: Zu den geäußerten Ideen sollen spontan weitere Ideen einfallen, die irgendeinen Bezug zu den Ausgangsideen haben. Dabei können die Assoziationen entweder ganz intuitiv erfolgen (freie Assoziationen) oder nach Vorgabe von Denkrichtungen oder anderer Elemente (strukturierte Assoziationen).

- **Kreatives Problemlösen**

Von Sidney J. Parnes in den 1950er Jahren an der University of Buffalo entwickelte Kreativitätstechnik, auch *Buffalo-Methode* genannt (Parnes, 1992). Die Methode umfasst in Anlehnung an allgemeine Modelle des Problemlösungsverhaltens in der Psychologie die vier Schritte der Tatsachenfindung (fact finding), der Problemidentifikation (problem finding), der Ideenentwicklung (idea finding) und der Lösungsfindung (solution finding). In der Phase der Ideenentwicklung werden andere Kreativitätstechniken wie zum Beispiel das Brainstorming oder das Prüflistenverfahren verwendet.

- **Brainstorming**

Von Alex Osborn in den Fünfzigerjahren wieder aufgegriffene Methode, die ihren Ursprung in Indien hat (Osborn, 1979). Es ist eine Methode, welche die Äußerung spontaner

Ideen in einer Gruppensitzung fördert. Kritik ist streng verboten. Die Ideenauswertung erfolgt am Ende des Treffens der Teilnehmer. Die Vorgehensweise bei Brainstorming-Sitzungen ist folgendermaßen:

- Formulierung einer konkreten Frage,
- Versammlung der Teilnehmer in ungestörter Atmosphäre,
- Information der Teilnehmer über das Problem,
- Formulierung aller Ideen im Zusammenhang mit der Problemstellung,
- Förderung weiterer Ideen durch Verbindung und Ergänzung vorgetragener Gedanken,
- absoluter Verzicht auf jegliche Kritik an den vorgetragenen Ideen,
- Sichtung und Kontrolle der Ideen nach Abschluss der Ideenphase der Sitzung,
- Ordnung der Ideen nach Kriterien der technologischen Realisierbarkeit und der kostenmäßigen Tragbarkeit.

Von dieser Methode gibt es diverse Weiterentwicklungen wie das *imaginäre Brainstorming* (ein imaginäres Problem wird gelöst, und die erarbeiteten Lösungen werden auf das reale Problem übertragen), *didaktisches Brainstorming, anonymes Brainstorming, destruktiv-konstruktives Brainstorming, SIL-Methode, Gordon-Methode* (niemand in der Gruppe außer dem Teamführer weiß, welches Problem der schöpferischen Betrachtung unterzogen wird).

▪ **Galerie-Methode**

Modifikation des Brainstormings, bei der die Ergebnisse der Teilnehmer im Verlauf des Prozesses wie in einer Galerie aufgehängt werden und für alle sichtbar sind. In gemeinsamer Gruppenarbeit können ungeeignete Ansätze sukzessive ausgeschlossen werden und gleichzeitig neue Ideen hinzugefügt werden. Synonyme Bezeichnungen dieser Methode sind *Pinnwandmoderation, Kartenabfrage* und *Metaplan-Technik.*

▪ **Brainwriting**

Aus dem Brainstorming von Bernd Rohrbach in den 1970er Jahren entwickelte Methode, auch *Methode 635* genannt, bei der 6 Teilnehmer zunächst innerhalb von maximal 5 min jeweils 3 Vorschläge zu einer Problemlösung in ein Formular eintragen (Rohrbach, 1969). Sodann erfolgt deren Weitergabe an den jeweils nächsten Teilnehmer, der sich damit kreativ auseinandersetzt. Die Rotation erfolgt so lange, bis jeder wieder sein eigenes Blatt vor sich liegen hat.

Ähnliche Methoden sind der *Brainwriting-Pool* (ohne Moderator und ohne die starren 635-Regeln), *Brain-Walking,*

Creative Writing, kreatives Schreiben, Freewriting, elektronisches Brainstorming, Collective Notebook, CNB-Technik, Diskussion 66, Trigger-Technik und *Schreibwerkstatt.*

- **Mind Mapping**
Von Tony Buzan in den 1970er Jahren entwickelte Methode in Form einer Notiz-Technik, bei der Gedankenlandschaften, mit denen individuelle Denkstrukturen sichtbar gemacht werden, zu Papier (oder mit entsprechender Software in den Computer) gebracht werden (Buzan & Buzan, 2013). Dahinter steht die Hypothese, dass kreative Impulse aus dem Zusammenwirken von bildlichem und begrifflichem Denken entstehen. Die Methode arbeitet mit Farben, Symbolen, Schlüsselwörtern und Linien, beansprucht dadurch das Gehirn ganzheitlich und kann kreatives Potenzial freisetzen. Mind Maps sind grafische Darstellungen eines Denkprozesses, ein Bild der Gedanken oder eine Gedächtniskarte. Synonyme Bezeichnungen für das Mind Mapping sind *semantische Netze, kognitive Karte, konzeptionelle Gedankenkarte* und *Assoziogramm.*

- **Clustering**
Eine von Gabriele Rico entwickelte Methode des kreativen Schreibens (Rico, 1984). Dabei werden Assoziationsketten notiert und grafisch dargestellt, die von einem Zentralwort ausgehen. Aus den losen Assoziationsketten können dann gedankliche Verknüpfungen entstehen und erste Ideen für Verbindungen aufkommen.

- **SWOT**
Klassische Projektmanagementtechnik von Albert Humphrey, die eine Situation oder eine gefundene Lösung nach den folgenden vier Kriterien beurteilt (Luther, 2013):
  - Strenghts (Stärken: Welche Stärken hat die Lösung?)
  - Weaknesses (Schwächen: Welche Nachteile bringt die Lösung?)
  - Opportunities (Möglichkeiten: Welche Chancen birgt die Lösung?)
  - Threats (Hindernisse: Welche Bedrohungen sind mit der Lösung verbunden?)

Sie wird auch als Kreativitätstechnik eingesetzt, weil sie jede Idee gründlich beleuchtet und das systematische, strukturierte und kritische Denken schult.

4.5.2 Kreative Analogietechniken

Bei diesen Techniken dienen Analogien dazu, aus gewohnten Denkmustern auszubrechen und dadurch zu neuartigen Ideen und Problemlösungen zu gelangen. Denn die Bildung von Analogien, bei denen unterschiedliche Bereiche die gleichen Attribute besitzen, führt zu einem Perspektivwechsel, der das Produzieren neuer Ideen begünstigt.

- **Synektik**

Von William Gordon in den 1940er Jahren entwickelte Analogiemethode, bei der scheinbar zusammenhanglose Dinge miteinander in Verbindung gebracht werden (Gordon, 1961). Nach der Bestimmung des Problems werden Analogien hergestellt (ähnliche Dinge oder Abläufe zum Beispiel im Tierreich gesucht). Das heißt: Zunächst wird vom Problem selber abstrahiert (bewusste Problemverfremdung). Die Analogien (bzw. die dort gefundenen alternativen Lösungen) werden dann auf das vorgegebene (zu lösende) Problem übertragen.

Die synektische Problemlösung hat 10 Phasen (auch *synektischer Trichter* genannt): 1) Problemstellung, 2) Analyse und Information, 3) Spontanreaktionen, 4) Neuformulierung des Problems, 5) Erste direkte Analogie, 6) Persönliche Analogie, 7) Symbolische Analogie, 8) Zweite direkte Analogie, 9) Force Fitting, 10) Entwicklung konkreter Lösungsansätze.

Weitere Varianten der Synektik sind die

- *Visuelle Synektik* (hier werden die möglichen Zusammenhänge durch vorgegebene Bilder noch stärker angeregt), die
- *Tilmag-Methode* (Abkürzung für „Transformation idealer Lösungselemente in Matrizen zur Bildung von Assoziationen und Suche nach Gemeinsamkeiten“. Von der Synektik abgeleitete verkürzte Methode, die vom Batelle Institut in Frankfurt am Main in den 1970er Jahren entwickelt wurde) und die
- *Bionik* (Bezeichnung für die spezielle Wissenschaft, die Biologie und Technik miteinander verknüpft. Als historischer Begründer gilt Leonardo da Vinci).

Ähnliche Methoden sind die *BBB-Methode, Forced Relationship, heuristische Prinzipien, Suchfeld-Auflockerung, Analogien-Methode, Basic Synectics* sowie die *synektische Konferenz*.

- **Edison-Prinzip**

Eine von Jens-Uwe Meyer veröffentlichte Kreativitätstechnik zur Ideenfindung, die auf der Analyse der Arbeitsmethoden des Erfinders Thomas Edison beruht, der seine Ideen in sechs Schritten systematisch entwickelte (Meyer, 2008):

- Ansatzpunkte für das Entwickeln neuer Problemlösungen suchen,
- durch assoziative Fragen einen Wechsel der eigenen Perspektive herbeiführen,
- Anregungen sammeln aus völlig anderen Wissens- und Anwendungsgebieten,
- gesammeltes Wissen miteinander kombinieren, Vor- u. Nachteile analysieren,
- neue Ideen ordnen und auf Realisierbarkeit prüfen,
- Strategie entwickeln, um die Idee zum Erfolg zu führen.

4.5.3 Konfrontationstechniken

Bei diesen Techniken besteht das ideenfördernde Prinzip darin, dass der Ideensucher mit Objekten oder Vorgängen konfrontiert wird, die keine Beziehung zur ursprünglichen Problemstellung haben. Durch die Auseinandersetzung mit diesen Konfrontationsobjekten werden alternative Denkmuster initiiert und Lösungsansätze abgeleitet.

▪ Laterales Denken

Eine von Edward de Bono in den 1960er Jahren entwickelte Denkmethode, die vorhandene Muster des Verstandes aufbricht, um diese umzustrukturieren und so neue Ideen und Lösungswege zu entwickeln (de Bono, 1982). Voraussetzung zur Anwendung dieser Denkmethode ist die Erkenntnis, dass sich laterales Denken im direkten Gegensatz zum vertikalen bzw. logischen Denken befindet. Im Gegensatz zum logischen Denken, das ein Auswahlverfahren durch Verneinung bestimmter Alternativen darstellt, findet in der lateralen Denkweise keinerlei Beurteilung statt. Durch ungewohnte Ansatzpunkte werden Vorannahmen infrage gestellt und eine geistige Beweglichkeit erzeugt. Ziel dieser Denkmethode ist es, durch Kreativität zu anderen, neuen Lösungsmöglichkeiten zu gelangen. Synonyme Bezeichnungen sind der *Lateral Thinking Process, Querdenken, nicht-lineares Denken* und *divergentes Denken* (von J.P. Guilford).

▪ Die 6 Denkhüte

Eine von Edward de Bono 1986 vorgestellte Kreativitätstechnik, der das von ihm entwickelte *parallele Denken* zugrunde liegt (de Bono, 2016). Es handelt sich um eine Gruppendiskussion, bei der die Gruppenmitglieder durch verschiedenfarbige Hüte (oder Armbänder oder Tischkärtchen) repräsentierte Rollen einnehmen bzw. Denkmuster praktizieren (◘ Abb. 4.12). Die Farben der Hüte stehen für

- weiß: analytisches Denken, Konzentration auf Tatsachen und Fakten
- rot: emotionales Denken, Konzentration auf Gefühle und Empfindungen
- schwarz: kritisches Denken, Konzentration auf Probleme und Risiken
- gelb: optimistisches Denken, Konzentration auf Chancen und Vorteile
- grün: kreatives Denken, Konzentration auf neue und ungewöhnliche Ideen
- blau: ordnendes Denken, Konzentration auf Gruppieren und Strukturieren

Bei der Bearbeitung einer Aufgabenstellung haben alle Beteiligten immer die gleiche Hutfarbe auf und müssen sie auf Geheiß gemeinsam wechseln (d. h. die Perspektive wechseln bzw. parallel denken). Dadurch wird ein Thema ausführlich und effizient diskutiert und kein Blickwinkel außer Acht gelassen.

Ähnliche Methoden sind die *Walt-Disney-Methode* (Rollenspiel, bei dem ein Problem aus den drei Blickwinkeln des „Realisten", des „Träumers" und des „Kritikers" betrachtet wird) und die *Zukunftswerkstatt* (von Robert Jungk u. a.

◘ **Abb. 4.12** Die 6 Denkhüte. (© Claudia Styrsky)

begründete Methode, mit der die Phantasie angeregt wird; durch die drei Phasen Beschwerde/Kritik, Phantasie/Utopie und Verwirklichung/Praxis werden neue Sichtweisen gewonnen und Zugänge zu Lösungen gefunden).

- **TRIZ**

Von den russischen Wissenschaftlern Kabanov, Altschuller und Shapiro in den 1950er Jahren entwickelte Methode (Abkürzung übersetzt: „Theorie des erfinderischen Problemlösens"; im Englischen: TIPS – Theory of Inventive Problem Solving), die auf der Auswertung einer großen Zahl von Patentschriften basiert und auf der Erkenntnis, dass es drei wesentliche Gesetzmäßigkeiten für Erfindungen gibt (Altschuller, 1984):

- Einer großen Anzahl von Erfindungen liegt eine vergleichsweise kleine Anzahl von allgemeinen Lösungsprinzipien zugrunde.
- Erst das Überwinden von Widersprüchen ermöglicht innovative Entwicklungen.
- Die Evolution technischer Systeme folgt bestimmten Mustern und Gesetzen.

Im Kern geht es bei TRIZ um die Konfrontation mit erfolgreichen, aber abstrahierten Lösungsprinzipien. Dadurch wird vom eigentlichen Problem abgelenkt, jedoch eine wirksame Blickfelderweiterung erreicht. Die Methode TRIZ listet 40 innovative Prinzipien bzw. Regeln auf, die meist in Verbindung mit einer sogenannten Widerspruchsmatrix genutzt werden, die Analyse von Problemen erleichtern und das Finden kreativer Lösungen ermöglichen.

Eine ähnliche Methode ist die *ARIZ-Methode* („Algorithmus bzw. Schrittverfahren zur Lösung der Erfindungsprobleme").

- **Zufallsanregung**

Eine Methode, bei der Beziehungen zwischen zunächst unabhängigen Dingen, Worten oder Prozessen gesucht werden. Es wird somit versucht, Zufall geplant auszulösen und damit fest geprägte Denkmuster aufzubrechen (T.E.A.M., 2002). Der wichtige Unterschied dieser auch *Zufallstechnik* genannten Methode zu den Assoziationstechniken (freie Techniken der Ideenfindung) oder zu den Analogietechniken (Verknüpfung von offensichtlichen Ähnlichkeiten) ist die Anregung durch äußere Vorgaben aus völlig zufälligen Quellen.

Weitere Varianten der Zufallsanregung sind die

- *Reizwortanalyse* (aus einer Liste von zufällig ausgewählten Stichwörtern werden Begriffe ausgewählt, die dann

mithilfe einer Strukturübertragung vom Reizwort auf das Problem in einen Bezug zum ursprünglich diskutierten Problem gebracht werden),
- *Reizbilder* (aus vorgelegten Bildern werden ein oder mehrere Bilder ausgewählt, die dann in Bezug zum diskutierten Problem gebracht werden),
- *Reizsituationen* (hier wird eine bestimmte Situation aus dem realen Geschehen – outdoor – ausgewählt),
- *Katalog-Technik* (Zufallsquelle ist ein Warenkatalog),
- *Lexikon-Technik* (Zufallsquelle ist ein Lexikon) und
- *Biosoziation* (hier werden nicht zusammengehörige Begriffe, Bilder oder Vorstellungen bewusst miteinander verknüpft).

▪ **Kopfstandtechnik**

Kreativitätstechnik, auch *Umkehrtechnik* genannt, die zur Ideenfindung bzw. Problemlösung auf einer Umkehrung der ursprünglichen Aufgabenstellung basiert. Hierbei werden
- die Aufgabenstellung umgekehrt,
- Lösungen für die umgekehrte Aufgabenstellung gesucht,
- diese Lösungen auf den Kopf gestellt und
- aus dem Ergebnis Lösungsideen für die ursprüngliche Aufgabe entwickelt.

▪ **Delphi-Methode**

Von Helmer, Dalkey und Gordon in den 1960er Jahren entwickelte mehrstufige Befragungsmethode, die unter interdisziplinären Experten schriftlich und anonym durchgeführt wird (Dalkey & Helmer, 1962). In drei bis vier Befragungsdurchgängen werden bei gleicher Fragestellung die individuellen und intuitiven Urteile der Experten eingeholt, ab dem zweiten Durchgang unter Berücksichtigung der bekanntgegebenen Ergebnisauswertung der vorangegangenen Runde.

Die Methode wird vorwiegend zur Prognoseerstellung (Zukunftsforschung) eingesetzt, kann aber auch bei psychologischen und soziologischen Fragen des Konsumentenverhaltens angewendet werden.

Weitere Varianten der Delphi-Methode sind:
- *Mini-Delphi* (von Helmer entwickelte Gruppenmethode, bestehend aus fünf Schritten:
  - Jeder Teilnehmer schreibt seine Antwort oder Bewertung auf ein Blatt Papier,
  - die Antworten werden eingesammelt und (anonym) vorgelesen,
  - die Antworten werden in der Gruppe diskutiert, insbesondere die Für und Wider der weit vom Durchschnitt abweichenden Antworten,

  - jeder Teilnehmer schreibt erneut seine Antwort oder Bewertung auf,
  - die neuen Antworten werden eingesammelt und ausgewertet; die Durchschnittsantwort (Median) wird als Gruppenurteil angesehen).
- *SEER-Technik* (System for Event Evaluation and Review, Kombination von intuitiven Methoden, Trendextrapolationen, Korrelationsrechnungen und normativem Approach; basiert auf zwei Befragungsdurchgängen mit unabhängigen Expertengruppen),
- *Megi-Methode* (delphi-ähnlich, entwickelt am Forschungsinstitut für Absatz und Handel an der Hochschule St. Gallen) und *Ideen-Delphi*.

Ähnliche Methoden sind
- *Science-fiction, Science-creation* und *Utopia-Beschreibungen* (intuitive Methoden, die eine verbale Beschreibung der Zukunft durch eine Person oder eine Gruppe zur Folge haben; zur Kreativitätstechnik werden diese Methoden erst, wenn sie als Gedankenwecker fungieren und ihre Ergebnisse als Grundlage für weitere kreative Auseinandersetzungen mit dem Thema dienen).
- *Szenario* (auch *Scenario-Writing* genannt: explorative Methode, bei der durch eine Art Drehbucharbeit mehrere denkbare Zukunftsentwicklungen beschrieben werden. Es handelt sich um ein Verfahren zur Strukturierung des zukünftigen Zustandes eines Untersuchungsobjektes, das aus einer logischen Sequenz möglicher Ereignisse besteht. Es werden verschiedene Entwicklungen aufgespürt, und diese werden Schritt für Schritt systematisch kombiniert).
- *Synoptische Methode* (Variante des Szenarios, bei der über jeden relevanten Einzelaspekt eigene Szenarios verfasst und deren Ergebnisse anschließend in einem Gesamtszenario vereint werden).

4.5.4 Konfigurationstechniken

Bei den Konfigurationstechniken, manchmal auch als „Techniken der systematischen Variation" bezeichnet, werden Lösungselemente neu oder anders als bisher konfiguriert. Das heißt: Elemente, die bereits existieren oder die neu erdacht wurden, werden in anderer Konstellation zusammengebracht, ausgetauscht oder auch einzeln weggelassen. Durch diese neuen Kombinationen ergeben sich neue Lösungsansätze.

- **Semantische Intuition**

Kreativitätstechnik, bei der durch die Kombination von Worten und Wortvorstellungen neue Ideen generiert werden. Man bildet aus zwei Einzelwörtern, die aus dem Umfeld der Aufgabenstellung entnommen werden, eine neue Wortkombination, die nun hinterfragt wird und so zu innovativen Ideen führen kann.

- **Osborn-Checkliste**

Von Alex Osborn in den 1950er Jahren entwickelte Technik, die als Anleitung zu angewandtem Einfallsreichtum zu verstehen ist und mit Hilfe einer spielerisch-experimentellen Modifizierung existierender Produkte oder Prozesse systematisch Einfälle für neue Produkte oder Prozesse liefern kann (Osborn, 1979). Durch die Osborn-Checkliste wird man dazu aufgefordert, bestehende Produkte vorstellungsmäßig durch Vorgaben wie verkleinern, vergrößern, anpassen, abwandeln, ersetzen, umordnen u. a. m. zu verändern.

Eine ähnliche Methode ist die *SCAMPER-Technik* (S = substitute, C = combine, A = adapt, M = modify, P = put, E = eliminate, R = reverse).

- **Problemkreisanalyse**

Analytische Technik zur Generierung von Neuprodukt-Ideen. Dabei wird ein Bedarfskreis (zum Beispiel Kochen) oder ein Produktfeld (zum Beispiel Kochtopf) systematisch nach ungelösten oder schlecht gelösten Problemen abgesucht. In einer zweiten Phase werden dann für diese Probleme kreative Problemlösungen entwickelt.

- **Progressive Abstraktion**

Von Horst Geschka entwickelte Kreativitätstechnik, bei der durch die Entfernung vom Problem – also einer Veränderung der Perspektive – neue Lösungen gefunden werden können (Schlicksupp, 1999). Durch eine schrittweise Erhöhung des Abstraktionsniveaus und somit einer Trennung des Wesentlichen vom Unwesentlichen (ähnlich wie bei der Befragungstechnik des Ladderings) können die Kernfragen eines Problems oder Problembereiches aufgedeckt werden.

- **CATWOE**

Von Peter Checkland und Jim Scholes in den Neunzigerjahren veröffentlichte Checkliste zur Problem- und Zieldefinition (Checkland & Scholes, 1999). Dabei wird nicht das Problem selbst betrachtet, sondern das umgebende System. Die Fragestellung wird also in einen größeren Zusammenhang gestellt.

Der Name der Checkliste ist die Abkürzung für die Reihenfolge der einzelnen Schritte:
- C = customers (die Kunden des Systems, die Position der Nutzer)
- A = actors (die Akteure des Systems, möglicher Einfluss auf handelnde Personen)
- T = transformation process (Prozess innerhalb des Systems, Einflussgrößen)
- W = world view (die Weltanschauung, Einbettung im größeren Zusammenhang)
- O = owners (die Eigentümer, Position und Motive der Systemverantwortlichen)
- E = environmental constraints (Grenzen des Systems, Überwindungsmöglichkeiten)

- **Ursache-Wirkungs-Diagramm**

Grafische Darstellung von Kausalitätsbeziehungen. In einem Diagramm werden Ursachen dargestellt, die zu einem Ergebnis führen oder dieses maßgeblich beeinflussen. Alle Problemursachen sollen so identifiziert und ihre Abhängigkeiten umfassend dargestellt werden. Synonyme Bezeichnungen für diese Methode sind *Ishikawa-Diagramm, Fishbone Diagram, Fischgrät-Diagramm, Fehlerbaumanalyse, Fehlerbaum-Diagramm* und *Tannenbaum-Diagramm.*

- **Relevanzbaum**

Auf der Entscheidungstheorie aufbauende Methode, auch *PATTERN* (Planning Assistance Through Technical Evaluation of Relevance Numbers) genannt. Ausgehend von einem Ziel werden auf mehreren aufeinanderfolgenden Ebenen Alternativen aufgestellt, durch die das Ziel erreicht werden kann. Diese Alternativen werden dann qualitativ bewertet. Nach einer quantitativen Gewichtung und Verrechnung der Alternativen lassen sich Schlussfolgerungen ziehen, welche Alternativen-Folge zur Zielverwirklichung am besten geeignet ist.

- **Entscheidungsbaum**

Auf der Entscheidungstheorie basierende Methode, bei der unter verschiedenen aufeinanderfolgenden Handlungsmöglichkeiten nach einer optimalen Lösung gesucht wird. Die Verästelungen der Handlungsmöglichkeiten werden durch Entscheidungspunkte (Wahlakte) und Zufallspunkte (wahrscheinlichkeitsbedingt) gekennzeichnet; für jeden Ast können – ausgehend von einem bekannten Endergebnis – Erwartungswerte berechnet werden.

Weitere Methoden der systematischen Problemspezifizierung sind die *Hypothesen-Matrix, KJ-Methode, Funktionsanalyse* und das *Prüflistenverfahren.*

- **Morphologische Analyse**

Systematische Strukturanalyse mit dem Ziel, neue Kombinationen zu finden. Die morphologische Methode wurde in den Vierzigerjahren durch F. Zwicky eingeführt (Zwicky, 1959). Sie zerlegt komplexe Sachverhalte in abgrenzbare Teile, variiert die Einzelelemente und kombiniert diese zu neuen Ganzheiten.

Dieses Verfahren wird auch *morphologischer Kasten, morphologische Matrix* oder *Zwicky-Box* genannt. Zwicky definiert fünf Arbeitsschritte für die Konstruktion eines morphologischen Kastens und die Auswertung der in ihm enthaltenen Informationen:

1. Genaue Umschreibung oder Definition sowie zweckmäßige Verallgemeinerung eines gegebenen Problems.
2. Präzise Bestimmung und Lokalisierung aller die Lösung des Problems beeinflussenden Umstände.
3. Aufstellung eines morphologischen Kastens, in welchen alle möglichen Lösungen des Problems ohne Vorurteile eingeordnet werden.
4. Bewertung aller im morphologischen Kasten enthaltenen Lösungen anhand gewählter Kriterien.
5. Wahl der optimalen Lösung und Weiterverfolgung derselben bis zu ihrer endgültigen Realisierung.

Weitere Varianten der systematischen Strukturierung sind die *sequentielle Morphologie, morphologisches Tableau, Erkenntnismatrix, Problemlösungsbaum, Attribute Listing, systematische Feldüberdeckung, Methode der gerichteten Intuition.*

- **Attribute Listing**

Weiterentwicklung des morphologischen Kastens durch Robert Crawford (auch *modifizierte Morphologie* genannt), bei der ein Produkt oder Verfahren durch das systematische Variieren bekannter Merkmale verbessert statt neu konfiguriert wird (Crawford, 1964). Dazu wird eine Aufgabenstellung in ihre Einzelelemente zerlegt und für jedes Element getrennt erst die aktuelle Lösung festgehalten. Die anschließende Ideengenerierung orientiert sich dann sowohl an den vorhandenen als auch an den gewünschten Merkmalsausprägungen.

4.6 Ordnungsverfahren

Hier erfahren Sie, wie Zuordnungs- und Auswahlverfahren helfen können, durch Vorgaben Hilfestellungen zu geben und Antworten zu erleichtern. Sie erfahren aber auch, dass durch solche Vorgaben die Antwortvielfalt und damit die Offenheit eingeschränkt wird und deshalb diskutiert werden muss, ob diese Verfahren den Anforderungen an qualitative Forschung gerecht werden.

Eine letzte Gruppe der indirekten Befragungstechniken sind die Ordnungsverfahren, bei denen vorgegebene Stimuli verbaler oder visueller Art nach bestimmten Gesichtspunkten geordnet werden. Diese Verfahren sind an der Grenze zwischen qualitativen und quantitativen Methoden angesiedelt. Bei der eingangs erwähnten „engen Definition" der qualitativen Methoden (Einsatz offener Methoden) gehören die Ordnungsverfahren nicht mehr dazu, denn sie sind strukturiert und können problemlos im Rahmen quantitativer Befragungen eingesetzt werden. Bei der „erweiterten Definition" (qualitative Sachverhalte als Erkenntnisziel) könnte man sie noch zu den qualitativen Forschungsmethoden zählen. Auf die damit verbundene Problematik wird am Ende des Kapitels eingegangen.

Ordnungsverfahren basieren auf zwei grundlegenden Erkenntnissen der Psychologie: auf dem Gestaltprinzip und auf dem Homöostaseprinzip. Nach dem Gestaltprinzip werden einzelne Teile eines Ganzen nicht isoliert betrachtet, sondern ganzheitlich als Gesamteindruck. Ein Markenimage zum Beispiel ist mehr als die Summe seiner Teile. Es wird nicht durch Einzelmerkmale wie Produktaussehen, Qualität und Preisniveau geprägt, sondern durch das Zusammenwirken aller Teilelemente zu einem Gesamtbild. Und hinter dem Homöostaseprinzip steht die Erkenntnis, dass der Mensch einen dissonanten Zustand (zum Beispiel Widersprüche zwischen Einstellung und Verhalten) immer in einen harmonischen Zustand überführen möchte. Ordnungsverfahren ermöglichen es dem Probanden nun, den Gesamteindruck, den er von einem Untersuchungsgegenstand hat, durch eine Kombination einzelner Elemente wiederzugeben oder harmonisch herzustellen. Ordnungsverfahren gehören auch deshalb zu den indirekten Befragungstechniken, weil der Proband das Ziel der Befragung nicht gleich erkennt, sondern nur angeben muss, welche Stimuli „irgendwie" zu seinem inneren Bild vom Untersuchungsgegenstand passen.

4.6.1 Zuordnungsverfahren

In der wissenschaftlichen Literatur werden Zuordnungsverfahren als Oberbegriff für alle hergestellten Beziehungen zwischen Untersuchungsgegenständen (Zuordnungsobjekte) und vorgegebenen Stimuli bzw. Merkmalen (Beurteilungskriterien) verstanden (Salcher, 1978). Es ist jedoch zu unterscheiden zwischen Verfahren, bei denen mehrere Zuordnungsobjekte beurteilt werden (nachfolgend „Zuordnungsverfahren" genannt), und solchen, bei denen nur ein Objekt anhand mehrerer Stimuli beurteilt wird (nachfolgend „Auswahlverfahren" genannt).

Bei den Zuordnungsverfahren werden jeweils mehrere Unternehmen, Marken oder Produkte gruppiert oder vorgegebenen verbalen, grafischen oder bildhaften Stimuli zugeordnet, ohne dass logisch zwingende Gründe für eine Zuordnung bestehen. Die Zuordnungen erfolgen nur durch das Gefühl im subjektiven Erlebnisraum des Probanden, dass etwas irgendwie zusammenpasst.

Ein solches Verfahren sind die **Ähnlichkeitsvergleiche,** bei denen eine Anzahl vorgegebener Beurteilungsobjekte – zum Beispiel mehrere Markennamen – nach dem Grad ihrer vom Probanden subjektiv empfundenen Ähnlichkeit geordnet und gruppiert werden. Der Interviewer lässt sich dann diese zunächst intuitiven Ähnlichkeits- bzw. Unterschiedlichkeitswahrnehmungen begründen.

Ein weiteres Verfahren ist der **Listentest zur Objektdifferenzierung,** bei dem mehrere Beurteilungsobjekte – zum Beispiel Produkte derselben Produktkategorie – anhand einer Liste mit verschiedenen Produkteigenschaften beurteilt werden. Dabei können die Eigenschaften entweder nur jeweils einem Produkt zugeordnet werden („passt am besten zu …") oder allen, auf die sie vorstellungsmäßig passen (Mehrfachnennung). Bei Zuordnungsverfahren zu mehreren miteinander konkurrierenden Beurteilungsobjekten gibt es aber die Gefahr einer Verzerrung durch die Objektbekanntheit oder -sympathie: Die Sympathie für ein Produkt kann dazu führen, dass durch die Ausstrahlungswirkung (Halo-Effekt) alle positiven Eigenschaften dem sympathischen Produkt zugeordnet werden und alle negativen dem am wenigsten sympathischen Produkt. Die Stimuli in einem solchen Zuordnungstest müssen keine Produkteigenschaften sein. Sie können sich auch auf die Zielgruppen der Beurteilungsobjekte beziehen.

Beim **Zuordnungstest der typischen Verwender** werden entweder differenzierende Personenbeschreibungen oder Personenabbildungen den jeweils „passenden" Produkten oder Marken zugeordnet. Besonders bei Bildvorlagen ist es wichtig, dass diese vorher geeicht sind oder zumindest Personen aus verschiedenen sozialen Schichten zeigen, welche möglichst die gesamte gesellschaftliche Bandbreite abdecken, um Einschränkungen weitgehend zu vermeiden. Dieser Zuordnungstest wird oft noch durch einen „Identifikationstest" ergänzt. Dabei wird ermittelt, welche Verwenderbeschreibung oder -abbildung dem Probanden persönlich am sympathischsten ist. Stimmt bei einem Produkt der typische Verwender mit der sympathischsten Personenbeschreibung überein, schließt man auf eine Identifikationsbereitschaft des Probanden mit dem entsprechenden Produkt.

4.6.2 Auswahlverfahren

Bei den Auswahlverfahren werden von mehreren vorgegebenen Stimuli diejenigen ausgewählt, die am besten zum Untersuchungsgegenstand passen. Das heißt: Der Proband beschreibt bzw. charakterisiert ein bestimmtes Objekt durch Merkmale oder Eigenschaften, die er sich nicht ausdenkt, sondern die er aus einer Reihe von Möglichkeiten auswählt. Beurteilt werden kann dadurch so gut wie alles: ein Unternehmen, eine Marke, ein Produkt, eine Werbemaßnahme, eine Serviceleistung, eine Person des öffentlichen Lebens, eine politische Partei oder was immer.

Das einfachste Auswahlverfahren ist der **Listentest zur Objektbeurteilung,** bei dem eine Eigenschaftsliste vorlegt wird und der Proband die seiner Meinung nach auf das Beurteilungsobjekt zutreffenden Eigenschaften auswählt. Anstelle von Eigenschaften können natürlich auch andere verbale Stimuli wie zum Beispiel Werbeslogans, mögliche Namen für eine Produktneuentwicklung o. a. vorgegeben werden, deren Eignung für das Untersuchungsobjekt geprüft werden soll. Solche verbalen Listentests haben im Übrigen auch den Vorteil, dass sie Formulierungshilfen sein können. Dieses Verfahren ist immer dann sinnvoll, wenn vermutet wird, dass der Proband den Untersuchungsgegenstand (zum Beispiel ein Geschmackserlebnis, eine komplexe Kaufentscheidung o. ä.) nicht ausreichend beschreiben kann.

Eine Variante des Listentests ist die **Liste mit Anmutungsqualitäten.** Das ist eine Liste mit emotionalen Begriffen wie zum Beispiel Sonne, Liebe, Angst, Erfolg, Gefahr, Zuneigung, Kälte, Vertrauen etc. Aus dieser Liste sollen zum Untersuchungsobjekt passende Begriffe ausgewählt werden. Die ausgewählten Begriffe drücken dann eine emotionale Bindung (oder Abneigung) gegenüber dem Untersuchungsobjekt aus, die rational oft nicht beschrieben werden kann.

Beim **Bildauswahltest** werden visuelle anstelle von verbalen Stimuli verwendet. Das können Personenabbildungen, Landschaftsfotografien, Verpackungen, Logos, Preisschildchen o. a. sein, die als passend zum Untersuchungsobjekt ausgewählt werden. Wenn die Bildvorlagen zur Charakterisierung nur eines bestimmten Untersuchungsobjektes dienen, handelt es sich um ein Auswahlverfahren.

Dazu können zum Beispiel auch die beim „Zuordnungstest der typischen Verwender" erwähnten Personenabbildungen gehören. Visuelle Stimuli sind immer dann die richtige Alternative, wenn der Proband seine bildlich gespeicherten Informationen schlecht abrufen und verbalisieren kann.

Bei Imageuntersuchungen können durch einen Bildauswahltest sogar neue Imagedimensionen abgeleitet werden. Der Proband wird nämlich durch die Bildvorlagen in die Lage versetzt, sein Vorstellungsbild vom untersuchten Image zum Ausdruck zu bringen. Und bei Nachfragen nach den Gründen für seine Bildauswahl kann der Proband sein bisher nur diffuses Bild vom Image anhand der ausgewählten Bilder besser beschreiben. Der Untersuchungsleiter kann dadurch Hypothesen entwickeln, durch welche weiteren Dimensionen sich das Gesamtimage zusammensetzt. Dies verdeutlicht einmal mehr die Notwendigkeit, sich die Bildauswahl vom Probanden begründen zu lassen.

Ein anderes Auswahlverfahren liegt bei der **Meinungsauswahl** vor. Hier können zwei oder mehr Meinungen zu einem bestimmten Thema vorgegeben werden und der Proband soll angeben, welche dieser Meinungen am ehesten mit seiner eigenen Meinung übereinstimmt (oder dieser am nächsten kommt). Die Meinungen zur Auswahl können verbal, aber auch akustisch oder visuell vorgegeben werden. Bei der visuellen Variante bedient man sich in der Regel der Sprechblasentechnik und zeigt damit Personen, die ihre Meinung vertreten.

Formulierungsbeispiel (61) Meinungsauswahltest (■ Abb. 4.13)
„Hier diskutieren zwei Männer über das Thema Datenschutz. Welchem der beiden Männer würden Sie eher zustimmen? Mann A. oder Mann B.?"

Der Vollständigkeit halber sei hier noch das **semantische Differential** erwähnt, das auch unter dem Namen „Polaritätsprofil" bekannt ist (Hofstätter, 1971). Ein Untersuchungsobjekt wird hier mithilfe von gegensätzlichen Eigenschaftspaaren wie zum Beispiel „klein – groß", „schön – hässlich" oder „aktiv – passiv" beurteilt. Der Proband wählt keine Eigenschaften aus, sondern muss jedes Mal eine Position zwischen den beiden Polen wählen (bipolare Skalierung). Das semantische Differential wurde ursprünglich von Charles

In der heutigen Zeit kann man mit der Preisgabe von persönlichen Daten nicht vorsichtig genug sein; es wird so viel Missbrauch damit getrieben.
Ich habe nichts dagegen, wenn andere persönliche Daten über mich einsehen können, denn ich habe nichts zu verbergen!
C.S.

Abb. 4.13 Meinungs-Auswahltest. (© Claudia Styrsky)

E. Osgood 1952 als Instrument zur Ermittlung von Wortbedeutungen entwickelt (Osgood et al., 1957), hat sich seitdem aber in der Marktpsychologie etabliert. Durch seine allgemein gehaltenen und inhaltlich breit gestreuten Eigenschaftspaare hat es einerseits eine stabile (faktorenanalytisch abgesicherte) Grundstruktur, die eine Beurteilung jedweder Untersuchungsobjekte ermöglicht. Andererseits lässt es sich aber auch durch Veränderung der Eigenschaftspaare an spezifische Fachthemen anpassen.

Die Problematik der Zugehörigkeit von Ordnungsverfahren zu den qualitativen Forschungsmethoden wird am Beispiel des semantischen Differentials besonders deutlich. Das semantische Differential ist eine Skalierungsmethode, die quantitativen Charakter hat und zur quantitativen Analyse affektiver Wortbedeutungen eingesetzt werden kann. Sie gehört aber zu den indirekten Befragungstechniken, weil die Bedeutung des Untersuchungsgegenstandes indirekt erhoben wird. Sie wird deshalb auch gern im Rahmen qualitativer Forschung eingesetzt und sollte nicht unerwähnt bleiben.

Qualitativ oder quantitativ?

Das Charakteristische von Ordnungsverfahren ist die Vorgabe von Antwortmöglichkeiten anhand von Stimuli, aus denen der Proband auswählen kann. Dadurch sind diese Verfahren keine offene indirekte Befragungstechnik mehr, denn die Kommunikationsmöglichkeiten des Probanden sind eingeschränkt und müssen sich den Vorgaben des Untersuchungsleiters anpassen. Auf der einen Seite erleichtert dies das Antwortverhalten, weil solche Vorgaben eine Verbalisationshilfe zur besseren Strukturierung von Wahrnehmungs- oder Erlebnisräumen des Probanden sein können. Auf der anderen Seite bergen diese Vorgaben die Gefahr, dass sie semantisch nicht eindeutig sind oder falsch interpretiert werden, dass wichtige Alternativen außer Acht gelassen werden oder dass sie durch Ausstrahlungseffekte zu Verzerrungen führen. Die Vor- und Nachteile müssen also berücksichtigt werden, wenn man diese Verfahren als Befragungsmethode einsetzt. Ordnungsverfahren sind hybride Verfahren. Wegen ihres strukturierten Charakters können sie im Rahmen quantitativer Untersuchungen verwendet werden. Wegen ihres gleichzeitigen psychologischen und indirekten Charakters werden sie aber auch im Rahmen qualitativer Forschung eingesetzt.

Prüfungsfragen

1. Was ist das Grundprinzip indirekter Befragungstechniken?
2. Wann sollte man indirekte Befragungstechniken einsetzen?
3. In welche Gruppen lassen sich indirekte Befragungstechniken einteilen?
4. Was für eine Art von Reaktionen rufen assoziative Verfahren hervor?
5. Was ist der Unterschied zwischen freien und gelenkten Assoziationen?
6. Wie funktioniert die Analogienbildung bei den Verfremdungstechniken?
7. Auf welche Theorie gehen projektive Methoden ursprünglich zurück?
8. Nennen Sie ein Beispiel für eine projektive Ergänzungstechnik.
9. Warum werden Personifizierungen zur Beurteilung von Untersuchungsgegenständen eingesetzt?
10. Nennen Sie ein Beispiel für ein nonverbales Verfahren.
11. Wann bzw. zu welchem Zweck werden Kreativitätstechniken im Rahmen qualitativer Forschung eingesetzt?
12. Wie funktioniert die Methode des Brainwritings (auch Methode 635 genannt)?
13. Was ist das Grundprinzip der Delphi-Methode?
14. Wodurch unterscheiden sich Ordnungsverfahren von allen anderen indirekten Befragungstechniken?
15. Was wird bei einem semantischen Differential (Polaritätsprofil) gemacht?

Zusammenfassung

- Indirekte Befragungstechniken lassen die befragte Person im Unklaren über das Erkenntnisziel.
- Indirekte Befragungstechniken ermöglichen keine rationale Kontrolle über die Antwort.
- Indirekte Befragungstechniken können verborgene Motive aufdecken.
- Assoziationstests rufen spontane Gedankenverbindungen ab.
- Analogieverfahren sind Verfremdungstechniken, die Verbindungen vom Untersuchungsgegenstand zu artfremden Objekten mit ähnlichen Merkmalen herstellen.
- Analogiebildungen sind eine Grundtechnik jedes kreativen Prozesses.
- Projektive Methoden übertragen innere, zum Teil unbewusste psychische Vorgänge auf äußere Projektionsobjekte oder -situationen.
- Nonverbale Verfahren erlauben eine Interpretation des Untersuchungsgegenstandes durch eine schöpferische Ausdrucksform ohne Nutzung sprachlicher Mittel.
- Kreativitätstechniken ermöglichen neue und ungewohnte Sichtweisen auf den Untersuchungsgegenstand durch kreativitätsfördernde Maßnahmen.
- Ordnungsverfahren ermöglichen eine Beschreibung oder Bewertung des Untersuchungsgegenstandes unter Zuhilfenahme vorgegebener Merkmale.

Schlüsselbegriffe

Indirekte Befragungstechniken, assoziative Verfahren, Verfremdungstechniken, projektive Methoden, nonverbale Verfahren, Kreativitätstechniken, Ordnungsverfahren, freie Assoziationen, gelenkte Assoziationen, kontrollierte Assoziationen, eingeschränkte Assoziationen, Analogien, offene Analogie, gerichtete Analogie, Analogieschluss, psychotaktische Befragungstechnik, projektive Ergänzungstechniken, projektive Konstruktionstechniken, typischer Verwender, Personifizierung, projektive Ausdruckstechniken, nonverbale Bildertests, Collage, nonverbale Handlungstests, Sceno-Test, Lego-Test, Kreativitätstechniken, kreative Assoziationstechniken, kreative Analogietechniken, Konfrontationstechniken, Delphi-Methode, Konfigurationstechniken, morphologische Analyse, Ordnungsverfahren, Zuordnungsverfahren, Auswahlverfahren, semantisches Differential.

Offline- versus Online-Forschung

(Wie wirkt sich die Digitalisierung aus?)

Inhaltsverzeichnis

R. Kirchmair, *Qualitative Forschungsmethoden*,
Angewandte Psychologie Kompakt, https://doi.org/10.1007/978-3-662-62761-7_5

Lernziele

- Wie kann man qualitative Forschungsmethoden online durchführen?
- Welche Vor- und Nachteile haben Online-Gruppendiskussionen?
- Was muss man bei einer Online-Durchführung typischer Face-to-Face-Methoden beachten?
- Gibt es neue Methoden-Ansätze bei qualitativer Online-Forschung?
- Was sind die Vor- und Nachteile von Social Media Research?
- Was ist bei der Textanalyse von Social-Media-Beiträgen zu beachten?
- Wo im qualitativen Forschungsprozess kann künstliche Intelligenz eingesetzt werden?

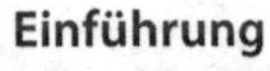

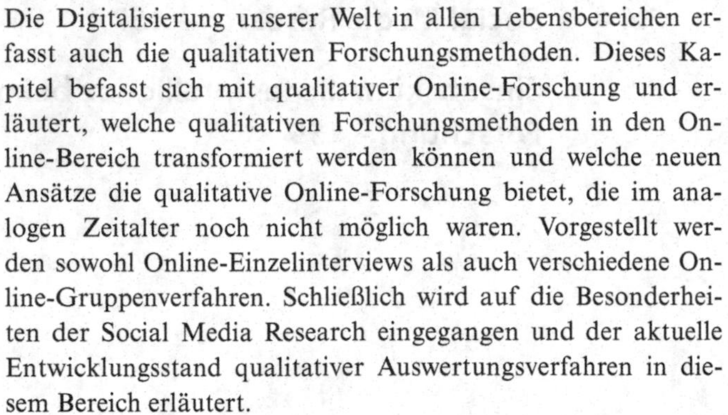

Einführung

Die Digitalisierung unserer Welt in allen Lebensbereichen erfasst auch die qualitativen Forschungsmethoden. Dieses Kapitel befasst sich mit qualitativer Online-Forschung und erläutert, welche qualitativen Forschungsmethoden in den Online-Bereich transformiert werden können und welche neuen Ansätze die qualitative Online-Forschung bietet, die im analogen Zeitalter noch nicht möglich waren. Vorgestellt werden sowohl Online-Einzelinterviews als auch verschiedene Online-Gruppenverfahren. Schließlich wird auf die Besonderheiten der Social Media Research eingegangen und der aktuelle Entwicklungsstand qualitativer Auswertungsverfahren in diesem Bereich erläutert.

Die Digitalisierung unserer Welt hat sich inzwischen auf alle Bereiche unseres Lebens ausgewirkt und ist auch an der qualitativen Forschung nicht spurlos vorübergegangen. Die qualitativen Forschungsmethoden und insbesondere die explorativen und indirekten Befragungstechniken stammen alle aus der Zeit der analogen Welt und können nicht unmittelbar digital transformiert werden, weil sie die Face-to-Face-Situation zwischen Befragendem und Befragtem voraussetzen. Seit einigen Jahren wird aber bereits nach digitalen Alternativen qualitativer Forschung gesucht und die jüngste Entwicklung durch die Corona-Pandemie hat dies noch beschleunigt.

5.1 Qualitative Online-Forschung

Hier erfahren Sie, was mit qualitativer Online-Forschung gemeint ist. Von qualitativer Online-Forschung kann nämlich nur dann gesprochen werden, wenn qualitative (offene, unstrukturierte) Sachverhalte mithilfe des Internets als Übermittlungskanal entweder aufgesucht (recherchiert) oder in der Kommunikation zwischen Frager (Interviewer) und Befragtem (Proband) übertragen werden.

Bei einer digitalen Durchführung qualitativer Forschungsmethoden muss man die Besonderheiten des Mediums Internet beachten, wenn man es für die qualitative Forschung nutzen will (Kirchmair, 2008). Das Internet ist

Besonderheiten des Internets

- interaktiv (ermöglicht eine beidseitige Kommunikation zwischen Nutzern),
- multifunktional (kann akustische und visuelle Kanäle integrieren),
- direkt (der Nutzer empfindet das Internet als „sein eigenes" Medium),
- anonym (der Nutzer muss seine Identität nicht preisgeben) und
- aktivierend (der Nutzer ist leicht aktivierbar).

Alle diese Besonderheiten des Internets können bei qualitativer Forschung als Vorteil genutzt werden, vielleicht mit Ausnahme der Anonymität, die bei bestimmten Fragestellungen auch ein Nachteil sein kann.

Qualitative Online-Forschung setzt den Einsatz des Internets als Trägermedium voraus. Das heißt: Wenn wir über qualitative Online-Forschung sprechen, meinen wir internetbasierte qualitative Erhebungsmethoden, die über Vermittlungskanäle wie E-Mail, Chat, Foren, Instant Messenger, Videokonferenz-Tools oder ähnliches vom Frager zum Befragten (und zurück) übertragen werden. Bei dieser Übertragung unterscheidet man reaktive und nicht-reaktive qualitative Online-Verfahren. Reaktive Online-Verfahren sind solche, bei denen man eine Reaktion hervorruft: Der Interviewer stellt via Internet eine Frage (präsentiert einen Stimulus) und der Proband antwortet via Internet (reagiert auf den Stimulus); es handelt sich also um Primärforschung (Abb. 5.1). Bei non-reaktiven Online-Verfahren werden dagegen keine Reaktionen hervorgerufen: Es gibt keine Probanden, die antworten, sondern der Forscher sucht und sammelt bereits im Internet vorhandene Informationen; es ist sozusagen Sekundärforschung (Desk Research).

Die reaktiven Online-Verfahren (also die eigentlichen Befragungsmethoden) wiederum unterscheidet man in synchrone (zeitgleiche) und asynchrone (zeitversetzte) Verfahren.

Abb. 5.1 Digitale Face-to-Face-Situation. (© Claudia Styrsky)

Bei den synchronen reaktiven qualitativen Online-Verfahren kann man zum Beispiel spontane Reaktionen erfassen. Sie eignen sich daher für Fragestellungen, bei denen eine tiefergehende Reflexion unerwünscht ist, sowie für Themen, bei denen Außeneinflüsse zwingend auszuschließen sind (Theobald und Neundorfer 2010). Asynchrone reaktive qualitative Online-Verfahren eignen sich dagegen für Themen, die eine längere Reflexion der Probanden erfordern.

Einige der qualitativen Forschungsmethoden lassen sich in eine digitale Form transformieren, andere nicht. Dafür bietet das Internet aber auch neue Möglichkeiten, qualitative Forschung online zu betreiben.

5.2 Transformierte Offline-Verfahren

Hier erfahren Sie, welche qualitativen Erhebungsmethoden digitalisiert bzw. mit entsprechenden Anpassungen ins Internet übertragen werden können. Generell möglich ist dies sowohl bei vielen Formen qualitativer Einzelinterviews als auch bei Gruppendiskussionen. Die Unterschiede zum Offline-Bereich (face-to-face) und ihr Einfluss auf die Ergebnisse werden erläutert.

Gruppendiskussionen als meistgenutzte qualitative Forschungsmethode können in digitaler Form als **Synchrone Online-Gruppendiskussionen** durchgeführt werden, für die es spezielle Software-Programme gibt. Die (idealerweise 4 bis 8) Teilnehmer treffen sich hier zu einem bestimmten Zeitpunkt in einem virtuellen Chat-Room und tippen ihre Textbeiträge im Computer ein; ein virtueller Moderator (meist noch unterstützt durch einen Assistenten) leitet die Gruppe, stellt

Fragen, gibt Input, sichtet die Textbeiträge der Teilnehmer und reagiert online darauf.

Virtuelle Gruppenverfahren

Diese Form der Online-Gruppendiskussion hat zweifelsohne große Vorteile durch ihre Zeiteffizienz und Ortsunabhängigkeit (schwierige Zielgruppen können besser rekrutiert werden) und bei sensiblen Themen auch durch die Anonymität der Teilnehmer. Ihr Hauptnachteil ist aber die verminderte Kommunikationsmöglichkeit. Spontane Interaktionen der Teilnehmer untereinander und lebhafte Diskussionen wie bei der Offline-Gruppendiskussion sind hier schwer möglich: Unterschiedliche Tipp- und Lesegeschwindigkeiten der Teilnehmer und zeitverzögerte Reaktionen auf einzelne Beiträge führen im Ergebnis eher zu Gesprächen nebeneinander statt miteinander. Außerdem ist die Gefahr eines unerwünschten Multi-Taskings groß, indem Teilnehmer nebenher noch andere Online-Aktivitäten betreiben.

Synchrone Online-Gruppendiskussionen können aber nicht nur textbasiert, sondern auch video- und audiobasiert durchgeführt werden, entweder mittels Webcam, Voice-over-IP-fähigen Endgeräten oder mithilfe der inzwischen weitverbreiteten Videokonferenz-Tools. Solche Tools können heutzutage – zusammen mit einem stabilen Internetzugang über Breitband- oder Glasfaserkabel – eine wirkliche Alternative zur Online-Gruppendiskussion sein. Zwar sind auch hier die spontanen Kommunikationsmöglichkeiten eingeschränkt, man kann sie aber durch geeignete Maßnahmen fördern: Solche Online-Gruppendiskussionen sollten kürzer (60–90 min) und kleiner (4 bis maximal 6 Teilnehmer) sein als vergleichbare Offline-Methoden (Appleton & Arn, 2020). Die Aufmerksamkeit, das Engagement und die Interaktionen der Teilnehmer können dabei durch gemeinsame Aufgaben wie Collagen und Markenmappings am digitalen Whiteboard, Votings, Feedback-Bekundungen oder Kreativsessions und Diskussionen in teilgruppenbasierten Breakout-Räumen gewährleistet werden. Theoretisch ist sogar eine mobile Teilnahme mittels Smartphone möglich, wobei hier aber mögliche externe Störquellen berücksichtigt werden müssen.

Eine textbasierte Variante sind asynchrone Online-Gruppendiskussionen (auch Pinboard Discussions genannt), die in Diskussionsforen (Newsgroups oder Bulletin Boards) durchgeführt werden. Die (idealerweise 8 bis 15) Teilnehmer treffen sich hier über einen längeren Zeitraum hinweg (von wenigen Tagen bis zu mehreren Wochen), bevorzugt in festgelegten Zeitfenstern (zum Beispiel jeden Abend von 18 bis 19 Uhr). Sowohl der Moderator als auch die Teilnehmer haben hier mehr Zeit, sich mit dem Thema zu beschäftigen. Der Moderator kann besser auf eingehende Textbeiträge eingehen und darauf aufbauend neue Inputs (visuelle Vorlagen oder bereits ausgewertete Erkenntnisse vom Vortag) in die Gruppe geben. Die Teilnehmer können überlegtere Antworten geben, die Antwortdichte ist größer und Untersuchungsmaterial kann fundierter beurteilt werden. Manko sind aber auch hier die eingeschränkten Interaktionsmöglichkeiten der Teilnehmer.

Kombinierte und mehrstufige qualitative Forschungsmethoden sind ebenfalls online durchführbar. **Concept Labs** sind ein solches Verfahren, bei dem Gruppendiskussionen mit Verbrauchern und Workshops mit Unternehmensvertretern abwechselnd durchgeführt werden, um aufeinander aufbauend Produktinnovationen oder Positionierungskonzepte zu entwickeln, zu verfeinern und zu validieren. Die einzelnen Schritte können auch als synchrone Online-Gruppendiskussionen und Online-Workshops iterativ durchgeführt werden und die Kommunikation zwischen Institut und Unternehmen ebenfalls. Maßnahmen zur **Co-Creation** (auch Open Innovation oder Crowdsourcing genannt), bei denen Verbraucher frühzeitig in den Innovationsprozess von Unternehmen eingebunden werden und in mehreren Stufen an der Entwicklung und Auswahl von Produktinnovationen beteiligt sind, können ebenfalls online durchgeführt werden. Digitale Online-Sessions bieten heute neben „normaler" Kommunikation viele Spezialfeatures wie Chat, interne Umfragen, Breakout Sessions (virtuelle Gruppenräume) und Whiteboards mit kreativen Gestaltungsmöglichkeiten. Nicht zu vergessen sind **Delphi-Gruppen** als mehrstufiges iteratives Prognoseverfahren mit heterogener Teilnehmerschaft, welches auch online über einen längeren Zeitraum hinweg durchgeführt werden kann.

Einzelexplorationen sind ebenfalls – mit Einschränkungen – online möglich. Über Instant Messenger (zum Beispiel Videoanrufe über Skype oder WhatsApp) oder in Einzelgesprächen über ein Videokonferenz-Tool sind Explorationen möglich. Am ehesten können problemzentrierte oder fokussierte Interviews online durchgeführt werden. Die Interviewsituation ist dann zwar keine Face-to-face-Situation, jedoch sehen sich die beiden Gesprächspartner wenigstens. Einschränkungen müssen in Kauf genommen werden, weil nonverbale (mimische) Äußerungen des Probanden nicht so deutlich wahrnehmbar sind, weil Untersuchungsmaterial nicht so gut (haptisch natürlich gar nicht) einbezogen werden kann, weil die störungsfreie Untersuchungssituation nicht gewährleistet ist und weil die Interviewdauer online eher kürzer sein muss.

Simulierte Face-to-Face Situation

Indirekte Befragungstechniken können – wenn es sich um „einfache" Verfahren handelt – problemlos online durchgeführt werden. Bei qualitativer Online-Forschung via Fragebogen im Netz gelten allerdings die gleichen Einschränkungen wie bei schriftlichen Befragungen: Weder der Proband noch die Ausfüllsituation können kontrolliert werden, schwer oder nicht verständliche Frageformulierungen und Anweisungen können nicht angepasst werden und die Interviews dürfen wegen erhöhter Abbruchgefahr nicht zu lange sein. Einzelne indirekte Fragestellungen im Rahmen einer qualitativen Online-Untersuchung können aber an die Online-Situation angepasst werden.

Assoziationstests wie der **Wortassoziationstest**, bei dem spontane Assoziationen nur durch Zeitdruck abrufbar sind, können durch eine entsprechende Programmierung des Online-Fragebogens, bei der das Antwortfeld nur für eine kurze begrenzte Zeitdauer offen bleibt, angepasst werden. Das funktioniert auch beim **Bildassoziationstest**, bei dem die visuelle Stimulusdarbietung zeitlich begrenzt werden muss. Dabei muss allerdings gewährleistet sein, dass die Bildqualität stimmt und der assoziationsauslösende Reiz gut wahrnehmbar ist.

Der **Satzergänzungstest** – ganz gleich, ob es sich dabei um gelenkte oder kontrollierte Assoziationen handelt – funktioniert nach dem gleichen Prinzip. Nach Einblendung des unvollständigen Satzes darf das Antwort- bzw. Ergänzungsfenster im Online-Fragebogen nur eine begrenzte Zeit offenbleiben.

Bei Analogien ist die digitalisierte Befragungsform problematischer. Zwar können **gerichtete Analogien** auch im Rahmen von Online-Befragungen eingesetzt und nach der Analogiebildung durch den Probanden in einer getrennten Nachfrage begründet werden. Da die Analogiebildung für den Probanden aber ungewohnt und oft schwierig ist, sind bei einer Online-Befragung aufmunternde und ggf. korrigierende Hinweise sowie explorierende Nachfragen durch den Interviewer nicht möglich. Die Ergebnisse der Analogiebildung müssen deshalb auf ihre Verwertbarkeit genau geprüft werden.

Einfache projektive Methoden können dagegen in digitaler Form verwendet werden. Psychotaktische Befragungsformen eignen sich auch für den Online-Fragebogen. Projektive Ergänzungstechniken können ebenfalls in eine digitalisierte Form umgewandelt werden, sofern sie nicht zu komplex sind. Der **projektive Satzergänzungstest** (ohne Zeitdruck) kann bei einer prägnanteren Frageformulierung problemlos transformiert werden. Der **Sprechblasentest** sowie der **Denkblasentest** können mit entsprechenden visuellen Stimuli ebenfalls in einen Online-Fragebogen integriert werden. Die beiden letztgenannten Verfahren können auch in einer strukturierten Form mit Antwortvorgaben eingesetzt werden, ähnlich wie dies schon für den Picture-Frustration-Test (PF-Test) vor vielen Jahren vorgeschlagen wurde (Werner, 1966). Dies wäre dann aber kein Sprechblasentest, sondern ein Auswahlverfahren.

Komplexere Ergänzungstechniken wie der **Handlungsergänzungstest** sowie die anspruchsvolleren projektiven Konstruktions- und Ausdruckstechniken eignen sich dagegen eher nicht für Online-Befragungen. Alle projektiven Methoden, bei denen der Interviewer ausführliche Frageformulierungen oder komplexe Antwortinstruktionen geben muss oder bei denen er mit Widerständen rechnen muss, weil der Proband in eine ungewohnte Situation gebracht wird, sind für Online-Situationen, in denen der Proband auf sich allein gestellt ist, ungeeignet. Da fehlen die Einflussmöglichkeiten des Interviewers, die in der Regel zum Gelingen dieser Methoden nötig sind.

Projektive Konstruktionstechniken wie der **projektive Verwender** oder die **Personifizierung** können im Rahmen von Online-Befragungen nur dann funktionieren, wenn sie dem Probanden Hilfestellungen in Form von vorgegebenen Auswahlmöglichkeiten bieten. Beim projektiven Verwender können dies entweder verbale Personenbeschreibungen oder visuelle Personenabbildungen sein. Bei der Personifizierung können dies detaillierte Vorgaben zur Soziodemografie (Geschlecht, Alter, Familienstand, Berufsbezeichnungen, Wohnsituation etc.) oder zur Psychografie (Persönlichkeitsmerkmale, Charaktereigenschaften, Sozialverhalten etc.) sein. Einerseits kann die individuelle Zusammenstellung der unterschiedlichen Vorgaben zu einer vollständigeren Personenbeschreibung führen als in der Offline-Variante. Andererseits machen solche Vorgaben projektive Verfahren zu strukturierten Auswahlverfahren und verschieben sie damit nicht nur in den Grenzbereich zwischen qualitativen und quantitativen Methoden, sondern schmälern auch die Aussagekraft der Ergebnisse. Das trifft natürlich auch für alle erwähnten Ordnungsverfahren zu. Die Vorteile der qualitativen Forschungsmethoden im Offline-Bereich können hier nicht in die qualitative Online-Forschung übertragen werden.

Nonverbale Bildertests können allerdings im Rahmen qualitativer Online-Forschung – mit Abstrichen – realisiert werden. Zum Beispiel können **Collagen** digitalisiert werden. Fotocollagen können schon lange erstellt werden. Inzwischen gibt es aber auch spezielle Kreativ-Tools für die qualitative Online-Forschung. Der Proband kann hierbei Fotos (die er entweder selbst hochgeladen hat oder aus einem zur Verfügung gestellten Bilderpool ausgewählt hat) je nach Thema selbst zusammenstellen, mit Textelementen kombinieren und damit seine Einstellungen und Gefühle gegenüber dem Untersuchungsgegenstand visuell zum Ausdruck bringen. Das gleiche gilt für **Moodboards**, die er individuell gestalten und damit Stimmungen, Emotionen oder eine Atmosphäre ausdrücken kann, die zum Thema passt. Es gibt auch Software für das Zeichnen, Malen und für die Fotobearbeitung, auch als App, mit deren Hilfe man Zeichentests wie das **Gemeinschaftsgemälde,** das **Psychodrawing** oder das **freie Klecksen** per Computer, Tablet oder Smartphone anfertigen kann (z. B. ► www.queeky.com). Zu berücksichtigen ist allerdings, dass sich das kreative Arbeiten per Computer vom freihändigen Offline-Arbeiten unterscheidet und die Ausdrucksmöglichkeiten vermindert sind. Die Handlungsmöglichkeiten beim Einsatz von Kreativ-Tools und damit auch die Aussagekraft der Ergebnisse sind eingeschränkt. Nonverbale Handlungstests scheiden dagegen per Definition für einen Einsatz in der qualitativen Online-Forschung aus.

Einsatz von Kreativ-Tools

Die genannten Einschränkungen bei qualitativer Online-Forschung via Fragebogen im Netz fallen – nicht ganz, aber weitgehend – weg, wenn projektive Methoden im Rahmen von videobasierten qualitativen Einzelinterviews eingesetzt werden. Bei Einzelexplorationen via Videokonferenz-Tool kann die Face-to-face-Situation ganz gut simuliert werden. Der Interviewer sieht und hört den Probanden, kann auf nonverbale Signale einigermaßen reagieren und während des Gesprächs auch animierend, explorierend und ggf. korrigierend eingreifen. Natürlich müssen solche Gespräche aufgezeichnet und anschließend transkribiert (wörtliche Gesprächsprotokolle angefertigt) werden, damit sie entsprechend ausgewertet werden können.

In dieser Interviewsituation können auch projektive Konstruktions- und Ausdruckstechniken eingesetzt werden, wenn sie online angepasst sind. Die Instruktion des Interviewers muss klar und verständlich sein, gerade wenn dem Probanden ungewohnte Aufgaben gestellt werden. Die Kommunikation zwischen Interviewer und Proband hat doch einen etwas anderen Charakter, als wenn man sich persönlich gegenübersitzen würde. Denn die Online-Situation verursacht eine etwas größere emotionale Distanz zwischen beiden Gesprächspartnern, und der Appell des Interviewers an die Fantasie des Probanden bei der Durchführung projektiver Konstruktions- oder Ausdruckstechniken wird schwieriger. Dass es aber trotzdem funktionieren kann, zeigt folgendes Beispiel.

Im Rahmen eines Hochschulkurses über qualitative Forschungsmethoden im Frühjahr 2020 führten Studenten videobasierte Einzelexplorationen mittels Videokonferenz-Tools zum Thema Corona durch (Kirchmair 2021). Dabei wurde auch eine Personifizierung des COVID-19 auslösenden Coronavirus mit folgender Frageformulierung vorgenommen:

Personifizierung als Beispiel

„Lassen Sie doch jetzt einmal Ihre Fantasie spielen und stellen Sie sich vor, Corona wäre kein Virus, sondern ein Mensch aus Fleisch und Blut. Was für eine Person wäre das? Versuchen

Sie doch einmal, mir diese Person genau zu schildern: Wie sie aussieht, wie sie lebt, welche Charaktereigenschaften sie hat, welchen Beruf sie ausübt und welche Absichten und Ziele sie in ihrem Beruf hat. Lassen Sie sich ruhig Zeit und denken Sie nach."

Für manche Probanden war diese ungewohnte Aufgabe extrem schwierig. Sie waren spontan nicht in der Lage, eine Personenbeschreibung zu formulieren, sondern mussten mit weiteren konkretisierenden Fragen dazu animiert werden. Andere wiederum kamen dieser Aufgabe problemlos nach und lieferten zum Teil aufschlussreiche Charakterisierungen. Hier einige Zitate:

„Den Virus stelle ich mir als Massenmörder vor, der aber ansonsten einen ganz normalen Beruf hat wie zum Beispiel Bürokaufmann. Er war in seinem ganzen Leben nie auffällig, hat seine Tat schon seit Ewigkeiten geplant und einfach nur auf den richtigen Moment gewartet."

„Corona ist für mich eine Frau wie eine hässliche graue Maus, bei der ich nicht einmal merken würde, wenn sie an mir vorbeigeht. Sie ist Fließbandarbeiterin und lebt in einem Hochhauskomplex, wo sich keiner kennt und sie nicht auffällt."

„Da fällt mir sofort ein Versicherungsvertreter ein. Ein gepflegter Mann mit Zahnpastalächeln, Anzugträger, großes Auto als Statussymbol, lebt in gepflegtem Einfamilienhaus. Kommt vorbei, wenn man ihn nicht braucht und möchte einem Versicherungen verkaufen, die man nicht braucht. Ist überfreundlich, ja schleimig. Lässt sich nicht so leicht abwimmeln und taucht immer wieder auf."

„Ich sehe vor mir eine alte Dame, die uns Menschen die Augen öffnen möchte. Die uns verdeutlicht, dass sich die Natur wieder erholt, Menschen sich über das Miteinander grundlegende Gedanken machen und der ganze Alltag entschleunigt wird."

„Corona ist ein sehr heimtückischer Mensch, dem man ansieht, dass man ihm nicht vertrauen kann. Es ist eine sehr neidische Person, die anderen nicht gönnt, dass sie gut leben und Spaß am Leben haben. Corona gönnt anderen ihre Lebensfreude nicht."

„Das ist schwer. Das ist kein Mensch, aber vielleicht eine Art übergeordnete Instanz in irgendeiner Form. Vielleicht kein Gott, aber jemand, der die Menschen für ihr jahrelanges Leben im Überfluss und ihrer Ignoranz der Natur gegenüber straft und sie wieder auf den Boden der Tatsachen zurückholt. Vielleicht kann man auch sagen, eine Art Richter."

Die Zitate zeigen deutlich, dass die Probanden ihre persönlichen Einstellungen und Empfindungen gegenüber der Corona-Pandemie in die Personifizierung hineinprojiziert haben. Projektive Konstruktionstechniken wie die Personifizierung können also auch online funktionieren, wenn die Offline-Interviewsituation simuliert wird.

5.3 Neue Online-Verfahren

Hier erfahren Sie, welche neue Möglichkeiten das Internet für qualitative Forschungsmethoden eröffnet. Verbale und visuelle Übertragungstechnologien bieten zum Teil Vorteile, die es im herkömmlichen Offline-Bereich nicht gibt. Dabei können auch Verhaltensgewohnheiten, die heutzutage mit der Smartphone-Verwendung einhergehen, für Forschungszwecke genutzt werden.

Das Internet bietet auch neue Möglichkeiten für qualitative Online-Forschung. Da eines der charakteristischen Merkmale des Mediums die Interaktivität ist, hat es zu einer größeren Offenheit der Nutzer geführt, zu einem aktiveren Nutzungsverhalten und zu einer größeren Bereitschaft, sich im Netz zu präsentieren und zu offenbaren. Heute ist ja das Hochladen von Texten, Bildern oder Videos schon alltäglich. Das kann sich die qualitative Online-Forschung zu Nutze machen.

Upload von Informationen

Eine Methode, die es in der qualitativen Forschung bereits als analoge Form gab, sind Tagebücher, in die Probanden zum Beispiel im Vorfeld von Interviews tägliche Eintragungen über ihr Konsumverhalten oder über ihre Mediennutzung machten. In digitalisierter Form als **Online Diaries** ist dies eine noch bessere Möglichkeit, Informationen über Verhalten, Erlebnisse oder Eindrücke von Probanden zu erhalten. Erstens sind die Kontrollmöglichkeiten und die Aktualität der Beiträge eher gewährleistet, wenn die Tagebucheinträge täglich hochgeladen werden. Zweitens können die Einträge noch durch Bildmaterial ergänzt werden, indem die Probanden themengeleitet ihre Erlebnisse oder Eindrücke mit dem Handy fotografieren und mitschicken. Eine Variante der Online Diaries sind die **Video Diaries**, bei denen die Probanden mit dem Handy aufgenommene Videos zu einem bestimmten Thema hochladen. Vor allem Handlungsabläufe oder Verwendungsgewohnheiten eignen sich, um auf diese Art dokumentiert zu werden. Die Vorgehensweise ähnelt der Netnographie, dem digitalen Pendant der Ethnographie.

Der Vorteil vieler qualitativer Online-Verfahren

Den Trend, dass heute alles Mögliche mit dem Smartphone fotografiert und gefilmt wird, machen sich auch die **Erlebnisbilder**, ein qualitatives Online-Verfahren, zu Nutze. Dabei werden Probanden aufgefordert, zum Untersuchungsthema passende Fotos zu machen und hochzuladen. Die Themen können vielfältig sein: vom Einkaufserlebnis in einer Handelskette über besonders aufgefallene Werbeplakate auf der Straße bis hin zu problematischen Situationen im Haushalt, in denen Produkte Hilfestellung geben könnten. Vorteil dieses Verfahrens ist die offene und ungesteuerte Ermittlung und Visualisierung von Aspekten, die für den Probanden eine hohe Relevanz besitzen. Daraus können natürlich Vorlieben, Verhaltenstendenzen oder Kaufabsichten abgeleitet werden.

Eine Online-Alternative zu Imageuntersuchungen sind **Markenlandschaften**, bei denen der Proband mehrere Marken- oder Produktlogos gruppiert oder positioniert. Die Positionierung kann entweder ganz frei erfolgen, um Ähnlichkeiten oder Gemeinsamkeiten herauszustellen. Oder der Proband legt selbst Unterscheidungskriterien für die Marken fest und positioniert dann die Logos per Drag & Drop. Oder die Positionierung erfolgt auf einem Raster anhand vorgegebener Kriterien.

Ein ganz anderes, völlig neuartiges und bisher noch nicht eingesetztes qualitatives Online-Verfahren ist das **Kumulativ-Interview**, bei dem eine Reihe von Probanden nacheinander ihre Meinung zu einem Untersuchungsgegenstand online abgeben. Dabei bildet sich jeder Proband seine Meinung aufgrund der gesammelten Meinungen der vorher bereits zum gleichen Thema befragten Probanden. Das Meinungsbild baut sich langsam von Person zu Person immer weiter auf; das Endergebnis (die Gesamtmeinung aller) hat sich somit kumulativ gebildet. Anzumerken ist hier, dass das Endergebnis natürlich sehr von der Reihenfolge der vorher geäußerten Meinungen abhängen kann. Hierfür geeignete Themen sind solche, bei denen ein kumuliertes Meinungsbild die Treffgenauigkeit erhöht: zum Beispiel die Bewertung von Produktinnovationen, die Entwicklung neuer Servicekonzepte oder die Prognose zukünftiger Szenarien. Jeder Proband muss seine Meinung so prägnant zusammenfassen, dass sie problemlos bis zum nächsten Interview ausgewertet und online als neuer Input präsentiert werden kann – entweder durch Kernsätze, die aneinandergereiht werden, oder durch Bilder, die zur Bildersammlung ergänzt werden. Die Kumulativ-Interviews können entweder nacheinander als Einzelinterviews oder auch im Rahmen einer synchronen Online-Gruppendiskussion durchgeführt werden.

Eine in den letzten Jahren bei vielen Unternehmen beobachtete Entwicklung ist die Einrichtung von **Online Communities** – unternehmenseigene Internetplattformen, auf denen sich relevante Zielgruppen (zum Beispiel eigene Kunden) zur Kommunikation mit dem Unternehmen zur Verfügung stellen. Die Mitglieder von MROCs (Market Research Online Communities) liefern nicht nur Informationen zur Kundenzufriedenheit, sondern werden zunehmend auch als Probanden für qualitative Forschung benutzt sowie in den Innovationsprozess von Unternehmen eingebunden. Auch hier ist der Einsatz vielfältiger digitaler Verfahren auf dem Vormarsch.

Bei alternativen Durchführungsmöglichkeiten muss immer im Einzelfall entschieden werden, inwieweit analoge oder digitale Methoden notwendig sowie angebracht und sinnvoll sind. Alle Verfahren haben ihre Vor- und Nachteile. Bei Kenntnis aller relevanten Merkmale können qualitative Forschungsmethoden gezielt und effizient eingesetzt werden.

5.4 Social Media Research

Hier erfahren Sie, welche Möglichkeiten soziale Netzwerke im Internet für die qualitative Forschung bieten. Social Media als Informationsquellen verfügen zwar über eine Fülle interessanter Ansichten, Bewertungen und Erfahrungsberichte; eine qualitative Auswertung solcher Informationen ist aber sehr aufwendig, zumal sie automatisiert bisher noch nicht zufriedenstellend erledigt werden kann.

Social Media Research ist die zielgerichtete Analyse und Bewertung von Beiträgen, die Internetnutzer im Web hochgeladen haben (User Generated Content). Es handelt sich um eine schon seit Jahren praktizierte Marktforschungsmethode, die das Internet entweder kontinuierlich über einen längeren Zeitraum beobachtet und durchsucht (Web Monitoring) oder ad hoc zu einem bestimmten Zeitpunkt den Status quo ermittelt. Da Kunden immer häufiger im Internet über ihre Meinungen oder Erfahrungen mit Firmen, Marken, Produkten oder Dienstleistungen berichten, sind diese Informationen sehr interessant für Unternehmen, zumal Kaufentscheidungen oft auf Basis solcher Produkterfahrungen und -bewertungen im Netz getroffen werden.

Social Media Research ist aber keine Marktforschung im engeren Sinne, sondern ein non-reaktives Online-Verfahren, weil es nur Informationen sammelt und auswertet, die bereits im Social Web vorhanden sind und darauf warten, entdeckt zu werden. Diese Informationen findet man in diversen Chats, Weblogs, Diskussionsforen, Newsgroups, Meinungsportalen, Online Communities oder sonstigen sozialen Netzwerken. Sie werden entweder quantitativ (meist in Form von Worthäufigkeiten) oder qualitativ ausgewertet. Als qualitative Forschungsmethode können nur solche Maßnahmen bezeichnet werden, welche die Meinungen und Bewertungen unter qualitativen Gesichtspunkten für einen bestimmten Untersuchungsgegenstand auswerten und analysieren.

Auswertung des Social Web

Die Auswertung qualitativer Daten im Internet kann „per Hand“ durch freie Interpretation, sequenzanalytische Verfahren oder in Form einer klassischen qualitativen Inhaltsanalyse erfolgen. Das ist aber extrem zeitaufwendig und kommt in der Praxis nur selten vor. In der Regel werden solche Daten aufgrund ihrer Menge und Heterogenität maschinell mithilfe einer Software analysiert, die entweder auf linguistischen Quellen beruht oder maschinelles Lernen anwendet.

Bei dem auf linguistischen Quellen basierenden Analyseverfahren werden vorab positive und negative Schlüsselwörter definiert und in einem Wörterbuch aufgelistet. Auf dieser Grundlage werden dann die einzelnen Textbeiträge von der Software in die drei Kategorien „positiv“, „neutral“ und „negativ“ eingeteilt. Ergebnis der Analyse ist dann die Angabe, wie die Tonalität der Beiträge ist bzw. in wie vielen Textstellen der Untersuchungsgegenstand positiv oder negativ beurteilt wird. Das Verfahren nennt man auch „Text Mining“ oder „Sentiment-Analyse“, wobei mit Sentiment eine Stimmung oder Empfindung bzw. eine auf einer Emotion basierende Meinung verstanden wird. Diese Vorgehensweise ist aber problematisch, weil durch sie nur vorher festgelegte Schlüsselwörter berücksichtigt werden und mehrdeutige Wörter, Slangausdrücke oder Dialekte, ironische oder vom Kontext abhängige Äußerungen nicht verstanden werden.

Beim neueren Ansatz des maschinellen Lernens wird der Software anhand von Beispieldateien beigebracht, ob es sich um positive oder negative Äußerungen handelt. Aufgrund dieses Wissens ist sie dann in der Lage, auch fremde bzw. ihr unbekannte Texte zu analysieren und deren Tonalität herauszufinden. Ihr Erfolg ist abhängig von den Beispieldateien als Input, die repräsentativ für das jeweilige Themengebiet und kompatibel mit allen nachfolgenden Texten sein müssen. Neueste Textanalyse-Programme mithilfe künstlicher Intelligenz (KI) werden zwar immer besser, bisher kann aber auch die beste Software noch nicht alle Nuancen der menschlichen Sprache verstehen und die Tonalität richtig einordnen. Dafür sind immer noch Menschen notwendig.

Abgesehen von der Frage, ob bei Social Media Research die Angabe von Tonalitäten als Ergebnis einer qualitativen Analyse ausreicht, kann eine Textanalyse der Beiträge von Internetnutzern insbesondere bei Produktbewertungen aus weiteren Gründen problematisch sein (Zaefferer, 2010):

- Es ist grundsätzlich fraglich, wie repräsentativ bzw. aussagekräftig solche Textbeiträge sind. Denn Untersuchungen haben gezeigt, dass zwar viele Nutzer Erfahrungsberichte und Produktbewertungen lesen, aber nur ganz wenige (vielleicht untypische) Beiträge selbst schreiben.

- Da Produktbewertungen für viele Leser kaufentscheidend sind, gibt es einen nicht unerheblichen Anteil an unechten, „gefakten" und tendenziösen Bewertungen, die entweder von den betroffenen Unternehmen selbst lanciert sind oder von Nutzern gegen Bezahlung geschrieben werden.
- Bei neuen Internetforen ist es üblich, sie zunächst mit gekauften Beiträgen zu füllen, damit für neue Nutzer Anreize entstehen, sich in diesem Forum zu engagieren.

Bei solchen Unwägbarkeiten ist es fraglich, ob eine qualitative Analyse von Social-Media-Beiträgen überhaupt sinnvoll ist. Ein Vergleich zwischen Social Media Research und qualitativen Offline-Verfahren wird immer zugunsten der analogen qualitativen Forschungsmethoden ausgehen.

So haben zum Beispiel die englischen Forscher Branthwaite und Patterson einen detaillierten und systematischen Vergleich verschiedener Offline- und Online-Forschungsansätze durchgeführt, bei dem sowohl etablierte Methoden als auch neuere innovative Verfahren einbezogen waren. Ihr besonderes Augenmerk galt der Analyse von Verbrauchereinstellungen in den sozialen Medien und in qualitativen Forschungsinterviews (Branthwaite & Patterson, 2011). Sie kommen in ihrer Analyse zu dem Schluss, dass qualitative Forschung vor allem aufgrund von drei Merkmalen der Social Media Research überlegen ist:

- durch den direkten interaktiven Dialog zwischen Forschern und Verbrauchern,
- durch die Möglichkeit zuzuhören und dadurch die Bedürfnisse und Triebkräfte des Verbraucherverhaltens zu verstehen und
- durch die dynamischen und interaktiven Eigenschaften des Interviews, die ein gemeinsames Verständnis erzeugen können.

Sie stellen deshalb die Gültigkeit und die Zuverlässigkeit der Social Media Research infrage, die in ihren Augen nur ein schlechter Ersatz für qualitative Forschung sein kann.

5.5 Einsatz künstlicher Intelligenz bei qualitativer Forschung

Hier erfahren Sie, wo bzw. an welchen Stellen künstliche Intelligenz (KI) heute im Rahmen qualitativer Forschung eingesetzt werden kann. Der technische Fortschritt in diesem Bereich ist beachtlich und noch lange nicht abgeschlossen. Trotzdem kann künstliche Intelligenz die in der qualitativen

Forschung notwendigen menschlichen Denk- und Transferleistungen bisher nicht ersetzen, sondern nur dort eingesetzt werden, wo der Mensch „vorgedacht" und den Computer mit entsprechenden Daten gefüttert hat.

Im Rahmen der qualitativen Online-Forschung werden viele Forschungsmethoden digital durchgeführt. Hier stellt sich die Frage, inwieweit auch der gesamte Forschungsprozess von der Planung bis zur Ergebnisdarstellung digitalisiert werden kann. Da in der qualitativen Forschung nicht alle Arbeitsschritte standardisiert und automatisiert werden können, liegt die Hoffnung vieler Praktiker und auch Wissenschaftler bei der künstlichen Intelligenz (KI) und dem Maschinenlernen, die momentan eine rasante technologische Entwicklung erfahren.

Die möglichen Auswirkungen dieser Technologien auf die qualitative Forschung werden aber oft überschätzt. Denn Maschinen können noch nicht selbstständig denken, sondern nur das leisten, was ihnen vorher beigebracht worden ist. Sie können gut große Datenmengen ordnen, gruppieren und strukturieren. Im Rahmen empirischer Sozialforschung haben sie sogar in Bereichen wie Facial Coding, Bilderkennung oder Textanalysen große Erfolge erzielt. Dies sind aber alles Anwendungen, bei denen große Datenmengen durch Prozesse verarbeitet werden, die vorher trainiert wurden (Thunig, 2019).

Was aber das menschliche Denken gerade in der qualitativen Forschung auszeichnet – nämlich Transferleistungen auf neue Phänomene anzuwenden – können Maschinen nicht leisten. Die Aufgabenstellungen der qualitativen Forschung sind oft sehr spezifisch und auf Kundenwünsche hin maßgeschneidert. Bei der Ermittlung von Wahrnehmungen und Emotionen, bei der Exploration von Motiven und Entscheidungsprozessen sind Standardisierungen und Automatisierungen für den Erkenntnisgewinn in der Regel nicht zielführend, der Einsatz künstlicher Intelligenz (KI) zum Teil sogar kontraproduktiv (Appleton & Haehling von Lanzenauer, 2019). KI wird deshalb im Rahmen qualitativer Forschung heute an anderen Stellen des Forschungsprozesses eingesetzt.

- **Übersetzungssoftware**

Die qualitative Forschung ist in den letzten Jahren zunehmend internationaler geworden. Zum Beispiel werden Transkripte aus fremdsprachlichen Ländern oft übersetzt, um zentral ausgewertet und analysiert werden zu können. Hierbei kann KI-unterstützte Übersetzungssoftware eingesetzt werden, die wie DeepL in den letzten Jahren große Fortschritte gemacht hat (Schwan, 2017). Man erhält dann zwar sofort einen kompletten Text, dem man allerdings immer noch anmerkt, dass er nicht von einem Menschen stammt.

- **Spracherkennungstechnologie**

Spracherkennungssysteme gibt es schon seit Jahren (Siri, Alexa etc.), und sie werden laufend weiterentwickelt. Inzwischen kann man mit ihnen zum Beispiel am PC oder Handy, im Auto oder über die TV-Fernbedienung mittels Sprachsteuerung Befehle erteilen. Diktiergeräte haben sie schon lange ersetzt und sprecherunabhängige Systeme passen sich neuerdings durch Deep-Learning-Technologie während der Anwendung an die Eigenarten unterschiedlicher Sprecher an. In der qualitativen Forschung können sie zu einer großen Effizienzsteigerung führen, weil nichts mehr „abgetippt" werden muss. Vom Diktieren eines Angebotes oder Berichtes bis zur automatischen Erstellung eines Transkriptes auf Basis der Audioaufzeichnungen von Einzelinterviews und Gruppendiskussionen können moderne KI-unterstützte Spracherkennungssysteme viel Zeit und Kosten sparen – selbst wenn das Ergebnis noch einmal korrekturgelesen werden muss.

- **Chat Bots**

Chat Bots sind textbasierte Dialogsysteme, die auf eine vorgefertigte Datenbank (eine „Wissensdatenbank" mit Erkennungsmustern und Antworten) zugreifen. Sie werden oft im Rahmen von Kundendienstmaßnahmen eingesetzt und haben dort die Funktion eines virtuellen persönlichen Sprachassistenten. Amazons Alexa zum Beispiel greift ebenfalls auf einen Chat Bot zu. Im Rahmen qualitativer Marktforschung können Chat Bots aber bisher nicht eingesetzt werden, weil im Dialog mit ihnen sinnvolle Interaktionen, qualitativer Austausch und Vertiefung im Gespräch noch nicht möglich sind.

- **Auswertungssoftware**

Bei der Auswertung qualitativer Daten wird ja bereits zum Teil QDA-Software wie MAXQDA oder ATLAS-ti eingesetzt (siehe ▶ Kap. 6.3). Da diese Auswertungssoftware qualitative Daten (unstrukturierter Text oder Bild- und Videodateien) nur sortieren, ordnen, gruppieren, strukturieren oder zuordnen kann, eignet sie sich eher für die Bearbeitung größerer Datenmengen. Der größte Nutzen dieser Software zur qualitativen Datenanalyse (QDA) besteht im schnellen, automatisierten Sortieren, Clustern (Gruppieren) und ggf. Ranking (in eine Rangfolge bringen) von unstrukturierten Daten. Das heißt: KI kann helfen, im Rahmen der Auswertung einen schnelleren Überblick zu gewinnen und Textstellen vorgegebenen Kategorien (Inhalten) zuzuordnen.

5

▶ Beispiel: Auswertungsmethoden im Vergleich

Das niederländische Marktforschungsinstitut SKIM hat 2017 im Auftrag des Nahrungsmittelherstellers Danone in einem Experiment verschiedene Auswertungsmethoden miteinander verglichen. Dabei wurden 127 von Verbrauchern selbst erstellte Videos analysiert, um Danones Kommunikationsstrategie für ein neues Produkt zu bestimmen (Hoxtell, 2020). Die Videos wurden auf drei verschiedene Arten ausgewertet: erstens völlig automatisiert mithilfe einer auf künstlicher Intelligenz basierenden Auswertungssoftware, zweitens nur von Menschen und drittens durch eine Mischform, bei der die Videos durch Menschen unter Zuhilfenahme der KI-Software auswertet wurden. Ergebnis: Am schnellsten war die vollautomatische Auswertung, jedoch war sie am oberflächlichsten. Die rein menschliche und die Mensch-Maschine-Auswertung waren ähnlich gründlich und tiefgreifend; jedoch erfolgte die Mensch-Maschine-Auswertung erheblich schneller als die nur durch Menschen durchgeführte Auswertung. Der Zeitgewinn beruhte auf der Möglichkeit der Auswerter, die Ergebnisse der KI-basierten Auswertung als Grundlage für die Gewinnung tiefergehender Einsichten zu nutzen (Görnandt & Bond, 2018). ◀

KI-gestützte Auswertungssoftware wird derzeit immer weiterentwickelt und verbessert, zum Teil unter Einsatz von Insight Engines wie IBM Watson. Das sind Suchmaschinen, die neue Wissensbestände untersuchen, dabei Kontextinformationen wie interne und externe, strukturierte und unstrukturierte Datenbestände einbeziehen und dadurch helfen, das Suchergebnis zu verstehen und einzuordnen (Emmott et al., 2019). Im Rahmen qualitativer Forschung, in der es um die tiefgreifende Analyse und Interpretation komplexer Ergebnisse geht, und darüber hinaus oft strategisches Denken und kundenorientierte Empfehlungen gefordert sind, reichen die Möglichkeiten KI-basierter vollautomatischer Auswertung nicht aus.

? Prüfungsfragen

1. Kann man qualitative Forschungsmethoden auch online durchführen?
2. Erklären Sie den Unterschied zwischen reaktiven und nicht-reaktiven Online-Verfahren.
3. Erklären Sie den Unterschied zwischen synchronen und asynchronen reaktiven qualitativen Online-Verfahren.
4. Welche Vor- und Nachteile haben synchrone Online-Gruppendiskussionen?
5. Mithilfe welcher Übertragungsform kann man qualitative Einzelinterviews online durchführen?

6. Was muss man beachten, wenn man Assoziationstests online durchführen will?
7. Wie kann man nonverbale Verfahren online durchführen?
8. Nennen Sie ein Beispiel für ein qualitatives Online-Verfahren, das durch das Hochladen von Bildern ermöglicht wird.
9. Warum ist Social Media Research keine Marktforschung im engeren Sinne?
10. Wovon hängt die Aussagekraft von Social Media Research ab?
11. Wie funktionieren vollautomatisierte Textanalyseverfahren?
12. In welchen Bereichen des qualitativen Forschungsprozesses kann künstliche Intelligenz eingesetzt werden?

Zusammenfassung

- Besonderheiten des Internets sind dessen Interaktivität, Multifunktionalität, Direktheit, Anonymität und Aktivierungsfunktion.
- Qualitative Online-Forschung setzt den Einsatz des Internets als Trägermedium voraus.
- Bei qualitativen Online-Verfahren unterscheidet man reaktive und nicht-reaktive Verfahren. Bei reaktiven Verfahren werden Fragen gestellt, auf die eine Reaktion erfolgt. Bei nicht-reaktiven Verfahren liegen die Ergebnisse bereits im Internet vor, ohne Fragen gestellt zu haben.
- Reaktive Online-Verfahren unterscheidet man in synchrone (zeitgleiche) und asynchrone (zeitversetzte) Verfahren.
- Vorteile synchroner Online-Gruppendiskussionen sind vor allem deren Zeiteffizienz und Ortsunabhängigkeit.
- Hauptnachteil synchroner Online-Gruppendiskussionen ist die verminderte Kommunikationsmöglichkeit: Interaktionen der Teilnehmer untereinander sind schwerer möglich.
- Qualitative Einzelinterviews sind online am besten über Videoanrufe per Instant Messenger oder Videokonferenz-Tools möglich.
- Assoziationstests sind online nur möglich, wenn der Zeitdruck für die Antworten gewährleistet ist.
- Einfache projektive Methoden können auch online durchgeführt werden.
- Nonverbale Verfahren können zum Teil über spezielle Kreativitäts-Tools online durchgeführt werden. Die Handlungsmöglichkeiten und damit auch die Aussagekraft der Ergebnisse sind aber eingeschränkt.

- Neue qualitative Online-Verfahren werden meist durch das Hochladen von Bildern ermöglicht.
- Social Media Research ist ein non-reaktives Online-Verfahren und abhängig von den bereits im Internet vorliegenden Informationen.
- Die Auswertung von Informationen im Internet ist mit diversen Unsicherheiten verbunden und deshalb nur bedingt aussagekräftig.
- Die automatisierte Auswertung von Textdateien im Internet durch Analyse-Software ist bisher noch nicht vergleichbar mit einer Offline-Auswertung qualitativer Daten.
- Künstliche Intelligenz wird bisher beim qualitativen Forschungsprozesses hauptsächlich im Rahmen von Spracherkennungstechnologie und Übersetzungssoftware eingesetzt.

Schlüsselbegriffe

Qualitative Online-Forschung, reaktive Online-Verfahren, nicht-reaktive Online-Verfahren, synchrone Online-Verfahren, asynchrone Online-Verfahren, synchrone Online-Gruppendiskussion, asynchrone Online-Gruppendiskussion, Pinboard Discussion, Concept Lab, Co-Creation, Open Innovation, Crowdsourcing, Delphi-Gruppe, Online-Collage, Online-Diary, Video-Diary, Online Community, Social Media Research, Text Mining, Sentiment-Analyse, Maschinenlernen, künstliche Intelligenz (KI), Chat Bot.

Die Methoden im Vergleich

(Wie finde ich die geeignete Methode?)

Inhaltsverzeichnis

R. Kirchmair, *Qualitative Forschungsmethoden*,
Angewandte Psychologie Kompakt, https://doi.org/10.1007/978-3-662-62761-7_6

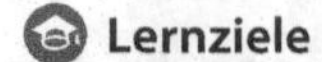

Lernziele

- Wann sollte man Gruppendiskussionen einsetzen?
- Welche Fragen können bei Gruppendiskussionen nicht beantwortet werden?
- Wann sollte man besser Einzelinterviews durchführen?
- Welche explorativen Techniken eignen sich wann?
- Was kann man mit indirekten Befragungstechniken erreichen?
- Für welche Fragestellungen eignen sich Assoziationstests?
- Welche Untersuchungsprobleme können mit projektiven Verfahren gelöst werden?

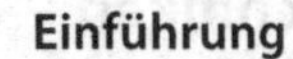

Einführung

Im folgenden Kapitel werden unterschiedliche qualitative Forschungsmethoden vergleichend gegenübergestellt. Für die wichtigsten Methoden werden geeignete Einsatzmöglichkeiten genannt. Die grundlegende Frage, wann Einzelinterviews und wann Gruppendiskussionen eingesetzt werden sollten, wird beantwortet. Ebenso werden die Unterschiede zwischen direkten explorativen Methoden und indirekten Verfahren erläutert und anhand von Beispielen aufgezeigt, welche Forschungsziele sich mit ihnen untersuchen lassen. Bei den indirekten Verfahren wird zwischen assoziativen Verfahren, Analogietechniken und projektiven Methoden differenziert und deren Einsatz für spezifische Fragestellungen empfohlen.

6.1 Einzel- oder Gruppenbefragung?

Hier erfahren Sie noch einmal im direkten Vergleich die spezifischen Vorteile von Einzelinterviews einerseits und von Gruppendiskussionen andererseits. Daraus abgeleitet lernen Sie, wann bzw. bei welchen Fragestellungen in der konkreten Praxisarbeit besser Einzelinterviews und wann besser Gruppendiskussionen eingesetzt werden sollten und warum.

Einzelbefragungen

Der Unterschied zwischen diesen beiden Methodenkategorien liegt auf der Hand. Die Einzelbefragung simuliert eine Gesprächssituation zwischen zwei Personen. Der Interviewer – die Auskunft wünschende Person – stellt hierbei zwar in der Regel Fragen und die Befragungsperson – die Auskunft gebende Person – gibt Antworten. Entscheidend ist aber, dass die befragte Person bei ihren Antworten nicht beeinflusst wird. Deshalb ist es auch Aufgabe des Interviewers dafür zu sorgen, dass die befragte Person ihre Antworten möglichst wahrheitsgemäß und unbeeinflusst von externen Einflüssen formuliert. Vor allem dürfen (außer dem Interviewer) keine weiteren Personen anwesend sein, sodass die Antworten allein aus der inneren Erlebniswelt der befragten Person resultieren.

Was heißt das für die Methodenwahl? Alle Fragestellungen, die auf diese innere Erlebniswelt der befragten Person abzielen, sollten durch eine Einzelbefragung ermittelt werden. Das können einerseits geheime Wünsche und Bedürfnisse, Handlungs- und Entscheidungsmotive, eigene Emotionen, Erlebnisse oder Gedächtnisinhalte sein. Das können andererseits aber auch Kenntnisse und Fähigkeiten, zurückliegende Erfahrungen und Entscheidungsprozesse, subjektive Einstellungen oder sensible Themen sein. Alle Auskünfte, die durch die reine Anwesenheit oder gar durch Äußerungen anderer Personen möglicherweise beeinflusst oder verfälscht werden könnten, sollten im Einzelgespräch eingeholt werden.

- **Gruppenbefragungen**

Bei Gruppenbefragungen ist dies anders: Dort sind mehrere Personen (tatsächlich oder virtuell) anwesend, die sich natürlich gegenseitig beeinflussen. Dies ist aber gewollt und wird bewusst geplant. Denn die gegenseitige Beeinflussung mehrerer Teilnehmer untereinander kann zu einem Austausch unterschiedlicher Ansichten und zur Förderung innovativer Ideen führen. Ganz gleich, um welche Art von Gruppenveranstaltung es sich handelt – das gemeinsame Miteinander mehrerer Personen führt in der Regel zu einem „Mehrwert“ an Informationen.

6.2 Gruppenverfahren

Hier erfahren Sie noch einmal das Wichtigste über die verschiedenen qualitativen Gruppenverfahren im Überblick: Gruppendiskussionen, Workshops, Interaktionssitzungen und Kreativitätstechniken. Sie lernen die grundlegenden Unterschiede sowie die besonderen Einsatzmöglichkeiten dieser Gruppenveranstaltungen kennen.

- **Die Gruppendiskussion**

Die von einem Moderator geleitete Gruppendiskussion mit 8 oder 10 Teilnehmern ist das klassische Beispiel für den positiven Effekt solcher Interaktionen. Die Teilnehmer sprechen nicht nur mit dem Moderator, sondern auch miteinander; sie tauschen Argumente aus, diskutieren unterschiedliche

Standpunkte zum vorgegebenen Thema, ein Wort gibt das andere – manchmal bis hin zur verbalen Konfrontation. Aufgrund der Beiträge der anderen Teilnehmer überdenken sie vielleicht ihre eigene Meinung, kommen zum Teil auf neue Aspekte, die ihnen alleine nicht eingefallen wären. Das Untersuchungsthema wird dadurch oft breiter und eingehender behandelt, als dies in isolierten Einzelgesprächen der Fall sein würde.

Gruppendiskussionen sollten deshalb vor allem unter zwei Gesichtspunkten eingesetzt werden. Zum einen, wenn man erst wenig über das Untersuchungsthema weiß. Wenn man zum Beispiel nicht weiß, wie Konsumenten ein bestimmtes Produkt verwenden, welche Erfahrungen sie mit ihm gemacht haben, welche Vor- und Nachteile sie mit diesem Produkt verbinden, dann kann man die entsprechenden Konsumenten als „Experten" miteinander diskutieren lassen, um daraus Erkenntnisse zu gewinnen. Der zweite Gesichtspunkt ist die Gewinnung unterschiedlicher Standpunkte oder innovativer Ideen. Will man zum Beispiel eine Serviceleistung verbessern oder eine Produkthandhabung optimieren, kann man Personen mit entsprechenden Erfahrungen auffordern, darüber zu diskutieren. Durch den Meinungsaustausch und durch die Diskussion von Verbesserungsmöglichkeiten gelangt man hier nicht selten zu innovativen Lösungsansätzen.

Die Interaktion der Teilnehmer von Gruppendiskussionen hat natürlich den Nachteil, dass im Rahmen dieser Methode keine individuellen Ergebnisse möglich sind: Es können in der Gruppe keine Kenntnisse abgefragt und keine Einstellungen unbeeinflusst ermittelt werden. Will man im Rahmen einer Gruppendiskussion trotzdem unbeeinflusste Einzelergebnisse erzielen, muss man zwischendurch eine Individualsituation herstellen, in der man zum Beispiel die einzelnen Teilnehmer etwas schriftlich ausfüllen lässt (auch „Paper&Pencil-Test" genannt).

- **Der Workshop**

Workshops haben die Aufgabe, ein konkret definiertes Arbeitsziel durch gemeinsame Gruppenarbeit zu erreichen. Erst durch die Interaktion der Teilnehmer kann dieses Ziel erreicht werden, können brauchbare Ergebnisse in Form der Lösung des konkreten Problems gemeinschaftlich erarbeitet werden. Workshops werden also dann eingesetzt, wenn ein konkretes Problem gelöst werden soll. Dabei muss überlegt werden, wer zur Problemlösung beitragen kann. Bei innerbetrieblichen Problemen (zum Beispiel beim Thema Arbeitszufriedenheit) werden die betroffenen Mitarbeiter an der Problemlösung beteiligt. Bei anderen Problemen (zum Beispiel bei Produktinnovationen) werden dagegen oft Workshops mit heterogenen Teilnehmern (Unternehmensmitarbeiter und Verbraucher) durchgeführt.

- **Die Interaktionssitzung**

Interaktionssitzungen sind aufwendige Gruppenveranstaltungen, die eine Vielzahl von projektiven und nonverbalen Methoden umfassen. Sie können bei Untersuchungsthemen eingesetzt werden, für die emotionale Prozesse und tiefliegende, rational nicht zugängliche Motiv- und Bedeutungsstrukturen wesentlich sind, von denen man annimmt, dass sie von Probanden nicht verbalisiert werden können. Im Konsumbereich können dies zum Beispiel Vorurteile, unbewusste Defizite und psychologische Barrieren sein, aber auch geheime Wünsche und Bedürfnisse. Außerdem können die einzelnen Techniken mit leichten Abwandlungen auch in andere qualitative Forschungsmethoden integriert werden.

- **Die Kreativitätstechnik**

Es gibt eine Vielzahl unterschiedlicher Kreativitätstechniken, die auf einer Gruppenarbeit beruhen und erst durch die Interaktionen der Teilnehmer zu kreativen und innovativen Ergebnissen führen. Gemeinsam ist diesen Techniken, dass sie Schritt für Schritt systematisch kreative Ideen fördern und entwickeln, die zur Lösung eines konkreten Problems führen können. Kreativitätstechniken können also immer dann eingesetzt werden, wenn ein Problem vorliegt, das bisher noch nicht gelöst worden ist und von dem man annimmt, dass neuartige, bisher noch nicht praktizierte Ideen zur Problemlösung beitragen können.

6.3 Explorative Befragungstechniken

Hier erfahren Sie noch einmal das Wichtigste über die verschiedenen Explorationstechniken im Überblick: Tiefeninterviews, narrative Interviews, problemzentrierte Interviews, fokussierte Interviews und die Laddering-Technik. Sie lernen die grundlegenden Unterschiede sowie die besonderen Einsatzmöglichkeiten dieser qualitativen Einzelinterviews kennen.

- **Das Tiefeninterview**

Will man von einem Gesprächspartner eingehende, ausführliche und tiefgreifende Informationen über seine Gedanken- und Gefühlswelt erhalten, sollte man im persönlichen Einzelgespräch ein Tiefeninterview führen. Dies ist vor allem dann angebracht, wenn man einem Thema „auf den Grund" gehen will, wenn man sich nicht mit oberflächlichen Antworten oder mit dem, was dem Gesprächspartner zuerst einfällt, zufriedengeben will, sondern wenn man genau ergründen will, was hinter einer Einstellung, einem praktizierten Verhalten oder einer getroffenen Entscheidung steckt. Mit Tiefeninterviews können grundlegende Informationen gewonnen werden. Diese sehr offene und explorative Interviewform ist besonders gut geeignet, wenn man Themen untersuchen will, die mit der individuellen Persönlichkeit des Gesprächspartners zu tun haben: eigene Emotionen, innere Bedürfnisse, geheime Wünsche, Ängste und Befürchtungen, individuelle Gedankengänge, Motive für Entscheidungen und ähnliches mehr.

Um solche Themen ergiebig erforschen zu können, bedarf es allerdings zweier Grundvoraussetzungen. Erstens muss zwischen Interviewer und Gesprächspartner eine Vertrauensbasis bestehen oder hergestellt werden, aufgrund derer sich der Gesprächspartner öffnen kann und keine Scheu hat, dem Interviewer ohne Zeitdruck seine inneren Gefühle und Gedanken zu offenbaren. Zweitens muss der Interviewer in der Lage sein, durch geschickte und sensible Gesprächstechniken flexibel auf den Gesprächspartner einzugehen, um so alle gewünschten Informationen zu erhalten. Wenn diese Grundvoraussetzungen nicht gewährleistet sind, kann kein erfolgreiches Tiefeninterview geführt werden.

■ Das narrative Interview

Bei Themen, von denen man annehmen kann, dass sie dem Gesprächspartner wohl bewusst und auch subjektiv bedeutsam sind, die man aber nicht gezielt ansprechen will, weil man dadurch eine Beeinflussung der Antworten befürchtet, setzt man am besten das narrative Interview ein, bei dem der Proband aufgefordert wird, von sich aus etwas zu einem vorgegebenen Thema zu erzählen. Diese Interviewform eignet sich vor allem für solche Themen, bei denen Ereignisse, eigene Erlebnisse oder Handlungsabläufe eine Rolle spielen. Beispiele hierfür können der gestrige Tagesablauf, wiederkehrende Handlungen, ein prägendes Ereignis, der Entscheidungsprozess beim Autokauf oder anderes sein. Denn die unbeeinflusste Erzählung der Gedankengänge oder Sachverhalte durch den Probanden lässt im Rahmen der Analyse Rückschlüsse auf die subjektive Relevanz inhaltlicher Aspekte und auf latente Deutungsmuster zu.

■ Das problemzentrierte Interview

Das problemzentrierte Interview wird mit einem stärker strukturieren Leitfaden durchgeführt als das narrative Interview. Es sollte dann eingesetzt werden, wenn die Fragestellung keinen rein explorativen Charakter mehr hat. Es eignet sich für Themen, bei denen es bereits Vorwissen zum Untersuchungsgegenstand gibt, die aber qualitativ untersucht und weiter vertieft werden sollen, zum Beispiel bei der Untersuchung innovativer Produktideen, bei der Optimierung von Werbe- oder Servicemaßnahmen. Das problemzentrierte Interview kann sowohl im Rahmen einer Einzelstudie eingesetzt werden als auch in einer qualitativen Vorstufe, in die bestehende Annahmen einfließen, aus der aber auch weitere Einsichten zum Thema gewonnen werden sollen. Daraus gewonnene und verfeinerte Hypothesen werden oft in einem weiteren Schritt quantitativ überprüft.

- **Das fokussierte Interview**

Das fokussierte Interview unterscheidet sich von den vorgenannten Interviewformen durch die Vorgabe eines konkreten Stimulus (eines bestimmten Themas oder Gegenstandes). Im Interview wird dann untersucht, wie der Proband dieses im „Fokus" stehende Objekt wahrnimmt und interpretiert.

Soll also ein Objekt untersucht werden, das erst als Input in das Interview gegeben wird, ist das fokussierte Interview die richtige Methode. Dieses Untersuchungsobjekt kann dem Probanden entweder schon bekannt sein (ein bereits gelesenes Buch, ein Museumsbesuch, eine gemeinsam erlebte soziale Situation o. a.) oder für ihn neu sein (ein verbales Produktkonzept, eine Werbeanzeige, ein TV-Spot o. a.). Untersucht wird beim fokussierten Interview anhand eines Leitfadens das persönliche gefühlsmäßige Erleben des Probanden, die Spontanreaktion, Interpretation, Bewertung und Akzeptanz des vorgegebenen Stimulus. Das fokussierte Interview ist in der qualitativen Forschung die häufigste Form des Einzelinterviews.

- **Die Laddering-Technik**

Wie bereits erwähnt, ist die Laddering-Technik keine eigenständige Interviewform, sondern eine explorative Befragungstechnik, die im Rahmen qualitativer Einzelinterviews angewendet werden kann. Sie sollte dann eingesetzt werden, wenn man vorher die Hypothese oder während des Gesprächs den Eindruck hat, dass der Proband zum Beispiel bei Kauf- oder Verwendungsmotiven nur vordergründige oder vorgeschobene Argumente nennt und die wahren Beweggründe nicht offenbart. Dann können durch gezieltes Nachfragen die zugrunde liegenden Wertvorstellungen oder Nutzenerwartungen offengelegt werden.

In der Praxis werden die vorgenannten Interviewformen nicht immer sauber voneinander getrennt, sondern manchmal auch miteinander kombiniert. Dem Untersuchungsleiter qualitativer Forschung bleibt es vorbehalten, je nach

Fragestellung, Untersuchungsgegenstand und Erkenntnisziel die richtige Untersuchungsmethode auszuwählen oder mit anderen zu kombinieren.

6.4 Indirekte Befragungstechniken

Hier erfahren Sie noch einmal das Wichtigste über die verschiedenen indirekten Befragungstechniken im Überblick: Assoziationsverfahren, Analogiebildungen und projektive Methoden. Sie lernen die grundlegenden Unterschiede sowie die besonderen Einsatzmöglichkeiten dieser indirekten qualitativen Methoden kennen.

6.4.1 Assoziative Verfahren

Durch Assoziationstechniken werden spontane und automatisch sich einstellende Gedankenverbindungen ermittelt, die von einem vorgegebenen Stimulus ausgehen. **Freie Assoziationstests** (mit einem kurzen Wort, Bild oder Klang als Stimulus) werden dann eingesetzt, wenn man völlig unbeeinflusste und unverfälschte Reaktionen auf den Stimulus erhalten will. Ermittelt wird dabei das individuelle semantische Bedeutungsumfeld des Stimulus für den Probanden. Dabei sind zwei Voraussetzungen wichtig: Erstens muss der Proband unvorbereitet mit dem Stimulus konfrontiert werden. Das heißt, dass vorher nicht schon über den Stimulus und seine Bedeutung gesprochen worden ist. Und zweitens muss die Reaktion auf den Stimulus so schnell (unter Zeitdruck) erfolgen, dass sie spontan ist und nicht erst durchdacht bzw. rationalisiert werden kann.

Gelenkte Assoziationstests wie zum Beispiel Satzergänzungs- oder Lückentests werden ebenfalls zur Ermittlung spontaner Assoziationen eingesetzt. Da der Stimulus hier aber komplexer ist und bereits die Richtung der Assoziationen vorgibt, sind die Reaktionen nicht mehr unbeeinflusst. Diese Form der Assoziationstests wird dann eingesetzt, wenn man die Antwort in eine gewünschte Richtung drängen will. So kann man zum Bespiel durch eine entsprechende Formulierung des Satzanfanges vorbestimmen, ob die Reaktion wertfrei ist oder sich auf die eigene Person bezieht und damit eine persönliche Bewertung beinhaltet.

Bei den **kontrollierten Assoziationen** sind die Reaktionsmöglichkeiten inhaltlich noch mehr eingeengt. Durch vorgegebene Bedingungen wird die Bandbreite möglicher Assoziationen kontrolliert und nur noch ein kleines Assoziationsspektrum zugelassen. Diese Form des Assoziationstests wird gewählt, wenn man ganz gezielt die zu erwartenden Assoziationen auf einen eng begrenzten Inhalt beziehen will (zum Beispiel auf ein bestimmtes Unterthema oder ein klar umrissenes Sachgebiet). Die Auswertung der Ergebnisse wird dadurch einfacher und zielgerichteter und kann zu einer höheren Effizienz beitragen.

Eingeschränkte Assoziationen erhält man, wenn man nacheinander in schneller Reihenfolge Reaktionen auf mehrere Stimuli fordert. Beim Wortketten-Assoziationstest muss zum Beispiel nach jedem Stimulus möglichst schnell eine Spontanassoziation geäußert werden. Die Einschränkung wird dabei durch die kurze Reaktionszeit verursacht, aufgrund derer man nur eine schnelle Antwort geben kann. Diese Spezialform ist dann angebracht, wenn der oder die eigentlichen Stimuli (die Schlüsselwörter, auf die es ankommt) verschleiert werden sollen. Vor allem bei intimen oder tabuisierten Themen können hier Assoziationen auf Reizwörter ermittelt werden, ohne dass dies zu unerwünschten Emotionen oder Blockaden führen würde.

6.4.2 Analogien

Mit Hilfe von Analogien können die Merkmale und Eigenschaften eines Untersuchungsgegenstandes indirekt umschrieben werden, ohne dass man direkt danach fragt. Diese Verfremdungstechnik kann dann sinnvoll eingesetzt werden, wenn die direkte Frage nicht zielführend ist, weil der Proband sie nicht beantworten kann oder will. Bei Markenkern- oder Imageuntersuchungen kommt es zum Beispiel häufig vor, dass man eine Marke nicht gut beschreiben oder beurteilen kann, weil man nur ein vages Vorstellungsbild von ihr hat, weil man die mit ihr verbundenen Gefühle nicht in Worte fassen kann oder weil markenbezogene Wahrnehmungen dem Probanden nicht mehr direkt zugänglich sind. In solchen Fällen – wenn direkte Fragen nicht zum Erfolg führen – kann der indirekte Weg über eine Analogiebildung weiterhelfen.

Bei den durch Analogien gewonnenen Erkenntnissen können allerdings im Rahmen der Analyse leicht Missverständnisse und Interpretationsprobleme auftreten. Deshalb sollte der Proband immer unmittelbar nach der Analogiebildung aufgefordert werden, diese zu begründen bzw. die Ähnlichkeiten zwischen der gebildeten Analogie und dem Ursprungsthema (dem Untersuchungsgegenstand) zu erläutern.

6.4.3 Projektive Methoden

Projektive Methoden, bei denen eigene Gefühle, Bedürfnisse oder Ansichten auf andere Personen oder Situationen übertragen werden, haben den Vorteil, dass der Proband nicht über die eigene Person sprechen muss und dabei trotzdem persönliche Informationen preisgibt. Solche Methoden sollten also vor allem dann eingesetzt werden, wenn es um Themen geht, über die der Proband nicht gerne spricht (weil sie ihm unangenehm sind) oder über die er nicht sprechen kann (weil sie ihm selbst gar nicht so recht bewusst sind). Das können sehr sensible oder Tabuthemen sein, das können aber auch Dinge sein, die er vor anderen verbergen oder nicht zugeben möchte. Außerdem eignen sich alle Themen, die der sozialen Erwünschtheit unterliegen oder bei denen der Gruppendruck im sozialen Umfeld des Probanden einen Einfluss auf die Antwort haben könnte. Bei Themen, mit denen sich der Proband selbst noch gar nicht auseinandergesetzt hat (zum Beispiel die Beurteilung eines Untersuchungsgegenstandes, die ihm sehr schwer fällt), kann der Einsatz von projektiven Methoden ebenfalls zu weitergehenden Erkenntnissen führen, die durch direkte Fragen nicht zu erzielen wären. Der Einsatz projektiver Methoden kann aber nicht nur themenorientiert empfohlen werden, sondern auch zielgruppenorientiert. Denn bei Personengruppen, die ihre Antworten nur schwer in Worte fassen können, erleichtern solche Methoden manchmal auch die Artikulation.

Bei der projektiven Methode der **Personifizierung** kommt noch ein weiteres Kriterium hinzu. Diese Methode eignet sich besonders zur Beurteilung von Marken, von anonymen Unternehmen oder von anderen Untersuchungsgegenständen, für die geeignete Beurteilungskriterien fehlen. Da hier die Beschreibung entsprechender Merkmale und Eigenschaften oft schwerfällt, kann die Projektion auf eine Person ein Hilfsmittel sein, um solche Untersuchungsgegenstände ausführlich zu beurteilen. Denn Menschen kann man viel besser und detaillierter beschreiben als anonyme Institutionen, weil man sich auch im Alltagsleben oft Gedanken über Persönlichkeitsmerkmale und Charaktereigenschaften von Mitmenschen macht. Allerdings muss gewährleistet sein, dass man bei der Beurteilung solcher Institutionen nicht an konkrete Personen (zum Beispiel an den Vorstandsvorsitzenden) denkt, weil sonst nur diese Personen beschrieben würden.

Grundsätzlich muss beim Einsatz indirekter Methoden aber stets beachtet werden, dass sie bei der Analyse ihrer Ergebnisse einen relativ großen Interpretationsspielraum bieten. Sie sollten deshalb nicht als einzige Informationsquelle fungieren, sondern können mit ihrem Erkenntniswert nur andere empirische Ergebnisse ergänzen (Kirchmair, 2011).

Prüfungsfragen

1. Welche Themen können durch Einzelbefragungen besonders gut untersucht werden?
2. Was ist der besondere Vorteil von Gruppendiskussionen?
3. Wann werden Gruppendiskussionen bevorzugt eingesetzt?
4. Welche Untersuchungsthemen können in Gruppendiskussionen nicht behandelt werden?
5. Für welche Aufgaben sind Workshops geeignet?
6. Welche Grundvoraussetzungen müssen bei einem erfolgreichen Tiefeninterview erfüllt sein?
7. Was ist bei der Durchführung von Assoziationstests zu beachten?
8. Für welche Untersuchungsprobleme eignen sich projektive Methoden besonders gut?

Zusammenfassung

- Einzelinterviews eignen sich für Themen, bei denen der Proband nicht durch andere Personen beeinflusst werden sollte.
- Gruppendiskussionen eignen sich für Themen, bei denen die Interaktion der Teilnehmer untereinander ergebnisfördernd ist.
- Gruppendiskussionen sollten bevorzugt dann eingesetzt werden, wenn man erst wenig über das Untersuchungsthema weiß.
- In Gruppendiskussionen können individuelle Gedanken und Gefühle nicht unbeeinflusst ermittelt werden.
- Workshops haben die Aufgabe, ein konkret definiertes Problem durch gemeinsame Gruppenarbeit zu lösen.
- Tiefeninterviews sollten eingesetzt werden, wenn man im Einzelinterview einem individuellen Thema „auf den Grund" gehen will.
- Fokussierte Interviews werden eingesetzt, wenn man einen konkret dargebotenen Stimulus besprechen oder beurteilen lassen will.
- Assoziationstest sollten dann eingesetzt werden, wenn man völlig unbeeinflusste und unverfälschte Reaktionen auf einen Stimulus ermitteln will.
- Bei Analogieverfahren sollte man das erzielte Ergebnis hinterher vom Probanden begründen lassen.
- Projektive Methoden eignen sich für Themen, über die der Proband nur ungern spricht oder bei denen eine Beeinflussung durch soziale Erwünschtheit möglich ist.

Schlüsselbegriffe

Einzelbefragung, Gruppenbefragung, Gruppendiskussion, Workshop, Interaktionssitzung, Kreativitätstechnik, Tiefeninterview, narratives Interview, problemzentriertes Interview, fokussiertes Interview, Laddering-Technik, Assoziationstechnik, freier Assoziationstest, gelenkter Assoziationstest, kontrollierte Assoziation, eingeschränkte Assoziation, Analogie, projektive Methode, Personifizierung.

Subjektive versus objektive Analyse

(Wie wertet man qualitative Ergebnisse aus?)

Inhaltsverzeichnis

R. Kirchmair, *Qualitative Forschungsmethoden*,
Angewandte Psychologie Kompakt, https://doi.org/10.1007/978-3-662-62761-7_7

Lernziele

- Welche Auswertungsmethoden gibt es für qualitative Forschung?
- Wie wertet man Gruppendiskussionen aus?
- Wie läuft eine qualitative Inhaltsanalyse ab?
- Was ist der Unterschied zwischen Auswertung und Analyse qualitativer Daten?
- Welche Vorteile hat die Auswertung qualitativer Daten mithilfe einer Auswertungs-Software?

Einführung

Zu guter Letzt werden die Bedingungen für eine Auswertung qualitativer Daten beschrieben und die Notwendigkeit wörtlicher Protokolle begründet. Es werden verschiedene Auswertungsverfahren sowohl für Gruppendiskussionen als auch für Einzelinterviews vorgestellt. Die qualitative Inhaltsanalyse als wichtigste und häufigste Auswertungsmethode wird Schritt für Schritt verständlich erklärt. Schließlich wird auf die Möglichkeit einer computergestützten Auswertung qualitativer Daten mithilfe von QDA-Software eingegangen und deren Vor- und Nachteile werden gegenübergestellt.

Qualitative Forschungsmethoden und insbesondere indirekte Befragungstechniken sind offene Verfahren, deren Auswertung und Analyse nicht objektiv und logisch zwingend vorgenommen werden kann, sondern einen subjektiven Interpretationsspielraum zulassen. Die Ergebnisse indirekter Befragungstechniken dürfen deshalb nicht als alleinige Informationsquelle für das Erkenntnisziel fungieren, sondern müssen immer im Verbund mit weiteren empirischen Ergebnissen bewertet und interpretiert werden. Die eingangs berichteten vier grundlegenden Prinzipien bei qualitativer Forschung (Offenheit, Individualität, Bedeutsamkeit und Reflexibilität) gelten auch für die Auswertung qualitativer Forschungsmethoden.

Offenheit bedeutet dabei, dass die Auswertung der Ergebnisse in einer Art und Weise vorgenommen werden muss, dass sie nichts von vornherein ausschließt, sondern alles zulässt, was für die ursprüngliche Forschungsfrage von Bedeutung sein könnte. Nur so kann gewährleistet werden, dass kein eventuell relevantes Ergebnisdetail während der Auswertung verloren geht und das Ergebnis zum runden Gesamtbild wird. Jede Auswertung qualitativer Daten ist natürlich mit einer Verdichtung verbunden und führt zu einer besseren Übersicht über die Ergebnisse. Die **Individualität** als zweites Prinzip bedeutet, dass trotz des Bestrebens nach Übersichtlichkeit individuelle Einzelergebnisse nicht aus den Augen verloren werden dürfen. Intraindividuelle Ergebnisse und atypische Einzelfallaussagen, die von der allgemeinen Tendenz abweichen, müssen zumindest dahingehend geprüft werden, ob sie nicht doch für die Beantwortung der Forschungsfrage relevant sein könnten. Das dritte Grundprinzip ist die **Bedeutsamkeit** der Ergebnisse. Das wichtigste Anliegen qualitativer Auswertung ist es ja, typische und charakteristische Ergebnisse herauszuarbeiten, die kennzeichnend für die Forschungsfrage sind. Denn nur, wenn in der Auswertung alle wesentlichen und bedeutsamen Erkenntnisse herausgefunden werden, wird der Untersuchungsbereich inhaltlich vollständig abgedeckt. Man spricht hier auch von „inhaltlicher Repräsentanz" der Ergebnisse (Naderer, 2011a). Nur dann kann man aufgrund der Ergebnisse Hypothesen entwickeln, die eine „theoriebildende Rekonstruktion" zulassen und die Entwicklung von Erklärungsmodellen für zukünftiges Verhalten ermöglichen. Die **Reflexibilität** schließlich als viertes Grundprinzip der qualitativen Auswertung ist eine rückblickende Betrachtung der Ergebnisse. Schon während des Auswertungsprozesses muss der Forscher eine möglichst objektive und distanzierte Haltung einnehmen. Aber auch nach der Auswertung und bei der Analyse und Interpretation der Ergebnisse muss er mit eigenen Deutungen vorsichtig sein, die Bedeutung der Ergebnisse für das Forschungsziel kritisch reflektieren und bei Erhalt neuer Kenntnisse ggf. auch modifizieren.

7.1 Auswertung von Gruppenverfahren

> Hier erfahren Sie, welche unterschiedliche Auswertungsmethoden es bei Gruppenverfahren gibt, welche Voraussetzungen erfüllt sein müssen, worauf man achten sollte und wie die einzelnen Schritte von der Transkription bis zur Ergebnisdarstellung aussehen.

Prinzipien einer qualitativen Auswertung

Voraussetzung einer jeden Auswertung ist die Dokumentation der Rohdaten. Bei Gruppendiskussionen sind das vor allem die gesprochenen Worte, der Diskussionsverlauf im Wortlaut. Gruppendiskussionen werden in der Regel mit Bild und Ton aufgezeichnet und verschriftet in Form eines Transkripts, eines wörtlichen Protokolls. Leider wird dieses Transkript in der Praxis nicht immer als Grundlage für die Auswertung und Analyse verwendet. Es kommt vor, dass der Moderator eine oder zwei Gruppendiskussionen an einem Tag durchführt und sich am Abend oder am Tag danach hinsetzt und diese dann aus dem Gedächtnis heraus analysiert. Diese Methode wird auch als freie Interpretation oder „intuitive Deutung" bezeichnet. Der Untersuchungsleiter interpretiert hier die in der Diskussion getroffenen Aussagen ohne vorangehende Analyseschritte und fasst die seiner Meinung nach wichtigsten Ergebnisse zusammen. Typisch ist hier eine kurze schriftliche Management Summary als Output, die unmittelbar nach Durchführung der Gruppendiskussionen erstellt wird. Von einer solchen „Analysearbeit" ist dringend abzuraten, weil dies erstens mit einem extremen Qualitätsverlust und zweitens mit einer höchst subjektiven Wertung verbunden ist. Denn im Gedächtnis des Untersuchungsleiters bleiben nur diejenigen Aussagen und Diskussionsbeiträge haften, die er selbst für wichtig hält (Problem der selektiven Wahrnehmung) und die eventuell seine vorgefasste Meinung bestätigen.

Was in der Praxis bei der Auswertung von Gruppendiskussionen auch vorkommt, ist die mit der Durchführung zeitgleiche Protokollierung des Diskussionsverlaufes. Anstelle oder auch zusätzlich zur Aufzeichnung sitzt ein Protokollant im (oder auch außerhalb vom) Diskussionsraum und schreibt die Aussagen der Teilnehmer live mit. Bei einer zum Teil lebhaften Diskussion, bei der mitunter mehrere Personen gleichzeitig sprechen, ist es klar, dass der Protokollant nicht alles mitschreiben kann, sondern nur das (seiner Meinung nach) Notwendigste – und das nicht wörtlich, sondern verkürzt – protokollieren kann. Dieses stark verdichtete Protokoll dient dann (meist wenn der Zeitdruck groß ist) als Grundlage für die Auswertung der Gruppendiskussion. Auch hiervon ist abzuraten, weil der Qualitätsverlust zu groß ist. Dieses mitgeschriebene Protokoll kann zwangsläufig nur einen Teil des Diskussionsverlaufes beinhalten. Außerdem hängt seine Ausführlichkeit von der Schreibgeschwindigkeit des Protokollanten ab, und die Auswahl der mitgeschriebenen Worte von dem, was der Protokollant für wichtig hält.

Blick in die Praxis: Stenographisches Protokoll

Gruppendiskussionen wurden in den 1980er Jahren mittels Videokassetten auf Magnetband (Betamax oder VHS) aufgezeichnet. Von der Tonspur der Magnetbänder oder von zusätzlich mitlaufenden Audiokassetten wurden Transkripte erstellt, welche als Grundlage für die Auswertung dienten. Da die Tonqualität in der Regel nicht optimal war und bei lebendigen Diskussionen meist mehrere Personen durcheinander sprachen, war die Erstellung eines vollständigen wörtlichen Protokolls nicht möglich.

Ein psychologisch-qualitatives deutsches Marktforschungsinstitut hat dies zum Anlass genommen, die Tonaufzeichnungen von Gruppendiskussionen zu optimieren, indem es einen Stenografen (ein heute ausgestorbener Beruf) eingesetzt hat. Dieser Stenograf, der die Kurzschrift perfekt beherrscht hat, war der damals einzige hauptberufliche Stenograf in Deutschland und wurde bei wichtigen Gerichtsverhandlungen zum Stenografieren eingesetzt. Er hatte ein eigenes Schreibbüro in Hamburg, das auf Basis seiner Kurzschrift-Aufzeichnungen Wortprotokolle mit der Schreibmaschine abtippte. Dieser Stenograf war wegen seiner Schreibgeschwindigkeit auch mehrfacher deutscher Kurzschrift-Meister.

Bei der Mitschrift von Gruppendiskussionen bekam jeder Diskussionsteilnehmer ein Nummernkärtchen vor sich hingestellt und der Stenograf ordnete alle Äußerungen den jeweiligen Personen zu. Im Wortprotokoll war dann bei jedem Wortbeitrag vermerkt, von welcher Person er stammte. Der Stenograf war beim Mitschreiben so schnell, dass er beim Diskutieren und Durcheinanderreden die Wortbeiträge von bis zu vier gleichzeitig sprechenden Teilnehmern mitschreiben und im Wortprotokoll den jeweiligen Personen zuordnen konnte. Für den Stenografen war die Mitschrift von Gruppendiskussionen eine willkommene Übung und Vorbereitung für die nächste Kurzschrift-Meisterschaft. Die Wortprotokolle wurden dem Institut spätestens am zweiten Tag nach der Gruppendiskussion vom Hamburger Schreibbüro zugeschickt. Die Anfertigung solcher Wortprotokolle war allerdings sehr teuer und wurde einige Jahre später eingestellt, nachdem die Gruppendiskussions-Auftraggeber nicht mehr bereit waren, die Mehrkosten für diesen Mehrwert zu übernehmen.

Speziell für die Auswertung von Gruppenverfahren mit ihrer komplexen Kommunikationsstruktur und eigenen Gesprächsdynamik (die Teilnehmer einer Gruppendiskussion kommunizieren sowohl mit dem Moderator als auch untereinander) bietet die Wissenschaft zwei Analyseverfahren an (Naderer, 2011b), die hier kurz erwähnt werden sollen. Das eine ist die **Konversationsanalyse**, bei der neben thematischen Inhalten vor allem der Konversationsstil zentraler Bestandteil der Analyse ist. Die einzelnen Diskussionsbeiträge werden daraufhin untersucht, ob ihre Kommunikationsform formalen Ordnungsprinzipien folgen. Der Konversationsstil bei bestimmten Themen kann zum Beispiel in Form von sachlichen Feststellungen, Appellen, Provokationen oder Forderungen erfolgen. Die Diskussion kann durch ein Bestreben nach Konsens geprägt sein oder sehr kontrovers ablaufen und in Uneinigkeit enden. Solche formalen Gesichtspunkte sind bei der Konversationsanalyse, die dem Prinzip „Form vor Inhalt“ folgt, ausschlaggebend. Das zweite Verfahren ist die **Diskursanalyse**, bei der in einer umfassenderen Form nicht nur das „Wie“, sondern auch das „Was“ bei Gruppenmeinungen und -diskussionen interpretiert wird. Dabei wird zum einen der inhaltliche Verlauf eines Diskurses festgestellt; zum anderen wird versucht, diesen inhaltlichen Verlauf durch eine genaue Analyse der linguistischen Besonderheiten zu interpretieren. Da jedoch in der qualitativen Marktforschung das vorrangige Erkenntnisziel auf den Inhalten der Diskussionen liegt und formale und linguistische Aspekte in den Hintergrund treten, werden diese beiden Analyseverfahren in der Praxis unter Kosten-Nutzen-Erwägungen in der Regel nicht angewendet.

Das am häufigsten bei Gruppendiskussionen angewendete Auswertungsverfahren orientiert sich an der qualitativen Inhaltsanalyse, einem relativ stark strukturierten Verfahren, das die Inhalte der Diskussion in den Vordergrund stellt (Mayring, 1985). Bei der Auswertung von Gruppendiskussionen geht es – wie bei der Auswertung qualitativer Daten generell – um die Reduktion komplexer Daten. Die Grundprinzipien der qualitativen Inhaltsanalyse sowie die Grundformen der Interpretation werden ausführlicher bei der Auswertung von Einzelinterviews beschrieben, weil sie eher im Rahmen von Einzelfallanalysen berücksichtigt werden können. Ich möchte deshalb an dieser Stelle auf ein paar praktische Aspekte bei der Auswertung von Gruppendiskussionen eingehen.

Voraussetzung für die Auswertung von Gruppendiskussionen ist deren ausführliche Dokumentation: Sie müssen vollständig in Bild und Ton aufgezeichnet werden. Dabei spielt natürlich der Bildausschnitt eine Rolle; er sollte so gewählt sein, dass man die Gruppendiskussionsteilnehmer möglichst deutlich und vollständig sieht. Denn nur so kann man – was allerdings in der Praxis nicht oft geschieht – auch nonverbale Reaktionen der Teilnehmer wie Mimik oder Gestik bei der Auswertung berücksichtigen. Und die Tonqualität muss natürlich eine Transkription ermöglichen.

Eine weitere Voraussetzung für die ordnungsgemäße Auswertung ist ein Transkript, das alle Wortbeiträge während der Gruppendiskussion (auch die des Moderators) möglichst vollständig im Wortlaut wiedergeben sollte. Wenn dies nicht möglich ist (zum Beispiel bei allgemeinen Gefallens- oder Missfallenskundgebungen, Gelächter oder nicht identifizierbarem Stimmengewirr) sollte dies im Transkript entsprechend vermerkt werden. Nicht-inhaltliche Äußerungen wie Räuspern, Ehm- oder Hm-Laute müssen nicht unbedingt protokolliert werden. Empfehlenswert ist allerdings die Zuordnung der Wortäußerungen zu den einzelnen Teilnehmern (was bei einer Bild-Ton-Aufzeichnung ja möglich ist). Empfehlenswert ist es übrigens auch, dass der Moderator der Gruppendiskussion die Auswertung und Analyse selbst vornimmt.

Der erste Schritt der Auswertung ist die inhaltliche Ordnung der Wort- und Diskussionsbeiträge. Die einzelnen Themen und deren Reihenfolge sind zwar in der Regel im Diskussionsleitfaden vorgegeben. Bei Gruppendiskussionen kommt es aber immer wieder vor, dass ein Thema zu verschiedenen Zeitpunkten während der Diskussion behandelt wird – sei es, dass ein für später vorgesehenes Thema spontan schon früher in der Gruppe thematisiert wird oder ein bereits diskutiertes Thema an späterer Stelle noch einmal aufgegriffen wird. Deshalb sollten im Transkript inhaltlich zusammengehörige Themen entsprechend markiert werden.

Im zweiten Schritt müssen die Aussagen und Diskussionsbeiträge zu den einzelnen (für die Forschungsfrage relevanten) Themen inhaltlich kategorisiert werden. Das heißt: Für jedes Thema muss überlegt werden, inwieweit gleiche und ähnliche Inhalte zusammengefasst werden können und wie viele solcher Inhaltszusammenfassungen (= Kategorien) und welche dieses einzelne Thema inhaltlich abdecken bzw. repräsentieren. Dieser Prozess der Kategorisierung ist ein Reduktionsprozess, der die Vielfalt unterschiedlicher Standpunkte und Aspekte verdichtet und die inhaltliche Komplexität reduziert und dadurch übersichtlicher werden lässt. Wie viele Kategorien gebildet werden, hängt einerseits von der Vielfalt und Dichte des Ausgangsmaterials ab und andererseits vom auswertenden Untersuchungsleiter, der sich überlegen muss, wie stark oder wie wenig er das Ausgangsmaterial (= Rohdaten) verdichten will.

Datenreduktion durch Kategorisierung

Empfehlenswert ist es, sich während dieses Kategorisierungsprozesses im Transkript diejenigen wörtlichen Aussagen zu markieren oder herauszuschreiben, welche die typische Charakteristik einer Kategorie besonders treffend beschreiben und deshalb im Rahmen der Ergebnisdarstellung als Zitat verwendet werden könnten (soweit man sich dazu entschlossen hat, die Ergebnisdarstellung durch wörtliche Zitate zu untermauern).

Die Kategorienbildung als Kernstück der qualitativen Auswertung und Analyse

Nach der endgültigen Kategorisierung (eventuell auch schon vorher) sollte man sich überlegen, wie man die Ergebnisse einer oder mehrerer Gruppendiskussionen darstellt. In der Regel werden Schaubilder (Charts) in PowerPoint erstellt, welche die Ergebnisse visuell in übersichtlicher Form wiedergeben. Dabei werden Inhalte gezeigt, keine Quantitäten. Zahlen sind nur in Ausnahmefällen erlaubt, wenn Relationen verdeutlicht werden sollen.

Bei der Auswertung von Interaktionssitzungen, in denen viele projektive und nonverbale Verfahren zur Anwendung kommen, ist der subjektive Interpretationsspielraum des Untersuchungsleiters viel größer als bei Gruppendiskussionen. Deshalb ist es üblich, die Auswertung von einem Expertenteam vornehmen zu lassen. Das Team setzt sich meist aus drei bis vier Personen unterschiedlicher Fachrichtungen (Psychologen, Soziologen, Wirtschaftswissenschaftlern etc.) zusammen, die gemeinsam die in der Gruppe erarbeiteten Ergebnisse analysieren und interpretieren. Mögliche Interpretationen werden im Team diskutiert und nur dann als richtig angesehen, wenn sie von allen Team-Mitgliedern gemeinsam akzeptiert werden.

7.2 Auswertung von Einzelinterviews

Hier erfahren Sie, was man alles bei der Auswertung qualitativer Einzelinterviews beachten sollte. Die einzelnen Schritte der qualitativen Inhaltsanalyse werden ausführlich beschrieben und die Unterschiede zwischen Auswertung und Analyse werden erläutert.

Auch die Durchführung qualitativer Einzelinterviews sollte dokumentiert werden, insbesondere dann, wenn sie anhand eines Leitfadens durchgeführt wurde. Explorationsgespräche können nicht mitgeschrieben werden, sondern müssen aufgezeichnet werden, weil ansonsten der Gesprächsverlauf gestört würde, die Frageformulierungen des Interviewers nicht festgehalten würden und nicht alle relevanten inhaltlichen Aspekte erfasst werden könnten. Neben der obligatorischen Tonaufzeichnung empfiehlt sich ggf. auch eine Bildaufzeichnung, weil nur dadurch nonverbale Reaktionen des Probanden ausgewertet bzw. bei der Analyse berücksichtigt werden können.

Auf Basis der Interviewaufzeichnung wird dann ein Transkript erstellt, das neben Fragen und Antworten im Wortlaut auch inhaltlich relevante nonverbale Reaktionen des Probanden (zustimmende oder ablehnende Mimik, die Worte unterstreichende Gestik etc.) dokumentiert. Sollte die Reihenfolge der Themen im Gespräch nicht der Reihenfolge im Leitfaden entsprechen oder sollte ein Thema im Gespräch an mehreren Stellen zu unterschiedlichen Zeitpunkten behandelt werden, muss auch beim Einzelinterview die inhaltliche Ordnung der Einzelthemen hergestellt werden bzw. zusammengehörige Antworten des Probanden zu einem Thema im Transkript markiert werden.

Neben der inhaltlichen Auswertung des oder der Interviews sollte auch die Interviewsituation bzw. die Aufmerksamkeit und Aufgeschlossenheit des Probanden vom Interviewer vermerkt werden, weil solche Kontextaspekte die Ergebnisse beeinflussen können. Ideal ist es, wenn der Untersuchungsleiter selbst interviewt. Sollten aber (zum Beispiel aus Kapazitäts-, Zeit- oder Kostengründen) Interviewer eingesetzt werden, die nicht an der Auswertung beteiligt sind, empfiehlt sich vor dem Interview ein Briefing (in dem die Interviewer über die Hintergründe, die Forschungsfrage und das Erkenntnisziel der Interviews informiert und für das bevorstehende Interview geschult werden) und hinterher ein Debriefing (in dem die Interviewer den Untersuchungsleiter über die Interviewsituation, besondere Auffälligkeiten oder Vorkommnisse während der Interviews und erste Erkenntnisse aus ihrer Sicht informieren).

Bei der Auswertung unterscheidet man zwischen einer Längsschnittauswertung und einer Querschnittauswertung. Die Längsschnittauswertung ist eine intraindividuelle Auswertung bei ein- und derselben Person. Das heißt: Ein einzelnes Interview wird ausgewertet im Hinblick auf inhaltliche Gemeinsamkeiten und Widersprüche. Es wird geprüft, inwieweit das Interview in sich konsistent ist, und es werden Bezüge zwischen verschiedenen Aussagen dieser Person hergestellt. (Zum Beispiel: Was antwortet die Person auf Frage 12? Passt das zu dem, was sie vorher auf Frage 8 geantwortet hat?). Die Querschnittauswertung ist dagegen eine interindividuelle Auswertung und bezieht sich auf ein einzelnes Thema oder auf eine bestimmte Frage. Es wird geprüft, welches Ergebnis bei einer Frage über alle Personen der Stichprobe hinweg herausgekommen ist. (Zum Beispiel: Was antworten alle Personen auf Frage 12?).

Längs- oder Querschnitt?

Die Auswertung qualitativer Einzelinterviews erfolgt in der Regel nach inhaltsanalytischen Aspekten. Den Rahmen gibt die qualitative Inhaltsanalyse vor (Mayring, 1985), die Anleitungen für eine Reduktion der inhaltlichen Komplexität qualitativer Ergebnisse zur Verfügung stellt. Die Bedeutung von Aussagen macht sie von folgenden Voraussetzungen abhängig:

- Kontext: Verbal identische Aussagen können in verschiedenen Kontexten eine unterschiedliche Bedeutung haben.
- Latente Sinnstrukturen: Die Bedeutung von Wörtern ist weder objektiv noch eindeutig definiert, sondern vom jeweiligen Subjekt abhängig.
- Einzelfälle: Aussagen, die nur selten oder nur einzeln auftreten, können dennoch von Bedeutung für das Erkenntnisziel sein.

- Präsenz und Absenz: Auch Nichterwähntes kann von Bedeutung sein, denn auch dann kann eine bestimmte Meinung oder Wertung dahinterstehen.

Die qualitativen Daten werden dann in mehreren Schritten ausgewertet, indem das Datenmaterial in Einheiten zerlegt und nacheinander bearbeitet wird (◼ Abb. 7.1).

Die 6 Schritte der qualitativen Inhaltsanalyse

1. Zunächst muss das Ziel der Kategorienbildung auf Grundlage der Forschungsfrage definiert werden. Außerdem müssen die inhaltlichen Dimensionen der Kategorisierung („nach was wird gesucht?") und das Abstraktionsniveau („wie stark soll verdichtet werden?") vorab definiert werden.
2. Mit diesen Definitionen im Hinterkopf werden dann induktiv aus dem Datenmaterial heraus inhaltliche Kategorien gebildet. Das Datenmaterial wird (Zeile für Zeile) durchgearbeitet. Wenn das erste Mal eine zur Kategoriendefinition passende Textstelle gefunden wird, wird dafür eine Kategorie konstruiert und benannt.
3. Wird im weiteren Auswertungsverlauf wieder eine dazu passende Textstelle gefunden, wird sie dieser Kategorie ebenfalls zugeordnet (subsumiert). Wenn die neue Textstelle die allgemeine Kategoriendefinition erfüllt, aber zu der bereits induktiv gebildeten Kategorie nicht passt, wird eine neue Kategorie formuliert.
4. Wenn man nach einem Teil des Materialdurchgangs (zwischen 10 % und 50 % des Gesamtmaterials) merkt, dass so gut wie keine neuen Inhalte mehr kommen und deshalb keine Kategorien mehr gebildet werden müssen, wird das gesamte Kategoriensystem noch einmal überarbeitet.

◼ **Abb. 7.1** Kategorienbildung. (© Claudia Styrsky)

5. Es muss geprüft werden, ob die Logik klar ist: Die Kategorien müssen sich gegenseitig ausschließen (keine inhaltlichen Überlappungen), müssen erschöpfend sein (alle Antworten müssen zugeordnet werden können) und ihr Abstraktionsgrad muss zu Gegenstand und Fragestellung passen.
6. Falls dadurch Änderungen des Kategoriensystems vorgenommen werden müssen, wird das gesamte Datenmaterial nochmals von Anfang an bearbeitet und an das neue Kategoriensystem angepasst.

Ergebnis dieser Auswertung ist ein Set von Kategorien zu einer bestimmten Thematik (zum Beispiel zu einem bestimmten Thema im Rahmen des Leitfadens), dem spezifische Textstellen zugeordnet sind.

Die qualitative Inhaltsanalyse erlaubt die systematische Reduktion qualitativer Daten unter konsequenter Berücksichtigung des intraindividuellen längsschnittlichen Kontextes. Die Reduktion und damit Selektion der Daten konzentriert sich dabei sehr stark auf inhaltliche Themenfelder mit dem Ziel, ein problemadäquates, strukturierendes Ordnungssystem zu identifizieren (Naderer, 2011b).

Auswertung von Assoziationen zum Thema "Sterben"

Ich möchte aber darauf hinweisen, dass die eigentliche Analyse erst nach diesen einzelnen Auswertungsschritten folgt. Die Formulierung „qualitative Inhaltsanalyse“ ist insofern irreführend, als sich die oben beschriebenen Schritte der Datenreduktion auf die Auswertung des Datenmaterials beziehen. Die eigentliche Analyse erfolgt erst dann, wenn die Auswertung des Datenmaterials „auf dem Tisch liegt“. Im Rahmen der Analyse überlegt sich der Untersuchungsleiter, wie die Ergebnisse interpretiert werden müssen, welche Bedeutung sie für die ursprüngliche Forschungsfrage haben, welche Konsequenzen daraus in der Zukunft gezogen werden sollten, und (zum Beispiel bei einem Unternehmen als Initiator für die Forschung) welche konkreten Empfehlungen oder Handlungsanweisungen auf Basis der Untersuchungsergebnisse ausgesprochen werden können.

Auswertung oder Analyse?

Bei der Interpretation qualitativen Datenmaterials geht es darum, die allgemeine Bedeutung eines Ergebnisses durch Verknüpfung mit bereits vorhandenen Erkenntnissen darzulegen. Dabei können einerseits sowohl Bezüge innerhalb der Untersuchung, zu anderen Untersuchungen oder zu psychologischen Theorien und Modellen hergestellt werden. Andererseits können auch Erkenntnisse und interne Erfahrungen eines Unternehmens als Auftraggeber oder unternehmensinterne Bezüge zum Anlass für die Forschungsfrage bei der Ergebnisinterpretation berücksichtigt werden. Gerade durch solche Analyseleistungen unterscheidet sich der qualitative Forscher oftmals vom quantitativen Untersuchungsleiter.

Zusammenfassend kann gesagt werden, dass die Phase des qualitativen Forschungsprozesses von der Auswertung bis zur Ergebnisdarstellung in der Regel folgende Schritte umfasst:

a. Auswertungsvorbereitung (auch Datenaufbereitung genannt): Die Rohdaten (Fragebogenmitschriften bzw. Video- oder Audioaufzeichnungen) müssen so aufbereitet werden, dass sie ausgewertet werden können. In der Regel bedeutet dies die Erstellung eines wörtlichen Transkripts und ggf. die Markierung gleicher oder ähnlicher Inhalte (sofern sie sich an verschiedenen Stellen befinden).
b. Auswertung: Einteilung des gesamten Transkripts in einzelne Themenbereiche (fragenweise oder nach verschiedenen inhaltlichen Themen geordnet) sowie Kategorisierung und inhaltliche Verdichtung jedes einzelnen Themenbereiches (Kategorienbildung nach inhaltsanalytischen Gesichtspunkten, siehe Mayring, 1985).
c. Analyse: Interpretation der Ergebnisse (Bedeutung der Ergebnisse und Überlegung bei jedem Thema, inwieweit sie Erkenntnisse zur Beantwortung der ursprünglichen Forschungsfragen bzw. Erkenntnisziele bringen).
d. Empfehlungen: Überlegung, welche Konsequenzen aus den Ergebnissen gezogen werden könnten oder sollten, und Erarbeitung von entsprechenden Empfehlungen bzw. Handlungsanweisungen für die Zukunft.
e. Ergebnisdarstellung: Verbale oder visuelle Darstellung (z. B. anhand von PowerPoint-Charts) der Ergebnisse unter Berücksichtigung der Präsentationsziele und Erwartungen der Rezipienten.

7.3 Computergestützte Auswertung

Hier erfahren Sie, wie die Auswertung qualitativen Datenmaterials computergestützt mit Hilfe von QDA-Software (qualitative Datenanalyse) durchgeführt werden kann. Sie erfahren aber auch, dass diese Software die eigentliche Denkarbeit (die inhaltliche Kategorienbildung) nur unterstützen, nicht aber ersetzen kann.

Bereits seit einigen Jahren gibt es Software für die computergestützte Auswertung qualitativer Daten. „Computergestützt" heißt, dass der Computer den Auswerter bei seiner Arbeit unterstützen kann, ersetzen kann er ihn nicht. Diese Art von Software nennt man QDA-Software (Software zur qualitativen Datenanalyse). Im deutschen Sprachraum werden vor allem MAXQDA (◘ Abb. 7.2) und ATLAS-ti eingesetzt. Beide Verfahren können qualitative Daten (in der Regel die Texte von Transkripten) verwalten und organisieren; möglich ist dies aber auch bei Bildern oder Videos als Ausgangsmaterial. Texte können nach definierten Kriterien geordnet und vorher gebildeten Kategorien zugeordnet und vercodet werden, Worte oder Wortkombinationen können im Text gesucht und gezählt werden, Worthäufigkeitslisten können gebildet werden. QDA-Software kann damit vor allem bei der Verarbeitung großer qualitativer Datenmengen zu einer besseren Effizienz führen.

Für die Auswertung qualitativer Daten bedeutet dies zunächst, dass das gesamte Datenmaterial vollständig elektronisch erfasst werden muss. Die oben bei der qualitativen Inhaltsanalyse beschriebenen Auswertungsschritte müssen auch bei einem Einsatz von QDA-Software vollzogen werden. Das heißt: Die eigentliche Denkarbeit – das Durchlesen der Transkripte und die Bildung inhaltlicher Kategorien – muss im Rahmen der Auswertung nach wie vor geleistet werden. Die QDA-Software kann lediglich beim Aufsuchen definierter Worte oder Textstellen helfen und das gesamte Kategoriensystem übersichtlicher gestalten. Die für die qualitative Analyse geforderten Merkmale Offenheit, Individualität, Bedeutsamkeit und Reflexibilität kann eine QDA-Software aber nur dann erfüllen, wenn ein hohes Maß an menschlicher Intelligenz in die Bearbeitung der Texte und deren Kategorisierung einfließt. Letzteres kann kein QDA-Softwaresystem ersetzen (Naderer, 2011b).

Prüfungsfragen

1. Durch welche Maßnahmen versucht man, den Interpretationsspielraum bei der Auswertung qualitativen Datenmaterials zu reduzieren?
2. Wie heißen die vier Grundprinzipien qualitativer Forschung, die auch bei der Auswertung qualitativen Datenmaterials beachtet werden sollten?
3. Erläutern Sie, was mit Querschnittauswertung und Längsschnittauswertung gemeint ist.
4. Was benötigt man als Basis für die Auswertung von Gruppendiskussionen?
5. Welche Auswertungsform wird bei der Auswertung qualitativem Datenmaterials am häufigsten verwendet?
6. Erläutern Sie die einzelnen Schritte bei der qualitativen Inhaltsanalyse.

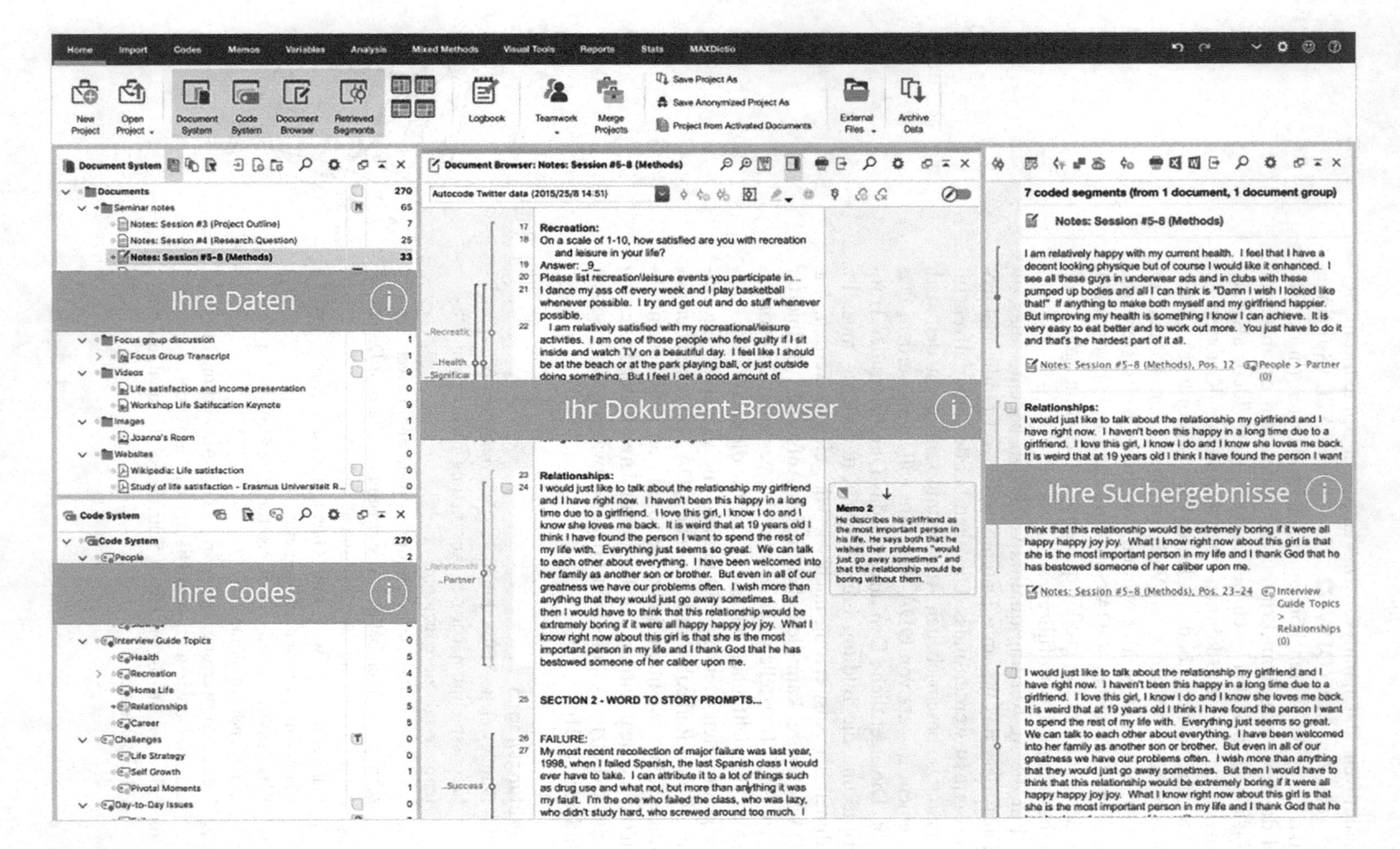

Abb. 7.2 QDA-Software zur Auswertung qualitativer Daten

Zusammenfassung

- Bei der Auswertung und Analyse qualitativer Forschungsmethoden gibt es immer einen subjektiven Interpretationsspielraum.
- Auch bei der Auswertung qualitativer Daten müssen die vier Prinzipien qualitativer Forschung – Offenheit, Individualität, Bedeutsamkeit und Reflexibilität – beachtet werden.
- Bei der Auswertung von Einzelinterviews unterscheidet man die Längsschnittauswertung (bei ein und derselben Person) von der Querschnittauswertung (ein Thema über alle Personen).
- Grundlage für die Auswertung von Gruppendiskussionen sollte immer ein wörtliches Protokoll des Diskussionsverlaufes (Transkript) sein.
- Die qualitative Inhaltsanalyse ist die meist verwendete Auswertungsform bei qualitativem Datenmaterial.
- Bei der qualitativen Inhaltsanalyse werden beim Durcharbeiten des Datenmaterials so lange inhaltliche Kategorien gebildet, bis keine neuen Inhalte mehr vorkommen.
- Qualitatives Datenmaterial kann auch mithilfe von QDA-Software ausgewertet werden. Diese Software zur qualitativen Datenanalyse kann aber Textstellen nur ordnen bzw. den vorher vom Untersuchungsleiter gebildeten Inhaltskategorien zuordnen.

Schlüsselbegriffe

Inhaltliche Repräsentanz, Transkript, freie Interpretation, Konversationsanalyse, Diskursanalyse, qualitative Inhaltsanalyse, Längsschnittauswertung, intraindividuelle Auswertung, Querschnittauswertung, interindividuelle Auswertung, Kategorienbildung, QDA-Software

Serviceteil

R. Kirchmair, *Qualitative Forschungsmethoden*,
Angewandte Psychologie Kompakt, https://doi.org/10.1007/978-3-662-62761-7

Literatur

Altschuller, G. S. (1984). *Erfinden – Wege zur Lösung technischer Probleme*. VEB Technik.

Appleton E., & Arn, S. (2020). Online Quali-Forschung. So fern und doch so nah! Whitepaper von Happy Thinking People.

Appleton E., Haehling von Lanzenauer N. (2019). Wie geht die Qualitative Forschung mit Künstlicher Intelligenz (KI) um. ► www.marktforschung.de/dossiers/themendossiers/data-science-und-kuenstliche-intelligenz/dossier/wie-geht-die-qualitative-forschung-mit-kuenstlicher-intelligenz-ki-um/. Zugegriffen: 21. Febr. 2021.

Berekoven L., Eckert W., & Ellenrieder, P. (2009). Erhebungsverfahren mittels Beobachtung. In L. Berekoven, W. Eckert, & P. Ellenrieder (Hrsg.), *Marktforschung* (S. 149–153). Gabler.

Branthwaite, A., & Patterson, S. (2011). The power of qualitative research in the era of social media. *Qualitative Market Research, 14*(4), 430–440.

Bretz, J. (1997). *Projektive Verfahren. Unveröffentlichte Arbeitsgrundlage des Ernest Dichter Instituts*. Frankfurt am Main.

Buzan T., & Buzan, B. (2013). *Das Mind-Map Buch. Die beste Methode zur Steigerung ihres geistigen Potenzials*. mvg.

Checkland, P., & Scholes, J. (1999). *Soft systems methodology in action*. Wiley.

Cichorius, J. (1997). Verfahren der psychologischen Marktforschung. Unveröffentlichte Arbeitsgrundlage des Ernest Dichter Institutes.

Crawford, R. P. (1964). *The techniques of creative thinking*. Fraser.

Dalkey, N., & Helmer, O. (1962). An experimental application of the Delphi Method to the use of experts. *Management Science, 3*(9), 458–467.

De Bono, E. (1982). *Laterales Denken*. Rowohlt.

De Bono, E. (2016). *Six thinking hats*. Penguin Life.

Dichter, E. (1961). *Strategie im Reich der Wünsche*. dtv.

Dichter, E. (1981). *Das große Buch der Kaufmotive*. Econ.

Dollard, J., Doob, L. W., Miller, N., Mowrer, O. H., & Sears, R. R. (1939). *Frustration and aggression*. Yale University Press.

Egner, S. (2019). Klick oder Blick? *Planung & Analyse, Zeitschrift für Marktforschung und Marketing, 5*, 49–51.

Ekman, P., & Friesen, W. (1978). *Facial action coding system: A technique for the measurement of facial movement*. Consulting Psychologists Press.

Ekman, P. (2016). *Gefühle lesen*. Springer.

Ematinger, R., & Schulze, S. (2020). *Spielend Ziele setzen und erreichen: Objectives and Key Results mit Lego Serious Play*. Springer.

Emmott, S., Alaybeyi, S., & Mullen, A. (2019). *Magic quadrant for insight emgines*. ► https://s3.amazonaws.com/media.mediapost.com/uploads/InsightEngines.pdf. Zugegriffen: 28. Febr. 2021.

Feldmann, F., & Hellmann, K.-U. (2016). Partizipation zum Prinzip erhoben. In T. Knoll (Hrsg.), *Neue Konzepte für einprägsame Events. Partizipation statt Langeweile – vom Teilnehmer zum Akteur* (S. 29–54). Springer.

Felser, G. (2010). Von impliziten Prozessen und indirekten Messungen: Woran man sie erkennt und wozu sie gut sind. In Koschnick (Hrsg.), *Focus-Jahrbuch 2010* (S. 73–106). Focus Magazin.

Felser, G. (2015). *Werbe- und Konsumentenpsychologie*. Springer.

Frink, G. (1992). Ein junger Klassiker – Bericht aus der qualitativen Forschung. Planung und Analyse, Informationen über Forschung, Werbung, Märkte, 1/1992.

Gadeib A. (2021). KI in der Marktforschung – Die richtige Balance aus Automation und Intuition. ► https://www.marktforschung.de/

dossiers/themendossiers/kuenstliche-intelligenz-in-marktanalyse-kundenmanagement-und-darueber-hinaus/dossier/ki-in-der-marktforschung-die-richtige-balance-aus-automation-und-intuition/. Zugegriffen: 08. Apr. 2021.

Görnandt, J., & Bond, S. (2018). (Wo)man vs Machine – From competition to collaboration. Research & Results, international issue 2018/2019, S. 28.

Gordon, W. (1961). *Synectics: The development of creative capacity*. Harper.

Greenwald, A. G., McGhee, D. E., & Schwartz, J. L. K. (1998). Measuring individual differences in implicit cognition: The implicit association test. *Journal of Personality and Social Psychology, 74,* 1464–1480.

Gutjahr, G. (2011). Psychodynamik: Wirkung unbewusster Prozesse. In G. Naderer & E. Balzer (Hrsg.), *Qualitative Marktforschung in Theorie und Praxis* (S. 69–82). Gabler.

Hörmann, H., & Rosenzweig, S. (1957). *Der Rosenzweig P-F Test*. Hogrefe.

Hofstätter, P. (1971). Gruppendynamik. Kritik der Massenpsychologie. Rowohlt.

Hoxtell, A. (2020). Automatisierung qualitativer Marktforschung mit Künstlicher Intelligenz PraxisWissen German. *Journal of Marketing, 1,* 111–123.

Johannsen, U. (1971). *Das Marken- und Firmen-Image*. Duncker & Humblot.

Kahneman, D. (2012). *Schnelles Denken, Langsames Denken*. Siedler.

Kepper, G. (1996). *Qualitative Marktforschung: Methoden, Einsatzmöglichkeiten und Beurteilungskriterien*. DUV.

Kirchmair, R. (1979). Interaktions-Sitzungen. Unveröffentlichte Arbeitsgrundlage des Ernest Dichter Institutes.

Kirchmair, R. (1981). Indirekte Befragungsmethoden in der Marktforschung. In H. Haase & W. Molt (Hrsg.), *Handbuch der Angewandten Psychologie, Markt und Umwelt* (Bd. 3, S. 38–52). Verlag Moderne Industrie.

Kirchmair, R. (2008). Neue Wege in der qualitativen Online-Forschung. *Planung & Analyse, Zeitschrift für Marktforschung und Marketing, 1,* 55–57.

Kirchmair, R. (2009). Online Explorationen mittels Instant Messenger. Poster auf der BMV-Fachtagung Den ‚homo digitalis' verstehen – Qualitative Forschung im Internet.

Kirchmair, R. (2011). Indirekte psychologische Methoden. In G. Naderer & E. Balzer (Hrsg.), *Qualitative Marktforschung in Theorie und Praxis* (S. 345–365). Gabler.

Kirchmair, R., & Maxl, E. (2014). Quantified Self – Die Zukunft der Marktforschung? Möglichkeiten und Grenzen der Selbstvermessung. *Planung & Analyse, Zeitschrift für Marktforschung und Marketing, 3,* 32–35.

Kirchmair, R. (2020). Messen oder verstehen? Zur Zukunft der Qualitativen Forschung. In B. Keller, H.-W. Klein, A. Wachenfeld-Schell, & T. Wirth (Hrsg.), *Marktforschung für die Smart Data World* (S. 217–228). Springer.

Kleining, G. (1999). Zur Geschichte der Introspektion: Themenschwerpunkt: Introspektion als Forschungsmethode. *Journal für Psychologie, 7*(2), 3–6. ► https://nbn-resolving.org/urn:nbn:de:0168-ssoar-28708. Zugegriffen: 03. Nov. 2020.

Luther, M. (2013). *Das große Handbuch der Kreativitätsmethoden*. managerSeminare Verlag.

Marcotty, T. (1981). *Epsy: Signale tief aus dem Unsäglichen. Context, Vertraulicher Informationsdienst zu Fragen der Kommunikation in Wirtschaft und Gesellschaft, Folge 456,* 13–13A.

Mayring, P. (1985). Qualitative Inhaltsanalyse. In G. Jüttemann (Hrsg.), *Qualitative Forschung in der Psychologie* (S. 187–211). Beltz.

McDaniel, C., & Gates, R. (1995). *Contemporary marketing research*. West Group, Eagan.

Merton, R. K., & Kendall, P. L. (1946). The focused interview. *American Journal of Sociology, 51*(6), 541–557.
Meyer, J.-U. (2008). *Das Edison-Prinzip. Der genial einfache Weg zu erfolgreichen Ideen*. Campus.
Moreno, J. L. (1959). *Gruppenpsychotherapie und Psychodrama*. Thieme.
Murray, H. A. (1943). *Thematic apperception test*. Harvard University Press.
Naderer, G. (2011a). Standortbestimmung aus theoretischer Perspektive. In G. Naderer & E. Balzer (Hrsg.), *Qualitative Marktforschung in Theorie und Praxis* (S. 25–40). Gabler.
Naderer, G. (2011b). Auswertung & Analyse qualitativer Daten. In G. Naderer & E. Balzer (Hrsg.), *Qualitative Marktforschung in Theorie und Praxis* (S. 405–434). Gabler.
Naderer, G., & Frank, D. (2015). Den homo heuristicus verstehen: Implizit braucht Explizit – und umgekehrt. ► www.marktforschung.de/hintergruende/themendossiers/behavioral-economics/dossier/den-homo-heuristicus-verstehen-implizit-braucht-explizit. Zugegriffen: 31. Marz. 2018.
NEON (Network Online Research, Hrsg.). (2004). *Leitfaden zur Qualitätssicherung für Qualitative Online Marktforschung*. BVM.
Osborn, A. F. (1979). *Applied imagination. Principles and procedures of creative problem-solving*. Charles Scribner's Sons.
Osgood, C. E., Suci, G. J., & Tannenbaum, P. H. (1957). *The measurement of meaning*. Urbana.
Papastefanou, G. (2013). *Experimentelle Validierung eines Sensor-Armbandes zur mobilen Messung physiologischer Stress-Reaktionen*. Gesis technical reports. Gesis.
Parnes S. J. (1992). *Source book for creative problem solving*. University of Buffalo.
Pollock, F. (1955). *Gruppenexperiment. Ein Studienbericht. Europäische Verlagsanstalt*. Frankfurt am Main.
Raab, G., Gernsheimer, O., & Schindler, M. (2009). *Neuromarketing. Grundlagen – Erkenntnisse – Anwendungen*. Gabler.
Raab, G., Unger, A., & Unger, F. (2016). *Marktpsychologie. Grundlagen und Anwendung*. Springer.
Reegen J. (2019). Die Think-Aloud-Methode. Seminararbeit der FH St. Pölten. ► https://fhstpmedien.wordpress.com/2019/01/21/die-think-aloud-methode/. Zugegriffen: 03. Nov. 2020.
Reynolds, T.J., & Gutman, J. (1988). Laddering theory. Method, analysis, and interpretation. *Journal of Advertising Research, 28*(1), 11–31.
Rico, G. L. (1984). *Garantiert schreiben lernen*. Rowohlt.
Rogers, C. (1992). *Die nicht-direktive Beratung. Counseling and Psychotherapy*. Fischer.
Rohrbach, B. (1969). *Kreativ nach Regeln – Methode 635, eine neue Technik zum Lösen von Problemen. Absatzwirtschaft, 12,* Heft 19, S. 73–76.
Salcher, E. F., & Hoffelt, P. (1995). *Psychologische Marktforschung*. De Gruyter.
Schilcksupp, H. (1999). Proggressive Abstraktion. In H. Schlicksupp (Hrsg.), *Ideenfindung* (S. 64–67). Vogel.
Schub von Bossiazky, G. (1992). *Psychologische Marketingforschung*. Vahlen.
Schulthess, M. (2012). Grundlagen der Analogiebildung. In: *Die Nutzung von Analogien im Innovationsprozess* (S. 11–35). Gabler. ► https://doi.org/10.1007/978-3-8349-4027-8_3. Zugegriffen: 08. Okt. 2020.
Searls, D. (2019). *Im Auge des Betrachters. Hermann Rorschach und sein bahnbrechender Test*. Btb.
Semeonoff, B. (1976). *Projective techniques*. Wiley.
Stephan, E. (1961). *Methoden der Motivforschung – Befragung und projektive Verfahren*. Verlag Moderne Industrie.

Stürmer, R., & Schmidt, J. (2014). *Erfolgreiches Marketing durch Emotionsforschung*. Haufe.

Szymanski, M. (2010). Das Haßloch-Experiment. Süddeutsche Zeitung vom 19.05.2010. ► https://www.sueddeutsche.de/wirtschaft/der-deutsche-testmarkt-das-hassloch-experiment-1.907694. Zugegriffen: 08. Oct. 2020.

T.E.A.M. (2002). *Kreativitätstechniken. Veröffentlichung des Instituts Team für effiziente angewandte Marktpsychologie*. Frankfurt am Main.

Theobald, E., & Neundorfer, L. (2010). *Qualitative Online-Marktforschung. Grundlagen, Methoden und Anwendungen*. Nomos.

Thunig, C. (2019). KI wird in den nächsten Jahren nicht zum Game-Changer in der Marktforschung. ► https://www.marktforschung.de/dossiers/themendossiers/data-science-und-kuenstliche-intelligenz/dossier/ki-wird-in-den-naechsten-jahren-nicht-zum-game-changer-in-der-marktforschung/. Zugegriffen: 08. Oct. 2020.

Von Staabs, G. (2004). *Der Scenotest, Beitrag zur Erfassung unbewusster Problematik und charakterologischer Struktur in Diagnostik und Therapie*. Hogrefe.

Watzlawick, P., Beavin, J. H., & Jackson, D. D. (2017). *Menschliche Kommunikation*. Hogrefe.

Weis, M. (1998). *Die projektiven Verfahren in der empirischen Datenerhebung*. Unveröffentlichte Diplomarbeit an der Johann Wolfgang Goethe-Universität.

Werner, S. (1966). Versuch einer Objektivierung des Rosenzweig P-F Tests. *Zeitschrift für experimentelle und angewandte Psychologie, Heft 1 / Band XIII, 1*. Quartal 1966, S. 133–181. Verlag für Psychologie Dr. C.J. Hogrefe.

Wilde, K. (1950). Die Wunschprobe; ein neuer Test zur Untersuchung der charakterologischen Dynamik. *Psychologische Rundschau, 1. Jahrg*. 1950, S. 21 ff. Hogrefe, Göttingen.

Winder, T (2006). Imagery Forschung. In C. Bosch, S. Schiel, & T. Winder (Hrsg.), *Emotionen im Marketing* (S. 17–24). DUV Gabler.

Wittenbrink, B., & Schwarz, N. (2007). *Implicit measures of attitudes*. Guilford Press.

Zaefferer, A. (2011). *Social media research*. Social Media.

Zwicky, F. (1959). *Morphologische Forschung*. Baeschlin, Winterthur.

Stichwortverzeichnis

Printed in the United States
by Baker & Taylor Publisher Services